社会·行为与健康

SHEHUI · XINGWEI
YU JIANKANG

主　编　刘丹萍

副主编　高　博　刘　祥

编　者　高　博　刘丹萍　刘巧兰　刘　祥
（排名不分先后）　任晓晖　杨　洋　周　欢

四川大学出版社

项目策划：许　奕
责任编辑：许　奕
责任校对：张伊伊
封面设计：胜翔设计
责任印制：王　炜

图书在版编目（CIP）数据

社会·行为与健康 / 刘丹萍主编 . -- 成都 ：四川
大学出版社，2019.5
ISBN 978-7-5690-2879-9

Ⅰ．①社… Ⅱ．①刘… Ⅲ．①心理健康－健康教育－
研究生－教材 Ⅳ．① G444

中国版本图书馆 CIP 数据核字（2019）第 084276 号

书名　社会·行为与健康

主　　编　刘丹萍
出　　版　四川大学出版社
地　　址　成都市一环路南一段 24 号（610065）
发　　行　四川大学出版社
书　　号　ISBN 978-7-5690-2879-9
印前制作　四川胜翔数码印务设计有限公司
印　　刷　成都金龙印务有限责任公司
成品尺寸　185mm×260mm
印　　张　13.5
字　　数　330 千字
版　　次　2019 年 5 月第 1 版
印　　次　2019 年 5 月第 1 次印刷
定　　价　38.00 元

◆ 读者邮购本书，请与本社发行科联系。
　电话：(028)85408408/(028)85401670/
　(028)86408023　邮政编码：610065
◆ 本社图书如有印装质量问题，请寄回出版社调换。
◆ 网址：http://press.scu.edu.cn

扫码加入读者圈

四川大学出版社
微信公众号

前　言

　　健康是最基本的人权，是人类社会发展的基础。健康作为个人和社会的资源，其影响因素复杂多样，其中，社会因素、行为的影响巨大，成为影响健康的主要因素。本书对社会因素及行为与健康的关系、相关研究理论与方法进行了阐述。第一，对有关基本概念（包括社会因素、行为、健康的概念）进行了介绍，并围绕影响健康的因素，重点论述了健康社会决定因素。第二，对人类行为的特点和健康相关行为进行了阐述，并介绍了健康行为的相关理论。第三，针对影响健康的社会因素，重点论述了社会发展因素、社会经济因素和社会文化因素对人类的行为和健康的影响。第四，介绍了相关研究的理论与方法，包括调查研究方法、行为与健康状况评价方法、社会行为与健康项目管理等。因此，本书的内容在理论体系和结构形式方面具有鲜明的特色，系统性、层次性和实用性较强。

　　参加本书编写的老师均长期从事社会医学、健康行为学的相关科研和教学工作。具体分工如下：刘丹萍老师编写第一章和第八章，杨洋老师编写第二章，刘巧兰老师编写第三章，任晓晖老师编写第四章、第五章，刘祥老师编写第六章，高博老师编写第七章，周欢老师编写第九章。

本书既可用于研究生教学，也可用于相应水平的成人教学。

由于作者知识水平有限，本书可能存在不少缺点和错误，恳请读者和同行提出宝贵意见，以便进一步修改和完善。

刘丹萍

2019 年 3 月

目　　录

第一章　绪　论

第一节　社会因素、行为、健康的概念

随着社会和经济的发展，人类疾病谱和死因谱发生巨大改变，由过去的以传染病为主转变为以心脑血管疾病和恶性肿瘤等为代表的慢性非传染性疾病（简称慢性病）为主。在此过程中，人们逐渐认识到社会因素、行为在人类健康和疾病方面发挥着重要作用。相关研究表明，当今危害人类健康的主要疾病大都与社会环境因素、个人的行为和生活方式关联密切。著名的医学家和社会科学家诺勒斯（Knowles）指出："99％的人生来是健康的，但由于种种社会环境条件和个人的不良行为而患病。"1992年世界卫生组织（WHO）在报告中指出，全球50％以上的死亡与不良生活方式和行为有关。进入21世纪，社会因素、行为与健康之间的关系日益受到相关科学界的重视，人们试图通过改善社会环境、改变不良行为来预防、治疗疾病，以达到维护和促进人类健康、延长寿命的目的。

一、社会因素的概念

社会因素（Social Factor）是指人类社会生活环境中的各项构成要素，包括一系列与社会生产力和生产关系有密切联系的因素，即以生产力发展水平为基础的社会保障、经济状况、人口、科学技术等，以生产关系为基础的社会制度、法律、文化教育、家庭婚姻、医疗保健制度等。社会因素的内容非常广泛，涉及人们生活的各个方面。社会因素对健康的影响非常广泛，同时在疾病的发生发展、防治中的作用显著。世界卫生组织指出，随着社会的发展，社会因素对健康的作用逐渐占据主导地位。

二、行为的概念

行为（Behavior）是指人类及动物为了维持个体的生存和种族的延续，在适应不断变化的复杂环境时所做出的反应。行为是个体适应环境和生存的一切活动。行为有广义与狭义之分。狭义的行为是指机体在各种内、外刺激影响下产生的可观察和测量的活

动,即外显行为,如表情、动作等;广义的行为除外显行为外,还包括各种内隐行为,如情绪、思维、记忆、感觉等,也包括各种器官的活动。外显行为和内隐行为均可对人的健康产生影响。动物的行为主要受本能支配,如摄食、睡眠、防御和性本能。人类的行为与动物的行为有本质的区别。对于人类来说,除了一些受本能支配的低级行为外,更重要的是具有受社会生活环境因素所制约和支配的较复杂的高级行为,如劳动、人际交往、意志行为等。实际上,即使是人的本能行为也要受到社会准则、道德规范的约束。因此,人类行为的社会化非常明显,社会行为是人所特有的。

三、健康的概念

随着社会的发展与人类认识的深化,人类对健康的看法在不断发生变化,其内涵不断丰富,外延不断扩展,经历了从传统的健康观到现代的整体健康观的转变。传统的健康观认为疾病与健康是相互排斥、相互对立的,健康是人的生命活动中没有疾病的状态。整体健康观(Holistic Health)视机体为一个整体,视生命为动态过程,认为健康由多个维度组成,同时注重人的生物属性和社会属性,要求躯体、心理和社会诸方面共同成长和协调发展,对不断变化的环境表现出良好的适应能力。整体健康观具有代表性的定义是世界卫生组织1948年给出的定义:"健康不仅是没有疾病和虚弱现象,而且是一种躯体上、心理上和社会适应方面的完好状态。"该定义兼顾了人的自然属性和社会属性,既包含了生理健康,又加入了作为高级生命复合体的人所特有的心理和社会两方面的内容,表达了健康的正向性,具有更为积极的意义。

第二节　健康的影响因素和健康社会决定因素

一、健康的影响因素

拉隆达(Lalonde)和德威尔(Dever)提出的综合健康医学模式指出,影响人类健康的因素主要包括以下四大类。

(一)环境因素

人群的健康总是与环境因素密切相关。自然环境中的有害因素可以引起疾病从而影响健康,如污染的水、空气、食物等;生产环境中的职业性危害,如噪声、粉尘等,会对健康构成威胁。人们在改造外界环境的同时,往往不断产生新的健康危险因素。例如,化学合成物质在生产、使用过程中产生的危险因素成为对健康的严重威胁。社会环境因素,包括经济收入、居住条件、营养状况和文化程度等均对健康有着重要的作用。贫困者所面临的健康危险超过富裕者,文化程度低的人所受健康危险因素的侵害超过文化程度高的人。工作紧张、生活压力大和人际关系矛盾等均能危害健康。

（二）行为和生活方式

行为和生活方式对健康有重要的影响。良好的行为和生活方式促进健康，不良的行为和习惯危害健康，如吸烟、酗酒、滥用药物、缺乏体育锻炼、不良饮食习惯、不良性行为等均会给健康带来直接或间接的不良影响。随着人类寿命的延长，行为对健康的影响越来越显著，与不良行为和生活方式相关的病伤如癌症、心脑血管疾病、意外伤害等已对人类健康造成严重危害。据统计，25％的癌症与吸烟行为有关。在美国，人群前十位死亡原因中，有七种死亡原因与行为和生活方式中的危险因素有关。改变不良行为和生活方式，如不吸烟、少饮酒、参加体育活动、注意合理营养、保持乐观情绪等，可明显降低心脑血管病、恶性肿瘤等的发病率和死亡率。

（三）生物遗传因素

先天性遗传缺陷是导致许多疾病发生的重要原因。完全由遗传因素决定发病的有白化病、血友病、先天性成骨不全症等；基本上由遗传因素决定发病的有蚕豆病、苯丙酮尿症等；发病与遗传因素有关的有唇裂、腭裂、先天性幽门狭窄等畸形，以及精神发育障碍、精神分裂症、心血管疾病、糖尿病等疾病。人类的年龄、性别、特殊生理状况等生物学因素对健康也有明显影响。实际上，很多疾病如精神障碍性疾病、糖尿病、部分癌症是遗传因素与环境因素、行为和生活方式综合作用的结果。

（四）卫生服务

卫生服务的水平和质量直接影响人群的健康水平。卫生机构布局是否合理，医疗技术水平的高低，群众就医是否方便、及时等都会影响人群的健康和疾病的转归。因此，充分发挥现有卫生资源的作用，最大限度地满足人们的卫生需要，对于提高人群健康水平具有重要的现实意义。

二、健康社会决定因素

由上所述，影响人类健康的因素多种多样，但这些因素的影响程度和作用存在差异。那么在这些因素中，哪些是人类健康最重要的影响因素呢？世界卫生组织通过在全球范围内收集已有的研究和实践证据后指出：影响人类健康的社会因素是引发人类疾病的"根源"，称为健康社会决定因素（Social Determinants of Health，SDH）。世界卫生组织将健康社会决定因素界定为：在那些直接导致疾病的因素之外，由人们的社会地位和所拥有资源决定的生活和工作环境及其他对健康产生影响的因素。健康社会决定因素贯穿人们出生、成长、衰老、死亡的全过程，包括人们生活和工作的全部社会环境特征。健康社会决定因素被认为是决定人类健康和疾病、导致人群健康差异的最主要和根本的原因。

学者针对社会因素如何影响健康进行了大量研究，并提出了一些理论模型。达尔格伦（Dahlgren）和怀特海德（Whitehead）于1991年建立的健康社会决定因素模型（图1-1）被认为是健康社会决定因素最经典的理论模型。该模型从内向外分别代表影响个体健康的主要因素。第一层是个体的年龄、性别和遗传因素，它们对健康具有重要影响；第二层是个体行为和生活方式，它们会给健康带来不同影响，如吸烟、酗酒、缺乏体育锻炼、不良的膳食行为等会导致患病的风险增高；第三层是社会和社区网络，社会支持可能给个体健康带来有利影响，也可能带来不利影响；第四层是社会结构性因素，如住房、工作环境、水和卫生设施、卫生保健服务等；第五层是宏观社会经济、文化和环境。处于内层的因素都受到外层因素的影响。

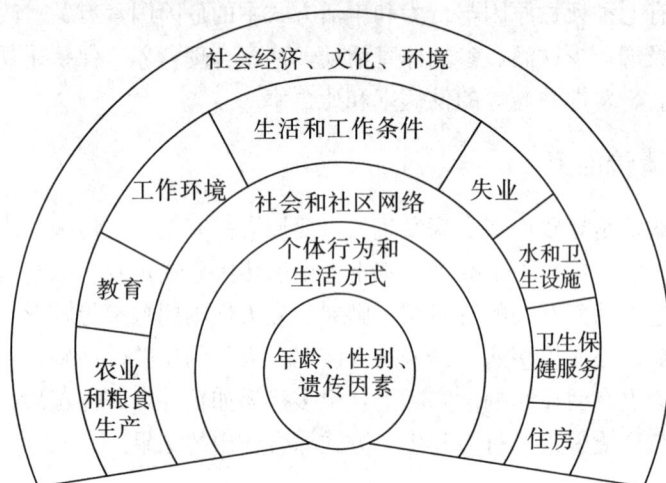

图1-1　健康社会决定因素模型

2008年，世界卫生组织健康问题社会决定因素委员会提出了健康社会决定因素的行动框架（图1-2），将各种健康社会决定因素进行整合，划分为日常生活环境（Daily Living Conditions）和社会结构性因素（Social Structural Drivers）两大类。日常生活环境是指人们出生、成长、生活、工作、衰老的环境，包括物质环境、社会支持、社会心理因素、行为、生物遗传因素；卫生系统属于日常生活环境，但独立于上述因素之外。社会结构性因素决定日常生活环境，体现权利、财富和资源的不同分配方式，分为宏观社会层面和个体层面。宏观社会层面的社会结构性因素是指社会政治经济环境，包括政治治理、社会政策和文化、社会规范和价值观；个体层面的社会结构性因素包括社会地位、教育、职业、收入、性别、种族和民族。在两大类健康社会决定因素内部，不同因素之间存在交互作用，可能互为因果，对健康造成影响。

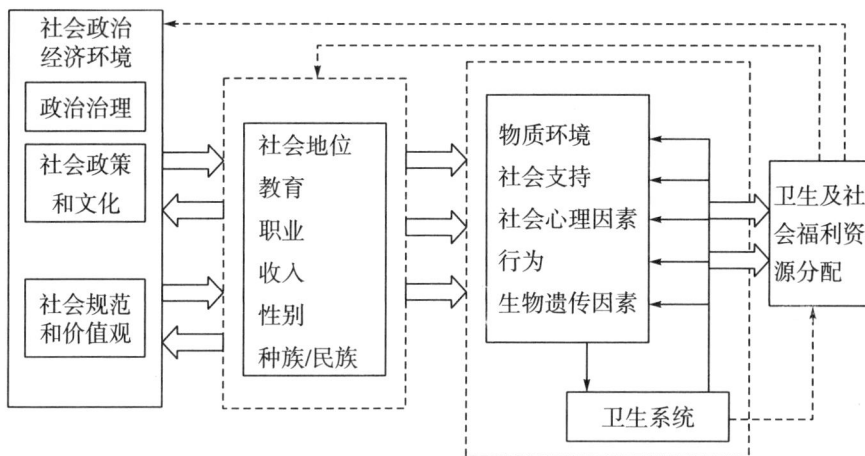

图 1-2 健康社会决定因素的行动框架

资料来源：李鲁．社会医学［M］．第 5 版．北京：人民卫生出版社，2017。

第三节 健康教育与健康促进

健康教育与健康促进是人类树立正确的健康信念、改变不良行为的主要手段和活动。

健康教育（Health Education）旨在帮助人群或个体改善不利于健康的社会活动。健康教育在调查研究的基础上采用健康信息传播等干预措施促使人群或个体自觉采纳有利于健康的行为和生活方式，从而避免或减少暴露于危险因素，帮助实现疾病预防、治疗康复以及提高健康水平的目的。促使个体或群体建立健康行为是健康教育的核心。

随着对行为影响因素认识的深入，人们发现行为受环境的影响很大。没有环境的支持，很多行为难以改变，或者改变难以持续。支持性环境如充足的资源、充分的社会支持和个人技能指导等，对于实现健康教育的目标而言必不可少。因此，健康教育必须扩展到能够提供支持性环境的健康促进活动，健康教育的目标才能够完全实现。

世界卫生组织将健康促进（Health Promotion）定义为："是促使人们维护和提高他们自身健康的过程，是协调人类与环境的战略，它规定了个人与社会对健康各自所负的责任。"美国著名健康教育学家格林（Laurence W Green）等认为"健康促进指一切能促使行为和生活条件向有益于健康改变的教育和环境支持的综合体"，即"健康教育＋环境支持"。健康促进的工作范围比健康教育的工作范围更为广泛，同时将建立健康行为的支持性环境放到了相当重要的位置。首届国际健康促进大会通过的《渥太华宪章》（Ottawa Charter for Health Promotion，1986）提出健康促进的五个活动领域包括建立促进健康的公共政策、创造健康支持环境、加强社区行动、发展个人技能、调整卫生服务方向。

国外在健康教育研究中形成了一些比较成熟的健康教育模式，比如格林模式、苏塔哈佳模式等。其中，格林模式即 PRECEDE-PROCEED 模式，是由美国健康教育学家格林提出的目前最常用的健康教育与健康促进设计、计划与评价的方法。该模式特别强调在项目规划实施中应充分发挥政策、法规和组织的作用。

（刘丹萍）

第二章　人类行为及其特点、行为的影响因素、健康相关行为与主要健康行为

第一节　人类行为及其特点

一、概述

人的行为是具有认知、思维能力并有情感、意志等心理活动的人对内、外环境因素刺激所做出的能动反应，由五个基本要素构成：①行为主体，即人；②行为客体，即人的行为的指向目标；③行为环境，即行为主体与行为客体发生联系的客观环境；④行为手段，即行为主体作用于行为客体时所应用的工具或使用的方法；⑤行为结果，即行为主体预期的行为与实际完成的行为之间相符合的程度。健康教育正是针对人的行为的五个基本要素开展活动的。

人的行为具有生物属性和社会属性，因此人类行为又可分为本能行为和社会行为。人的本能行为由人的生物属性所决定，是人的生物遗传信息作用的结果，而非后天习得，其行为特征主要是对环境的适应。人的本能行为主要有：①与基本生存有关的本能行为，如摄食行为和睡眠行为；②与种族保存有关的本能行为，典型的表现是性行为；③攻击与自我防御行为，表现为对外来威胁的反抗、妥协和逃避。人类的本能行为受到文化因素、心理因素、社会因素等的影响和制约，如饮食行为受到大脑认识活动的控制，定时进食和讲究营养，性行为受到社会法律、舆论与道德的制约。社会行为是人区别于其他生物的最本质的特征。人类不仅能够适应环境，更能通过劳动改造和维护环境（包括自然环境和社会环境）。人类个体通过与他人的交往、模仿、学习、教育、工作等得到社会承认，形成了符合社会道德准则、行为规范和价值观念的人类社会行为。社会行为是通过社会化过程确立的。形成社会化行为的场所和机构包括家庭、学校、大众媒介、单位与社会团体以及非正式群体。社会行为的涵盖面非常广，如职业技能、社会角色行为、娱乐行为等。

二、行为的发展、适应与人生"三阶段"

（一）行为发展

行为发展是指个体在其生命周期中行为形成与发展的过程，即在个体出生以后，随着生理的发育、心理的成熟以及社会交往的不断扩大，个体行为不断变化和发展的过程。在这个过程中，个体行为由于遗传因素与后天学习的作用，从偶然的、非系统的行为逐渐发展为连续而系统的行为，行为内容也越来越复杂。

1. 在人的整个生命周期中，其行为发展可分为 4 个阶段

（1）被动发展阶段（0～3 岁）：通过遗传、本能力量的驱使，以及无意识的模仿来发展行为，多种动作、简单语言、基本情绪及部分社会行为初步形成。

（2）主动发展阶段（4～12 岁）：开始主动模仿、探究，行为发展带有明显的主动性，对本能冲动的克制能力迅速提高，婴幼儿期形成的行为进一步发展。

（3）自主发展阶段（13 岁至成年）：人们开始通过对自己、他人、环境、社会进行综合认识，调整自己的行为发展。

（4）巩固发展阶段（成年以后）：人的行为定势已经形成，行为发展主要体现在巩固、完善、适当调整几个方面。

2. 人类行为的发展特点

（1）连续性：个体的行为发展是一个连续的过程，不可能跳过其中的某一阶段而进入下一阶段。因此个体现在的行为是过去行为的延续，而将来的行为又必然是现在行为的延续。

（2）阶段性：个体行为发展在某一阶段内表现为量变，这种量变积累到一定程度后产生质变，进入行为发展的下一阶段。在不同的年龄阶段，行为特征与规律有不同的表现。

（3）不均衡性：尽管人类行为的发展按一定的模式进行，但在个体行为的发展过程中存在着个体差异和发展的不平衡性，即同一个体在不同阶段行为发展速度不同，而不同个体即使处在同一发展阶段，行为发展的程度也因人而异。

（二）行为的适应

行为的适应是指个体与环境之间保持动态平衡的过程，即当外部环境发生变化时，主体通过自我调节系统做出能动反应，使自己的心理活动和行为方式更加符合环境变化和自身发展的要求，使主体与环境达到新的平衡的过程。人类个体为了适应环境，要认识环境、与其他个体交流，从而发展了语言、感知觉、思维与智力，这种发展反过来提高了人类适应环境的能力。在这一循环发展过程中，需要是人类行为产生和发展的基础，也是行为适应的必要条件。

人类行为的适应包括：

（1）反射：人体通过反射弧对外界刺激做出反应的方式叫作反射，最基本的反射与本能行为相联系。如尘土进入眼睛，泪腺便分泌出大量泪液加以清洗；看到突然飞来的物体，人立即产生有效的躲避行为。这些行为反应证明反射为人类适应行为奠定了基础。最善于以较好的适应方式行动的个体才最可能生存下来，并把这一适应特征遗传给下一代。

（2）自我控制：当某种行为反应可以导致正、负两方面的结果时，个体常常对自己的部分行为进行控制以实现社会适应。机体通过直接改变行为的方式来增加奖励性后果的发生概率，降低惩罚性后果的发生概率，这种行为方式称为自我控制。例如一个人喝酒后，他处于兴奋状态而忘记了焦虑、烦恼，这个后果就会增强以后喝酒的概率；但如果由饮酒引发不良后果，并因此产生羞愧和内疚的情绪反应，这种情绪反应可以对饮酒行为产生抑制效应。

（3）调适：指个人与他人之间、群体与群体之间相互配合、相互适应的方式和过程。调适一般发生在人们交往时协调矛盾、解决冲突的过程中。

（4）顺应：指个体与群体不断接受新的经验并改变自己的行为方式以适应客观环境的变化。一般来说，个体通过衡量顺应是否对自己有利而形成最佳的适应方式。

（5）应对：指个体决定是否做或是如何做某件事，以使行为适合目前或长远的需要。个体在第一次应对失败后取得经验，在第二次的应对中有较大可能获得成功。这样个体不断地修正已习得的行为以适应环境。个体对环境的应对除受个体生理、心理影响外，还受社会文化的制约。

（6）应激：是个体对紧张刺激的一种非特异性的适应性反应。应激状态对人类适应环境是有利的，因为在应激状态下人们可以提高警觉水平，动员机体的内部潜能，以应付各种变化的情况。但是持久的过于强烈的应激状态一旦超出机体的承受能力，就可能引起生理、心理功能的失调，有害身心健康，甚至造成或加剧躯体及精神疾病，如高血压、冠心病、消化道溃疡等。

（三）人生"三阶段"

世界卫生组织西太区将人的生命过程分为三个阶段，即人生准备阶段（Preparation for Life）、人生保护阶段（Protection of Life）和晚年生活质量阶段（Quality of Life in Later Years），并提出应根据各阶段的健康需求来确定健康目标、任务和策略。

1. 人生准备阶段

人生准备阶段自妊娠、出生到成年。特点：机体发育、心理发展和社会化过程都很迅速，生理和心理都较稚嫩而脆弱。该阶段是健康教育的关键时期。

围生期健康教育的主要对象为准父母。工作任务是通过对准父母的健康教育实现优生，减少妊娠和分娩风险，降低婴儿发病率和死亡率，正确开始母乳喂养等。

婴幼儿期健康教育的主要对象依然是孩子的父母，以及托幼机构的领导和工作人员。工作任务是帮助其掌握母乳喂养和正确添加辅食的知识和方法；促进婴儿感觉、语言和动作发育，初步形成信任感；按计划给孩子免疫接种；预防此期的常见病和传染病；教给孩子最基本的生理卫生知识，培养孩子的个人卫生习惯等。

儿童期健康教育的对象包括儿童、父母、学校领导和教师等。工作任务是继续增加孩子的卫生知识，培养和巩固一般卫生习惯；促进孩子的身心发育发展；预防和矫治常见病，防止意外伤害；养成儿童自尊而宽容的性格，形成初步的道德判断，促进抽象思维和逻辑思维；增加行动的主动性和目的性等。

青少年期健康教育的对象包括孩子、父母、学校领导和教师、社区有关领导和成员等。此期的健康教育永远是整个健康教育工作的重点。核心任务为进一步促进孩子身心健康。工作重点：帮助其较为系统地掌握基本的生理、心理卫生知识（尤其是性生理和性心理知识），预防疾病与意外伤害的知识，以及相关的基本技能；帮助养成有利于健康的行为与生活方式，防治不良行为倾向，远离烟草、酒精和毒品；促进理解和掌握社会道德原则的实质，协助培养远大的理想、坚定的信念、坚强的意志和团队精神，促成完整的人格等。

2. 人生保护阶段

人生保护阶段自成年开始至老年之前，主要包括中年人。

中年人在身心两方面都相当成熟、稳定，但从 50 岁开始衰老，一个从不锻炼的人其总的机能水平自此开始以每年 15% 的速度下降。中年人是社会的栋梁，也是社会财富的主要创造者，承受着繁重的工作和家庭负担，承受着各种紧张刺激与压力，较多地暴露于各种疾病危险因素。出现在老年时期的许多慢性病往往在中年时期就已开始发展。如果中年早逝，则会对社会造成极大损失。因此中年保健是保护生命的重要环节。

在这个阶段，健康教育的主要任务是针对中年人的常见病、多发病和将在老年期发生的慢性病的行为危险因素，与职业有关的行为危险因素，中年人的常见心理问题，以及这些危险因素和问题的影响因素，多层次、多方面、多种途径地开展工作，达到保护劳动生产力、提高人们健康水平和生活质量的目的。健康教育的对象不仅仅是作为个体的中年人，而且包括有关的社区领导、工作单位领导、社会服务机构人员、非政府组织人员、家庭和社区的其他成员等。健康教育的各种策略、措施和方法应该在社区层次上得到整合。

人生保护阶段必须特别注重对妇女的健康教育。因为妇女除了担负各种社会工作，还在人类生育和哺育下一代方面承担更多职责。女性的生理解剖特征也使之易出现生殖系统的健康问题。此外，妇女在一些情况下处于和男性不平等的地位，容易遭到身心伤害，尤其需要支持和关怀。

3. 晚年生活质量阶段

晚年生活质量阶段主要指 65 岁以上老年人的生活阶段。我国社会人口正迅速老龄化，而老年人在卫生保健方面有巨大而强烈的需求。提高老年人的健康水平和生活质量，不仅事关老年人的幸福，也是全社会的义务。老年阶段各种慢性病相继出现，会给老年人造成身心痛苦，而且社会角色和地位的变换也往往带来许多心理问题。这一阶段的健康教育应针对老年人日常生活保健、心理调适、体育活动与休闲、临终关怀等开展工作。此阶段健康教育的对象不仅仅是老年人，而且包括社会各界的有关人员。

三、人类行为的特征

人类的行为表现出极大的差异性，同一个体在不同环境条件下的行为表现不同，不同个体在相同环境条件下的行为表现有所差异，即使同一个体在同样的环境条件下，由于其生理、心理等因素的影响，行为表现也不尽相同。导致人类行为差异性的主要原因有个体的遗传因素、支配个体行为的心理特征、外部环境条件（地理环境、时代特点）。行为的差异性决定了健康教育的措施必须因人而异、因势利导。虽然存在着差异性，人的行为特征仍有一定的规律性，了解人类行为的特征有助于我们理解为什么健康教育可以改变人的行为方式。

（1）自发的行为：人类的行为是自动自发的而不是被动的。外力可能影响行为，但无法引发行为。

（2）有原因的行为：任何一种行为的产生都是有其起因的。遗传与环境可能是影响行为的因素，同时外在条件亦可能影响内在的动机。

（3）有目的的行为：人类的行为不是盲目的，而是有目的的。

（4）持久的行为：行为指向目标，目标没有达成之前，行为是不会终止的。也许人们会改变行为的方式，或由外显行为转为内隐行为，但还是继续不断地往目标行进。

（5）可调节的行为：行为受思维、情感、意志、气质、性格、能力等的调节。

（6）可改变的行为：人类为了达成目标，不但常变换手段，而且其行为是可以经过学习或训练而改变的。这与其他受本能支配的动物行为不同，其具有可塑性。

第二节　行为的影响因素

人可以划分为两个子系统：第一个子系统主要指作为个体而存在的人，这个子系统包括生理、心理、认知、情感、行为等要素；第二个子系统主要指作为社会性的存在的人，这个子系统包括家庭、单位、社区、民族、制度等要素。这两个系统之间互相影响，这种影响就是人与社会环境之间的互动。一方面，人的生理和心理等的变化会影响社会系统的变化；另一方面，社会系统的变化也会影响个体生理和心理等的变化。人类行为与社会环境的关系是指个体在这两个系统之间的相互影响和调适，即社会环境中个体的行为变化与成长过程。对人的行为进行分析涉及个体自身因素的影响和社会环境的影响。

一、影响行为的个体心理因素

个体自身因素分为生物领域和心理领域的因素。生物领域的因素主要包括身高、体重、血压、运动能力、健康状况、年龄、疾病、死亡等因素，侧重的是人在生理机能上的发展变化；心理领域由另一个系统构成，这个系统主要包括认知、情感和行为三大要素。认知子系统包括感觉、知觉、想象、判断、记忆、语言和理智等因素，与此相关的知识、信念、意见也常被归入认知系统。情感子系统主要包括动机、需要、动力、欲望、感情和兴趣等因素。行为子系统不同于认知和情感子系统，行为主要指的是个体外显的活动，心理是内在的、无形的，而行为则是心理活动的外在化，如工作、结婚、失业、人际交往等。

人的行为是复杂和动态的，具有多样性、计划性、目的性、可塑性，并受意识的调节，受思维、情感、意志等的支配，同时也受道德观、人生观和世界观的影响。态度、意识、知识、认知决定人的行为方式，因而人的行为表现出差异性。认识影响人行为的主要心理因素，对于认识人类行为的特征以及在健康教育中采取有效的行为干预措施具有重要作用。

人的心理现象通常分为两个方面：①心理过程。心理过程是人的心理活动发生发展的过程，包括认识过程、情感过程和意志过程。②个性心理。个性心理是指一个人的整体心理面貌，即具有一定倾向性的各种心理特征的总和，包括个性倾向性、自我意识和个性心理特性。心理过程与个性心理的区别就是整体与个体的区别，心理现象是心理过程与个性心理的统一体。

（一）心理过程

认识过程是人通过感觉、知觉、记忆、思维和想象等形式反映客观事物的特征、联系或关系的过程。感觉是人脑对直接作用于感觉器官的客观事物的个别属性的反映。知觉是人对事物的各种属性、各个部分以及它们之间关系的综合、整体的直接反映。记忆是经验的印留、保持和再作用的过程。思维是人脑对客观事物本质属性与规律的概括、间接反映。思维具有间接性、概括性以及必须要借助语言来实现的特性。想象是人脑对已经储存的表象加工改造形成新形象的过程。

情感过程是指人在认识事物的过程中，对所认识的客观事物所持有的态度和体验。比如人的喜、怒、哀、惧，人的道德感、理智感、美感等都是情感过程的具体表现。

意志过程是指人自觉地确立目的，根据目的调节和支配自己的行动，克服困难以实现目的。

认识过程、情感过程与意志过程并不是孤立的，而是一个统一的总体，它们相互联系、相互制约、相互渗透。认识过程与情感过程的关系：①认识过程是产生情感的基础。②情感过程能反作用于认识过程，这种反作用既有积极的，也有消极的。认识过程与意志过程的关系：①认识过程是意志过程的前提。只有通过认识过程对事物规律有了了解，才能确定意志过程的目的，选择实现目的的途径、方式、方法等。②意志可以影响人的认识过程，使人在认识过程中更具有目的性和方向性。意志过程和情感过程的关系：①情感对意志有一定的影响。积极愉快的情感可以提高人活动的积极性，成为意志的动力；消极不愉快的情感会降低人活动的积极性，妨碍意志活动的进行。②意志可以调节人的情感。意志坚强的人可以控制消极的情感，而意志薄弱的人会被消极的情感所左右。

（二）个性心理

1. 个性倾向性

个性倾向性是个性中的动力结构，是个性结构中最活跃的因素，是决定社会个体发展方向的潜在力量，是人们进行活动的基本动力，也是个性结构中的核心因素。它主要包括需要、动机、兴趣、理想、信念与世界观、自我意识等心理成分。在个性心理倾向中，需要是行为动机的源泉，动机、兴趣和信念等都是需要的表现形式。而世界观处于最高指导地位，它指引和制约着人的思想倾向和整个心理面貌，它是人的言行的总动力和总动机。自我意识对人的个性发展具有重要的调节作用。由此可见，个性倾向性是以人的需要为基础、以世界观为指导的动力系统。

需要是推动人进行各种活动的基本动力。①按需要的对象的性质可分为物质需要和精神需要。②按个体需要的起源分类，可分为生理需要和心理需要。生理需要有六种：求食、求饮、性、母性、避痛、睡眠。心理需要有五种：探索的需要、接受外来信息刺激的需要、成就需要、赞许需要、亲和需要。③按需要等级分类，有由低到高五个层次：生理需要、安全需要、爱与归属的需要、尊重需要和自我实现的需要。

人的一切有意识的活动包括思考活动都是由动机引起的，而动机又是在需要的基础上形成的。

兴趣是一个人力图认识某种事物或参加某种活动的个性倾向。所以兴趣总是以需要为基础。

理想是指向未来的美好想象，是人生奋斗的目标，可比喻为个人前进的灯塔。理想一旦树立，就成了个性的吸引力量。

2. 个性心理特征

个性心理特征是个性中的特征结构，是个体心理差异性的集中表征。它表明一个人的典型心理活动和行为，包括能力、气质和性格。

能力是指直接影响活动效率，使活动得以顺利完成的个性心理特征。能力只有高低之分，并无好坏之分。

气质是指在人的心理活动和行为中表现出的稳定的动力特征。气质只有急与慢、动与静、积极与消极的区分，也没有好与坏之分。气质本身并不直接对个体的行为起推动作用，也不决定行为的发生和方向，只表现在心理活动与行为中，有外显的动力特点。

性格是指表现在人对现实的态度和行为方式中的较为稳定而有核心意义的心理特征，即为人处事的态度和方式，有好与坏之分，具有社会评价意义。性格在个性特征中的核心地位表现在两个方面：一方面，在所有的个性心理特征中，只有人的性格与个体需要、动机、信念和世界观联系最为密切。人对现实的态度直接构成了个体的人生观体系，人的各种行为方式也是在这种态度体系的影响和指导下逐渐形成的。性格是一个人道德观和人生观的集中体现，具有直接的社会意义。人的性格受社会行为准则和价值标准的评判，所以有好与坏之分，这一点是与气质有明显区别的。另一方面，性格对其他个性心理特征具有重要的影响。性格的发展规定了能力和气质的发展，影响着能力和气质的表现。

行为方式与性格特征的相应关系比较复杂：①在不同的人身上，同一性格特征可以有不同的行为方式；②在不同人身上，不同的性格特征可以有相同的行为方式；③在同一个人身上，同一性格特征在不同的时间、地点和条件下，可以以不完全相同的行为方式表现出来。

人的能力、气质和性格是在人的生活实践中形成的，它们之间相互制约、相互影响、相互联系。

个性倾向性和个性心理特征相互联系、相互制约，从而构成一个有机的整体。个性对心理活动有积极的引导作用，使心理活动有目的、有选择地对客观现实进行反映。个性差异通常是指人们在个性倾向性和个性心理特征方面的差异。

二、几种重要的心理因素与健康行为

（一）需求、动机和动机冲突

需求和需要是人类行为的根本动因。需求是客观的，不以人的意志为转移。需求既包括生理需求，也包括社会需求。被意识到的需求即为需要，需要是客观需求的主观反映。如胃肠的空虚和血糖浓度的降低会产生进食的需求，这种客观情况通过感受器反映到大脑皮层，人意识到这一需求即出现需要。需要并非被动、消极地反映客观需求，需要是在人与环境相互作用的积极过程中发生的。健康是人的客观需求，但许多情况下由于种种原因人并未意识到健康需求。健康教育活动应激发对象的健康需要，这是健康教育活动的重要内容（图2-1）。

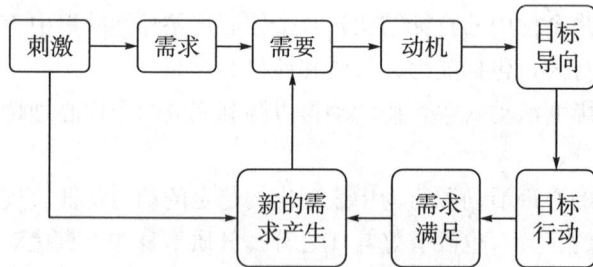

图2-1　需要、动机与行为的关系

人在需要的基础上产生动机（Motivation）。动机是人采取行动的驱动力，是一种心理上的紧张状态。在实施行为的客观条件具备时，动机推动人去实现行为，进而满足需求；动机也可推动人去创造行为条件，最终实现行为。旧的需求满足了，新的需求又会产生，推动人做出新的行为。

人的需要分为生理性需要和社会性需要。心理学家马斯洛（Maslow）的需要层次理论将人的需要分为生理需要、安全需要、交往需要、尊重需要和自我实现的需要。人在同一时间常常是多种需要并存的，由此产生的不同动机可能相互矛盾、竞争，形成动机冲突。冲突的结果是产生出优势动机,决定发生相应的行为。

要改变健康相关行为就要充分了解对象的需求和需要,采取相应措施促使其产生改变行为的动机,最终导致行为发生改变。

(二)认知

研究人类的行为,特别是研究与健康相关的行为,需要认知心理学的有关原理。心理学家 Neisser 认为:认知指"人们获得和利用信息的全部过程和活动",可以说认知心理学相当于信息加工心理学。认知过程可简单概括为图 2-2。

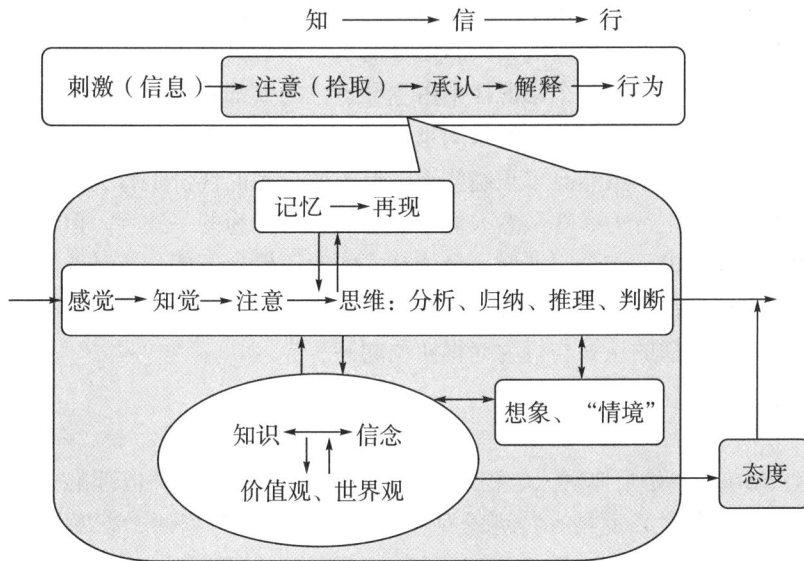

图 2-2　认知过程示意图

认知过程的第一步是注意到传来的刺激信号;第二步把传来的刺激信号转化为某种信息,并做出解释;第三步采取适当的行为,对信息做出反应。机体内外部刺激信号很多,大脑往往会把无关的刺激过滤掉,而从无数信号中选择感兴趣的有特殊意义的信号。例如当一个人一边看书一边在候车室里等车时,广播员的播音声他并不很关注,但听到他要乘的火车的车次时,他会立即警觉起来。所以认知过程对具体信号的刺激是选择性注意,然后将信号转化为信息(赋予意义)并做出适当反应,产生行为或修改行为。同样道理,人们在获得有关健康的信息时,也是一个选择性"拾取信息"(Pack Up Information)的过程。因此健康教育所提供的健康信息应该清晰、鲜明、适合对象与环境,从而能尽快引起对象注意。这种对信号的选择与人们的兴趣有关。如果人们关心自己的某一健康问题,往往力图获得这方面的知识。这种选择也与人们的恐惧有关,如某些人非常害怕某种严重疾病而自己又估计已经染上该病,就会有意回避有关的信息。

在认知过程中,大脑会将某些经处理的信息编码储存起来,逐渐形成个体的知识、信念、价值观等,并在此基础上形成态度。这些心理因素又会反过来强烈地影响认知过程并进而影响行为。因此人的认知过程并非消极被动的,而是积极主动的。往往直接决定一个人的一项具体行为的并不一定是“客观的环境”，而是其感知到的“行为环境”。前者是现实的环境，后者则是意想中的环境，两者并不一定总是相符。健康教育不能只是简单地传播来自客观实际的正确信息，而要有意识地帮助人们建立和发展有关健康的正确态度、信念和价值观。

虽然人们掌握了健康知识，但并不一定有与之一致的行为。这种情况称为认知不协调。例如，我国男性外科医生高达半数都有吸烟行为，而他们绝大多数是认为吸烟有害的。认知不协调的发生可能有多种原因：①同一时间存在不同需要及相应的动机冲突，冲突的结果是人们选择了自认较重要者或较急迫需应付者，而使另一方表现为认知不协调，如外科医生可能因疲劳或紧张而选择吸烟。②行为条件不具备，如我们提倡食前便后用流水洗手，但在严重缺水的地区没有足够的水，尽管具有相关知识也无法做到食前便后洗手。③从众行为，如一个小群体中占主导地位的人都吸烟，个别成员尽管有吸烟危害健康的认知，但为了取得他人的认同也吸烟。④在获得正确的知识之前已形成某种不利于健康的行为，后来虽然有了正确知识，但改变行为的代价是行为者不愿付出的或行为者一时还不能改正行为。⑤虽然人们都力求认知与行为的一致性，但认知元素之间常常发生矛盾，即知识、信念、态度、价值观、能力等发生矛盾，于是认知不协调便发生了。认知不协调是一种不愉快的心理感觉，具有动机作用，会驱使个体设法减轻或消除失调的状态，使关联的认知与行为变得协调起来。

（三）态度

态度（Attitude）是个体对人、物、事的反应倾向，这是一种内部准备状态。其主要特征是评价性，态度必定具有特定的对象，即评价指向的东西。态度是较稳定的倾向，是跨越时间和情境的。一般认为态度包括三部分：认知成分、情感成分和意向成分。认知成分反映个人对对象的赞同或不赞同、相信或不相信；情感成分反映个人对对象的喜欢或不喜欢；意向成分反映个人对对象的行动意图、行动准备状态。

态度的功能可以分为四种，即认知功能、适应功能、表达评价功能和自卫功能。认知功能表现为给解释世界和加工新信息提供一个现成的基础，它赋予信息以意义并引导经验和行为；适应功能表现为促使行为指向为达到目的服务的客体，表现出态度的奖励性，如人们采取社会接受的态度，才能从他人那里获得良好反应；表达评价功能表现为自我调节，使主体摆脱内部紧张并表现出个性；自卫功能表现为促使内部心理冲突得到解决，往往是有利于自己的解决。

态度与价值观既有联系又有不同，态度一般建立于价值观基础上，它们都涉及评价。但态度比较具体、众多，与行为有更直接的联系；价值观则超越具体事物而具有一般性。态度和价值观都有助于明确个人经验和指导行动，都可以维持或改变，但一般认为态度比价值观更易于改变。

有人认为态度改变可能经历三个阶段：服从、同化、内化。①服从阶段，这是从表面上转变自己看法和态度的时期，也是态度转变的第一阶段。处在此阶段的人们只是被迫表现出一些顺从行为，并非心甘情愿，比如一个职工慑于群体的压力才去参加每天的工间操，做操时也是应付了事。②同化阶段，人们不是被迫而是自愿接受他人的观点、知识、信念、行为等，使自己的态度自觉自愿地顺从他人。比如那个职员每天很愉快地参加工间操。③内化阶段，真正从内心深处相信和接受他人的观点、知识、信念，彻底地转变态度，形成内在的行为倾向。如那个职员越来越感到做工间操使人精力充沛，能促进健康。

态度从一开始就是用来说明社会行为的。既然态度是行为倾向，那么态度就会引导或决定行为。一般而言，积极的态度引起赞同行为，消极的态度引起不赞同行为。但是，态度与行为的关系并不只是单向的，二者可以相互影响。例如国家规定禁止在公共场所吸烟，大家都接受此规定而不在公共场所吸烟，这样的行为也会使相应态度发生变化。

虽然通常态度与行为有密切联系，但态度与行为也可能不一致。例如调查对象回答"真心愿意参加关怀照料艾滋病患者的活动"，但实际上在活动开展时并未参加。这种情况如同上述认知不协调，可能有种种原因。有人认为，人具有两种态度：一是对客体的态度，二是对情境的态度。在回答问题时表现的是对客体的态度，而行为中表现的是对情境的态度。这种解释强调了情境因素的作用。也有人认为，态度中的认知因素和情感因素分别在不同的场合占优势。

态度理论在健康教育实践中有广泛的应用。

（四）感情

情绪和情感（Emotion and Feeling）是综合性的心理过程，但有别于认知，它们具有特殊的主观体验、显著的生理变化和外部表情。情绪和情感两个词常可通用，在某些场合其表达的内容有所不同。情绪常指短暂而强烈的具有情境性的感情反应，如愤怒、恐惧、狂喜等；情感多指稳定而持久的、具有深刻体验的感情反应，如自尊心、责任感、热情、亲人之间的爱等。通常所说的感情包括了情感和情绪。情感和情绪通过表情表现出来，包括面部表情、言语声调和身段姿态。面部表情是主要形式，它与种族遗传有关。表情对儿童认知和社会性发展，以及对成人交际都具有重要的意义。

情感和情绪包括生理、认知和行为三种成分。它们在每种特定的情感和情绪中起着不同的作用，而又相互作用、互为因果。

在情感和情绪、认知、行为的相互作用中，情感和情绪可以是认知发展的契机，它激发人去认识、去行动，也会强烈影响认知过程和行为表现，如痛苦、愤怒或紧张情绪使认知活动变得刻板和狭窄，限制知觉和思维，干扰解释、利用信息和做出反应。强烈的情感和情绪会对生理机制产生影响，古人很早就认识到"七情六欲"可以致病。

情感和情绪在一定环境中发生发展，交互影响。如社会文化通过三种途径影响情感和情绪：①对刺激的知觉和评价；②直接地影响情绪表情，如行为的常规仪式；③由情绪影响所形成的社会关系和评判等。

（五）意志

意志（Volition）是人有意识、有目的、有计划地调节和支配自己行为的心理过程。人的行为由动机决定，动机在需要的基础上产生。当一个人在动机驱动下有意识地拟定计划、采取行动时，这种行动是自觉的、指向目标的，并与努力克服障碍相联系的，它所涉及的心理过程就是意志。意志行为属于受意识发动和调节的高级活动，不同于人生来具有的本能活动和无意识行为。人的生活、学习和劳动都体现了人类所特有的意志行为。

意志过程包括决定阶段和执行阶段。①决定阶段是意志行为的准备阶段。此阶段首先需解决动机冲突，然后是确定行动目标和选择方法。任何意志行为都与一定的动机相联系。对动机冲突做何种选择及进一步选定的方法和途径等，往往反映出认知成分（知识、价值观等）的作用，也与意志活动有关。意志影响需要和动机冲突的例子不胜枚举。②执行阶段。在将行动计划付诸行动时，意志品质表现为坚定地朝目标前进，努力克服各种主客观困难，执行所定的行动计划并实现目标。在执行计划时遇到障碍就退缩，是意志薄弱的表现。人的意志可以非常坚强。

人的心理是认知、情感、意志的统一体，三者相互促进、相互影响、相互渗透。意志以认识为基础并随认识的发展而发展。人只有认识客观事物的变化规律，才能有意识地确定行为目标并实施行为，所以意志自由以正确认识客观现实为前提。此外，在许多情况下，意志过程与人的情感密切联系，高尚的情感可以成为意志的动力，而消极的情感往往成为意志的阻力。

最主要的意志品质包括：①自觉性，表现为自觉地、有意识地确定行为目标和选择达到目标的方法，并积极主动地执行计划，它的反面是行为的盲目性。②果断性，表现为遇到问题时能经过周密考虑而果断做出决定，其对立面是优柔寡断、动摇不定。③坚持性，表现在为达到目标而长时间坚持不懈，不因困难而退缩，不因挫折而灰心。坚持性不同于固执，固执是对事物缺乏科学认识，无视客观情况的变化，其行为不能达到预定目标还一味坚持。④自制力，即克制个人情感，控制自己行为，使行为服从于目标的实现的能力。

改善健康相关行为也涉及意志活动。例如戒除吸烟行为，在确定目标、制订行动计划和实施戒烟的过程中可能会遇到动机冲突和实际困难，最终成功戒烟需要一定的意志力量。

三、影响人的行为的社会环境因素

人类生存的环境通常可以分为两类：物质环境和社会环境。物质环境包括气象、土地、资源、高楼、食物等，社会环境是指由影响人类行为的因素如生物遗传、心理状态以及社会过程等交织在一起而形成的社会系统。社会环境包括人以及他们组织成的单位，这些单位包括家庭、学校、政府、国家等。社会学家认为社会环境包括家庭、团体、社区、社会、文化、社会阶层等。人与环境的关系：人能够影响环境，环境同时也能够影响人。这个环境既包括物质环境，也包括社会环境。就物质环境而言，人类能够改变物质环境，物质环境同样能够影响人类。如人类能够大规模围海造田、劈山造林，而生态破坏导致的全球变暖问题、沙尘暴现象同样也影响人类的生存。从社会环境分析，人类能影响社会环境，同时，社会环境也能影响人类。人类行为与社会环境二者之间同样也是相互影响的。社会环境是影响人类行为的一个重要因素，因为人类必然要生活在一定的社会环境中。

（一）家庭

家庭是社会中最基本的单元，是社会的细胞。婴儿自出生之日起就在家庭中接受社会认可的生活方式、社会规范，学习、掌握生活与生产活动的基本知识与技能，在正常情况下逐渐成长为合格的社会成员。此外，父母待人处世的行为模式会影响子女今后在这方面的行为。

（二）学校

学校对儿童和青少年的行为影响主要表现在以下两个方面：一方面，学校对儿童和青少年进行长期的和系统的正规教育，传授现代社会所需要的文化和复杂的科学技术知识；另一方面，学校向儿童和青少年灌输特定的社会价值规范，教育他们遵守各项规章和制度，遵守那些强制性的行为规范，并按照行为规范的要求让他们扮演各种社会角色，在不同的公共场合进行各种形式的社会互动。

（三）同辈群体

同辈群体是由年龄、志趣、职业、社会地位以及行为方式大体相近的人所组成的一种非正式群体。研究证明，随着年龄的增长，同辈群体对人类行为的影响越来越大。同辈群体作为青少年和成人社会交往的重要形式，已成为影响青少年甚至成人行为的不可忽视的因素之一。此外，由于同辈群体具有自己的一套价值标准，当这些标准与社会正统的价值标准不一致时，往往对行为起消极作用。

（四）工作单位

工作单位是指个人在社会中从事一定职业时所归属的社会组织，是表现自我能力与获得成就感的一个重要场所。由于工作单位具有严格的规范性，因此它对现代社会中人类行为的影响极为重要。它一方面促使个人学习专门的职业知识、职业技能和职业规范；另一方面则指导个人建立各种社会关系，正确调适自我行为，以适应相应的工作需求与社会需求，恰当地处理已建立的各种社会关系。

（五）大众传播媒介

大众传播媒介主要有广播、电视、报纸、杂志、书籍、网络等，它通过符号、语言和图像向人们传播新闻、知识、娱乐、广告以及价值观念、奋斗目标、社会规范和行为方式等。大众传播媒介在相当程度上改变了过去面对面的人际交往方式，对人类行为的影响日益突出。但大众传播媒介对人类行为既有积极的影响，也有消极的影响，因为它既能使人受到教育、获得知识、陶冶情操和提高道德水准，也能使人犯罪和堕落。这种影响力的性质要看大众传播媒介如何发挥它的作用。

大众传播媒介对人类行为的影响主要表现在以下几个方面：第一，可以为受传者提供支持其固有立场、观点和行为的有关情况，从而增强受传者的固有观念和行为。第二，在争议不大而且没有其他因素干扰的情况下，大众传播媒介只要重复传播内容，就能直接改变受传者的行为。第三，大众传播媒介只要善于把一种新观点或新行为同受传者原有的价值观和需要联系起来，就可以使受传者不断地改变其原有立场，并很快地接受新观点和新行为。第四，可以为受传者提供信息，证明他基于某种需要和固有观念而采取某种行为的正确性，从而进一步支持受传者已有的行为。第五，可以提供有关情况，将受传者的固有立场与新发生的事件联系起来，从而为行为改变起引导作用。第六，对受传者指出行为规范，其结果是形成某种文化规范。

（六）社会角色

人类的全部活动都是在特定的社会经济条件下进行的。社会条件对人类行为的影响是通过人们在社会生活中所扮演的角色来实现的。角色是由一定的社会地位所决定的，符合一定社会期望的行为模式。当一个人具备了充当某种角色的条件，并按这一角色所要求的行为规范去活动时，就是角色扮演。角色扮演通常要经历角色期望、角色认知和角色行为三个阶段。角色期望是指社会对某一角色的行为模式的期望与要求。角色认知是指角色扮演者对角色规范和角色要求的认识和理解。角色行为是指角色扮演的实际过程或活动，即角色的扮演形式。角色行为是角色认知的发展，在很多情况下，人们的角色认知与角色行为是一致的，但在某些特殊情况下，角色认知与角色行为可能会不一致。这是因为角色行为除受角色认知的指导外，还要受到其他社会环境的制约，如家庭、职业、文化、婚姻状况、能力、气质、性格以及各种社会经济政策等。

（七）社区

社区通常是指以一定地理区域为基础的社会群体。社区生活强化了人类的群体意识，并逐渐创造出一系列调节群体内外关系的社会规范。因此，社区对人类行为的影响可以从群体性、互动性、社会性和心理性四个方面来考察：第一，社区是由一定的人群所组成的社会群体，其成员具有某些共同特性，如具有相似的社会经济地位、生活方式、文化和风俗习惯等。第二，社区成员之间存在着复杂的交往关系。第三，社区本身就是一种社会组织，它由家庭、邻里、学校以及企事业单位等组成。第四，社区成员对本社区具有强烈的认同感和归属感，即不同社区的成员可能会有完全不同的行为方式。可见，社区具有影响其成员行为价值观的作用。随着工业化和现代化的发展，流动人口的增加，社区内集聚了大量具有不同背景的人口，这就使得过去由地域限制而形成的社区成员精神上的共同联系有逐渐减弱的趋势。

（八）文化

文化是指人类创造出来，可以通过学习获得并为后人学习和传递下去的一切物质和非物质产品，包括物质文化、制度文化和精神文化三个层面。物质文化是指人类所创造的物质成果和人工产品，是可触的具有物质实体的文化事物，它构成了整个文化的基础。制度文化由人类在社会实践中形成的各种行为规范、准则以及各种组织形式构成，包括政治、经济、文化、教育、婚姻制度等，它规定着文化的整体性质。精神文化由人类在社会实践和意识活动中长期培育分化出来的价值观念、思维方式、道德情操等因素构成，包括科学、文学、艺术、宗教、哲学等，是文化的核心部分。

文化对人类行为的影响是通过对人类个性心理的影响表现出来的。人类个性心理既包括需要、动机、兴趣、信念、理想和世界观，又包括能力、气质和性格。个体的发展一方面受遗传因素的影响，另一方面则受环境因素的影响，而且环境因素的影响是主要的。而在环境因素中，文化是一个极其重要的因素，人的性格、能力、兴趣、信念、人生观、世界观等无不受文化的影响。人从出生那天起，就面临着一个独特的文化世界，受到已有文化传统的制约。但人又是文化的创造者，是文化的主体，因而不会完全为文化所制约。同时，人类在受文化影响时，总会有意无意地进行选择，从而在某些方向适应已有的文化传统，这也正是人类在行为上存在差异的原因之一。

第三节　健康相关行为

人的行为受到生物遗传的本能活动支配，同时受心理的调节、社会环境的制约。个体或群体如果具有良好行为，就能促进健康。人也可能具有影响健康的不良行为，或称异常行为。行为异常甚至发生变态行为，就可能是某些疾病的特有表现。

研究证明，遗传因素、环境、行为和生活方式、卫生服务是影响人类健康的四大因素，通过改变人的行为和生活方式，可以预防和控制近 50% 的疾病。特别是慢性病、性病、艾滋病、肝炎和意外伤害的预防和控制，很大程度上取决于人们自身行为的改变。

一些发达国家自 20 世纪 60 年代开始注意改善人们的行为和生活方式，到 80 年代初，取得了显著的效果，冠心病和脑卒中的发病率分别下降 33.7% 和 43.5%，死亡率下降 47%。我国首都钢铁公司从 20 世纪 70 年代起开展高血压病的防治教育，1974—1988 年，脑卒中发病率从 155/10 万下降到 58/10 万，死亡率由 84/10 万下降到 18/10 万。

健康行为学是近年来为了适应健康教育实践需要而发展起来的新学科，是医学与行为科学相结合的产物。健康行为学是研究健康相关行为发生发展规律的科学。它应用行为科学的理论和方法研究人类个体和群体与健康和疾病有关的行为，探讨其动因、影响因素及内在机制，为健康教育与健康促进提供科学依据，从而服务于维护和促进人类健康的需要。健康行为学不同于行为医学。行为医学是将行为科学的理论与技术用于临床治疗、康复及预防领域，它注重特定疾病的行为表现及其生理、病理、诊断和治疗；而健康行为学则立足于行为理论和方法的应用，促使人们形成并保持有益于健康的行为，改变不利于健康的行为，强调与疾病发生发展有关的行为问题，着眼于通过解决这些行为问题来维护和增进健康。

健康相关行为（Health-related Behavior）是指个体或团体的与健康和疾病有关的

行为，一般可分两大类：促进健康的行为（Health-promoted Behavior）和危害健康的行为（Health-risky Behavior）。著名健康行为学家 Gochman 等根据"健康－疾病"动态过程将健康相关行为分为三类。①预防行为：自信健康者在无疾病症状的情况下采取的任何旨在预防疾病的行为。②生病行为：自我感觉生病者采取的任何旨在确定健康状况或寻求恰当治疗的行为。③患者角色行为：自信生病者采取的任何旨在恢复健康的行为，包括获得医疗服务提供者的治疗、获得他人照料、解除平常承担的职责等。

一、促进健康的行为

促进健康的行为指个体或团体在客观上有利于自身或他人健康的行为。其主要特点：①有利性，行为表现有益于自身、他人和整个社会的健康，如不抽烟；②规律性，行为表现规律有恒，如定时定量进餐；③和谐性，个体行为表现出自己的个性，如选择运动项目，又能根据环境调整自身行为；④一致性，外显行为与内在心理情绪一致；⑤适宜性，理性控制行为的强度。

促进健康的行为可分为五大类。

（1）日常健康行为，指日常生活中一系列有益于健康的基本行为，如合理营养、平衡膳食、积极锻炼、积极休息与适量睡眠等。

（2）预警行为，指预防事故发生和事故发生以后正确处置的行为，如使用安全带，溺水、车祸、火灾等意外事故发生后的自救和他救即属此类健康行为。

（3）保健行为，指正确、合理地利用卫生保健服务，以维护自身身心健康的行为，如定期体格检查、预防接种、发现患病后及时就诊、咨询、遵从医嘱、配合治疗、积极康复等。

（4）避开环境危害。这里的环境危害是广义的，包括人们生活和工作的自然环境与心理及社会环境中对健康有害的各种因素。主动地以积极或消极的方式避开这些环境危害也属于健康行为，如离开污染的环境、采取措施减轻环境污染、积极应对那些引起人们心理应激的紧张生活事件等都属此类行为。

（5）戒除不良嗜好。不良嗜好指的是日常生活中对健康有危害的个人偏好，如吸烟、酗酒与滥用药品等。戒烟、不酗酒与不滥用药品就属于这类促进健康的行为。

二、危害健康的行为

危害健康的行为指的是偏离个人、他人乃至社会的健康期望，客观上不利于健康的行为。危害健康行为的特点：①危害性。行为对人、对己、对社会的健康有直接或间接的、明显或潜在的危害作用。例如吸烟行为，不仅对吸烟者本人的健康产生危害，而且给他人（造成被动吸烟）和社会（造成总发病率、死亡率的提高）的健康带来不利影响。②明显性和稳定性。行为对健康的危害需要有一定的作用强度和持续时间。③习得性。危害健康的行为是后天获得的，是"自我创造"的，故又称"自我制造的危险因素"。

（一）不良生活方式与习惯

生活方式是指一系列日常活动的行为表现形式。生活方式一旦形成就有动力定型，即行为者不必花费很多的心智和体力，就会自然而然地去做日常活动。不良生活方式则是一组习以为常的、对健康有害的行为习惯，包括能导致各种成年期慢性退行性病变的生活方式，如吸烟、酗酒、缺乏运动锻炼、高盐及高脂饮食、不良进食习惯等。不良的生活方式与肥胖、心血管系统疾病、早衰、癌症等的发生关系密切。

（二）致病行为模式

致病行为模式是导致特异性疾病发生的行为模式，国内外研究较多的是 A 型行为模式和 C 型行为模式。A 型行为模式是（Type A Behavior Pattern，TABP）一种与冠心病密切相关的行为模式，该行为模式的人往往雄心勃勃，争强好胜，富有竞争性和进取心，一般对工作十分投入，工作节奏快，有时间紧迫感。这种人警戒性和敌对意识较强，具有攻击性，对挑战往往主动出击，一旦受挫就容易恼怒。有研究表明，A 型行为模式者冠心病的发生率、复发率和死亡率均显著高于非 A 型行为模式者。C 型行为模式（Type C Behavior Pattern，TCBP）是一种与肿瘤发生有关的行为模式，该行为模式的人的核心行为表现是情绪过分压抑和自我克制，爱生闷气。研究表明，C 型行为模式者宫颈癌、胃癌、结肠癌、肝癌、恶性黑色素瘤的发生率高出其他人 3 倍左右。

（三）不良疾病行为

疾病行为指个体从感知到自身有病到疾病康复全过程所表现出来的一系列行为。不良疾病行为可能发生在上述过程的任何阶段，常见的行为表现有疑病、恐惧、讳疾忌医、不及时就诊、不遵从医嘱、迷信，甚至自暴自弃等。

（四）违反社会法律、道德的危害健康行为

吸毒、性乱等危害健康的行为属于此类行为，这些行为既直接危害行为者个人健康，又严重影响社会健康与正常的社会秩序。如吸毒可直接产生成瘾的行为，导致吸毒者的身体极度衰竭，静脉注射毒品还可能感染乙型肝炎和艾滋病；混乱的性行为可能导致意外怀孕、性传播疾病和艾滋病。

第四节　主要健康行为

与健康相关的行为很多，但目前学术界较多引用的是 1992 年国际心脏保健会议《维多利亚宣言》所提出的健康的四大基石：合理膳食、适量运动、戒烟限酒、心理平衡。因此我们主要从这四方面讨论健康行为。

一、合理膳食

摄食（Food Intake）是人类及所有动物维持生命活动的最基本和最重要的行为之一，是为体内各器官功能正常活动提供所需要的能量及各种营养素的生理过程。进食行为（Eating Behavior）是人的本能行为之一，也受到内在和外在因素的多重调节。机体要维持正常的生理功能和能量平衡，必须适量摄食。如果食欲亢进，不可避免会导致摄食过多和体重增加，甚至肥胖；反之，厌食又会使摄食过少，能量和营养素摄入不足，导致消瘦和营养不良。

在前工业化时代，人类从总体来说是缺乏食物的，饥饿与营养不良是前工业化时代大部分社会所面临的问题。自从工业化后，随着农业机械化，使用化肥以及生物育种技术等，西方工业化国家首先解决了食物匮乏问题，过量摄入成为新的问题。

1962年，Neel 提出节俭基因（Thrifty Genes）假说，认为节俭基因是使人类在进食期间尽量储备能量，以备饥饿时消耗，而在能量供给不足时又能够尽可能减少能量消耗的基因。在食物匮乏的时期，这种基因使个体生存具有优势，即可以通过在食物充足时尽量多食将多余的能量以脂肪的形式储备起来，为饥荒期提供能量储备，以渡过食物短缺所致的饥荒。具有节俭基因的妇女即使在饥荒年代仍能成功地孕育、哺乳，完成种族的繁衍。因此，现代人类有东西就吃的生物特性以及体内积聚脂肪的能力高于消耗脂肪的能力，是人类进化过程中自然选择的结果。但随着社会经济迅速发展，以前频繁出现的食物短缺现象逐渐减少，代之以长期稳定而丰富的食物供应后，人们长期过量摄入高热能食物，同时采用少动的生活方式，节俭基因就从有益于人类变成有害于人类，成为促使肥胖及相关疾病发生率显著增加的危险因素，给健康带来许多危害。

目前，随着农业科技的发展，全世界大部分国家与地区都解决了营养不良的问题。营养缺乏目前主要发生在非洲地区与南亚地区。西方发达国家以及一些正在转型的发展中国家，由食物摄入过多引起的慢性病问题越来越严重，成为这些国家主要的疾病负担。除此之外，世界卫生组织的报告还指出，无论是营养缺乏还是摄入过多的人群，都广泛存在微量元素摄入不足的问题。

解决营养不良问题，主要靠政府发展经济，提高粮食产量。公共卫生领域较多关注营养素缺乏与摄入过多的问题。国家卫生部门已经发布了相关的膳食指南，个人可以根据膳食指南科学地安排膳食。

二、适量运动

身体活动是指骨骼肌收缩导致机体能量消耗明显增加的各种活动。根据日常生活安排及身体活动的特点和内容，身体活动分为四类：职业性身体活动、交通往来身体活动、家务性身体活动和闲暇时间身体活动（运动锻炼）。经常地进行运动锻炼可增强适应客观环境的能力及对不利的自然条件的抵抗力。"生命在于运动"已经为许多人的养生之道所证实。经常地进行运动，可以使机体处于充满活力的状态。规律的身体活动可以减少过早死亡，降低心脏病、脑卒中的死亡风险，降低心脏病、脑卒中、结肠癌、乳腺癌、2 型糖尿病的发病风险，帮助预防和缓解高血压，控制体重，还可以缓解紧张、焦虑、抑郁及孤独的感觉，帮助预防和控制危险行为。许多研究证明，高血压、冠心病、肥胖等都与缺乏身体活动有关。据报告，经过 6 个月的体育锻炼，收缩压、舒张压显著下降。研究证明，每周至少 5 天的中等强度活动或每周至少 3 天的高强度活动对促进健康具有重要作用。每周 150 分钟中等强度或 75 分钟高强度的身体活动可以降低 30％的心脏病风险、27％的糖尿病风险、21％～25％的结肠癌和乳腺癌风险。因此，适量地参加体育、文娱活动，不但能使机体长期处于生命力旺盛的状态，还可以降低某些疾病的发病率。

但是身体活动不足普遍存在。2008 年，全球 31％的 15 岁及以上者身体活动不足。估计到 2020 年，全球各地区身体活动不足的比例在 30％～60％，其中 10％～47％的人不进行身体活动。此外，静态行为也是威胁健康的独立危险因素。静态行为指人一天坐着较长时间的行为，包括工作、学习和休闲所坐的时间。

今天，由于科学技术飞速发展，体力劳动日益减少，刻意增加身体活动，进行适量的、持之以恒的运动更为必要。世界卫生组织 2010 年制定了《关于身体活动有益健康的全球建议》，推荐各年龄组的身体活动量。我国发布的《中国成人身体活动指南 2011（试行）》，推荐每日进行 6～10 千步当量的身体活动，每周身体活动量达到 8～10MET·h。

三、戒烟限酒

（一）关于戒烟（控烟）

世界各国对吸烟的危害有大量的研究。其中对吸烟与癌症关系研究的资料最为丰富。吸烟增加人群患多种癌的危险性，如卵巢癌、膀胱癌、口腔癌，特别是肺癌。德国、荷兰、英国和美国的研究表明，重度吸烟者患肺癌的危险性比非吸烟者高 3～30 倍。咳嗽、咳痰等症状以及慢性支气管炎、肺气肿、支气管扩张、肺功能损害等均与吸烟有关。孕妇吸烟可能影响胎儿的发育。

吸烟不仅危害吸烟者本人的健康，而且还可通过污染环境造成不吸烟者的被动吸烟而危害不吸烟人群。据研究，在曾有吸烟者吸了 20 支烟的房间中，不吸烟者会吸入相当于一支烟的烟气。美国报道，成年人在充满烟气的办公室内被动吸烟，与那些 20 多年来每天平均吸 10 支烟的人肺部受害程度相等。

自 1970 年以来，世界卫生大会已通过有关吸烟或健康问题的 16 个决议，特别是 1986 年通过的 WHA36.14 号决议，号召成员国采取综合性国家控烟策略。1990 年，世界卫生大会通过的 WHA4316 决议，进一步强调了要多部门参与共同采取综合性控烟策略，并要求政府通过立法和其他有效措施保护不吸烟者免受烟害，包括室内工作场所、公共场所、客运交通禁止吸烟，特别要注意对妊娠妇女和儿童的保护。进一步严格限制，最终消除所有室内外烟草广告和促销及烟草公司对体育、文艺的一切赞助。上述所有决议由 190 个世界卫生组织成员国一致通过，表明了全球对控烟的决心。

在综合性国家控烟规划和政策中，首先要求政府把制定法规置于优先位置。制定控烟健康教育和公共信息规划，戒烟规划也是十分重要的。实践证明，控烟工作是极其复杂和艰巨的工作，仅有健康教育而没有政策支持是难以奏效的。反之，只有政策而没有健康教育，政策也难以贯彻执行。

控烟措施必须从群体（社区、医院、学校、工矿企业）出发而不能从单个的吸烟者的角度考虑。在执行控烟措施中应特别强调加强组织领导、多部门合作。控烟的目标不仅在于创建无烟单位，更重要的是要使吸烟者实现终身不吸烟。

控烟措施必须强调综合性：限制向青少年出售烟草制品，全面禁止室内外烟草广告和烟草公司对体育、文艺等的赞助，制作并宣传健康警语，提高烟税，建立无烟区以及限制烟草中的有害物质。

（二）关于限酒

酒是用高粱、大麦、米、葡萄或其他水果酿制而成的饮料。适量饮酒能够调节精神，驱除疲劳，舒筋健骨。但是，长期大量饮酒对机体的健康有极大的危害。单次大量饮酒也易引起伤害事件。

研究表明，酗酒对肝脏的损害最大。由于酒精要在肝脏分解，长期饮酒会造成脂肪肝和肝硬化。据报道，饮酒者肝硬化的发病率比不饮酒者高 7 倍。长期饮酒者容易得酒精性心肌病和脚气病性心脏病，心脏可发生脂肪性变，心脏的弹性和收缩力减弱，血管可出现硬化。如果孕妇酗酒，酒精会通过胎盘损害胚胎。据报道，酗酒母亲生下的婴儿体重和身长较差，新生儿的死亡率也比较高，32％的胎儿具有中枢神经系统异常、心血管系统异常及外观发育异常等胎儿性酒精综合征症状。酗酒也会导致多种精神障碍，包括酒精所致幻觉症、酒精所致妄想症、韦尼克脑病、柯萨可夫综合征、酒精所致痴呆及酒精所致人格改变。

除了健康损害外，酗酒也造成广泛的社会损害：①公共场合的无序与暴力行为；②无法履行个人惯常承担的职责；③工作中的问题，包括劳动能力下降直至完全失去劳动能力；④产生事故，尤其是酒后驾车发生的事故；⑤引发家庭矛盾，导致家庭不和、家庭暴力等。因此，酒相关问题不仅仅是一个生物学问题，更是一个社会问题。

目前世界各国对酒的控制，大都采取综合性措施：对酒类征收附加消费税；进行健康教育，尤其是针对青少年；通过立法禁止酒后驾车，禁止在工作场所饮酒，禁止向18 岁以下未成年人出售含酒精饮料，规定最低合法饮酒年龄；颁发销售执照；实行酒类的国家专卖；对宣传戒酒和帮助酗酒者的志愿组织予以支持等。

四、心理平衡

除了一些专门的精神疾病，目前有关心理健康的讨论主要集中在应激方面。因为一些精神疾病具有遗传基础，而应激是我们每个人都会遇到的。应激（Stress）是一种反应模式，当刺激事件打破了个人的平衡和负荷能力，或超过了个体的能力，就会体现为压力。这些刺激事件包括各种各样的来自外界或内部的情形，统称为应激源

(Stressor)。每个应激源都是一个刺激事件，要求个体做出适应性的反应，如正常行驶的汽车意外地遇到故障时，司机紧急刹车，战士排除定时炸弹时紧张而又小心的行为等。在这些情况下人们所产生的一种特殊紧张的情绪体验，就是应激状态。

应激可以分为急性应激与慢性应激。急性应激是短暂的唤醒状态，伴随着典型的进攻或撤退模式。慢性应激是一种长期的唤醒状态，会持续很长时间，使人感到即便内在资源和外在资源加在一起，也不再能满足压力事件的要求。

当代第一位探究持续的严重压力对躯体影响的人是加拿大的内分泌学家汉斯·塞里（Hans Selye，1907—1982）。他将应激源带来的反应分为报警反应阶段、抵抗阶段和疲惫阶段三个阶段。报警反应阶段是一个短暂的生理缓解期，它使得躯体能够有力行动并做好准备。如果应激源保持下去，躯体则会进入抵抗期——一个适度的唤醒状态。在抵抗期内，个体可以忍耐并抵抗长时间的应激带来的衰弱效应。然而，如果应激源持续的时间足够长或强度足够大，躯体的资源将会耗尽，个体将会进入衰竭期。对于许多人来说，慢性应激来源于经济条件、环境污染以及犯罪等社会和环境状况，重大的生活改变与创伤性事件也会带来应激。

虽然长期以来人们一直关注应激给生活带来的消极影响，探讨如何帮助人们避免和克服应激带来的消极后果，但近年来研究人员也开始关注应激给人们带来的积极影响。有研究者区分了痛苦与良性应激，如人们观看体育比赛时的激动与焦虑的情绪。也有研究表明，有一些人能从相对负面的事件中得到积极结果与个人成长。

（杨洋）

第三章　健康行为的相关理论

健康行为理论是一套相互关联的心理和行为的概念、定义和假设，通过将心理和行为变量之间的关系表达对行为具体、系统性的认识，来解释和预测行为状态或行为改变。在行为改变的项目规划、干预实施和评估中，健康行为理论都是十分有用的，能够回答"为什么""是什么"和"怎么样"的问题，能够解释为什么人们不愿意采纳有利于自身健康的行为，能够帮助健康教育者找到人们行为改变的条件和合适的干预方法，能够帮助项目设计者有效地监测和评估项目。而行为状态和行为改变是非常复杂的，一个理论不可能解释和预测所有行为状态和行为改变。本章介绍几个相对成熟和应用非常广泛的行为理论。

第一节　健康信念模式

一、健康信念模式的提出和发展

健康信念模式（Health Belief Model，HBM）是在 1958 年由美国公共卫生领域的社会心理学家 Hochbaum 提出的理论模型，再经过以 Rosenstock 和 Becker 等为主的社会心理学家逐步完善而成。该模式已成为健康与社会行为学研究中解释健康相关行为、改善和指导行为干预的重要理论基础，目前已被成功地应用于众多健康相关行为的干预之中，如乳腺癌筛查、安全性行为和健康饮食等。

健康信念模式主要基于两个理论：一是刺激反应理论（Stimulus Response Theory），该理论强调某行为所致结果对该行为的正向或负向强化作用；二是认知理论（Cognitive Theory），其强调某行为的发生与个人实现该行为所得价值有关，也与该行为实现的可能性有关。HBM 本质上属于价值期望理论（Value-expectancy Theory）。价值期望理论主要通过以下三个方面应用于健康相关行为：首先，个体渴望避免疾病或者得到好的健康结果（价值）；其次，相信特殊的健康活动和行为能够预防或改善疾病；最后，相信自己有能力克服困难，采取专业人士推荐的健康行为。而 HBM 在以上基础上，通过个体对疾病易感性与严重性的估计来作用于健康相关行为。

二、健康信念模式的核心要素及各要素关系

（一）核心要素

（1）知觉到易感性（Perceived Susceptibility）：人们主观知觉到疾病危险的可能性，如自己对某疾病发生或复发的可能性的判断。

（2）知觉到严重性（Perceived Severity）：人们知觉到罹患疾病的严重性，包括对患病的临床后果的认识，如死亡、伤残、疼痛等，还包括对疾病的社会后果的认识，如工作效率降低、家庭生活矛盾和社会关系损害等。

（3）知觉到益处（Perceived Benefits）：人们知觉到减少疾病威胁会给自己带来益处。人们认识到疾病的易感性和严重性，会给健康行为提供动力，但同时还要依赖对益处的判断，如戒烟会给自己和家人的健康带来好处，另外还会带来与健康无关的一些益处，比如戒烟会节省开支、取悦家人、树立好的形象等。因此，在进行健康行为干预时，不仅需要个人知觉到易感性和严重性，还需要增强个人知觉到的益处。

（4）知觉到障碍（Perceived Barriers）：人们知觉到采取特定健康行为会有潜在障碍。例如个体在改变健康危险行为时，会难以执行，因为改变行为的成本高，会造成生理不适、疼痛、不方便，时间消耗长等。所以在进行健康行为干预时，应该对某行为改变可能产生的障碍有足够的认识，尽量减少障碍，确保健康行为的成功实施。

（5）行动暗示（Cue to Action）：人们知觉到疾病易感性和减少疾病威胁的好处，而这些知觉可能受到某些暗示而加强。这些暗示可能是身体事件或环境事件，比如媒体公开的保健信息或家人的鼓励能触发人们的保健行动。

（6）自我效能（Self Efficacy）：人们对自己成功实施某行为、改变某行为或克服障碍的自信。人们自信能成功实施某个行为，以达到期望结果。比如自信能通过努力，达到戒烟的目的。对于容易改变的行为，自我效能的作用可能体现不出来，但对于需要长期坚持、有一定困难的行为，比如戒烟、改变饮食习惯、坚持锻炼身体等，自我效能就显得尤为重要。

（7）其他因素：社会人口学特征（年龄、性别、种族等）、社会心理学因素（个性、社会地位、心理状态等）、知识感知因素（个体对疾病的了解和经验等）。

（二）各要素关系

健康信念模式在公共卫生领域得到广泛应用，但它基于一次性行为干预研究，而多数慢性非传染性疾病与长期的习惯性行为相联系，且这些行为多能给行为者带来某种"收益"，对于这种情况，健康信念模式常常不能给予足够的解释和预测，因而学者在健康信念模式的基础上增加了两个与行为"收益"有关的因素，即内部回报（Intrinsic Rewards）和外部回报（Extrinsic Rewards），进一步发展为保护动机理论（Protection Motivation Theory）。内部回报指的是有害行为给实施者带来的主观上的愉悦感，如吸烟者感受到吸烟所带来的精神放松；外部回报指的是有害行为给实施者带来的客观好

处，如吸烟带来社交便利。健康信念模式结构图如图 3-1 所示。

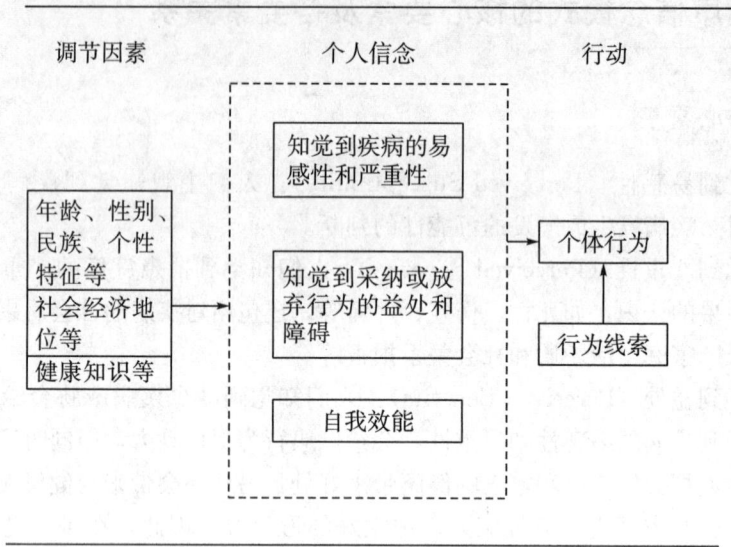

图 3-1　健康信念模式结构图

资料来源：GLANZ K，RIMER B K，VISWANATH K. Health Behavior and Health Education
[M]. 5th edition. San Francisco：Jossey-Bass，2015。

三、案例

在健康信念模式指导下对农村青少年改变不健康饮食行为构建结构方程模型。

为了探讨农村青少年饮食行为的影响因素，为今后更有针对性地开展健康教育工作提供依据，研究者对四川省某市两所中学 2469 名学生进行了自填式问卷调查。该问卷调查了青少年的人口基本特征及以健康信念模式为指导的问题。人口基本特征主要包括年龄、性别、年级和民族等；关于健康信念模式的问题包含四个维度，分别是知觉到益处、知觉到易感性、行为线索、自我效能。知觉到益处得分越高，说明个体感知到健康饮食的益处越大；知觉到易感性得分越高，说明个体感知到不健康饮食造成疾病的易感性越高；行为线索得分越高，说明个体的行为线索越强；自我效能得分越高，说明个体的自我效能越强。结果变量为不健康饮食行为，得分越高，饮食行为越不健康。

根据调查所得数据，使用结构方程模型（Structure Equation Model，SEM）分析影响中学生健康饮食行为的主要因素，其结果如图 3-2 所示。

结构方程模型结果分析显示，自我效能能提升知觉到易感性和知觉到益处，行为线索也可对知觉到易感性产生正向影响，知觉到益处和知觉到易感性越高，个体的饮食行为越健康，最后自我效能可以通过知觉到益处和知觉到易感性间接影响个体的饮食行为，其中介系数估计值分别为 $0.41 \times (-0.35) = -0.14$、$0.23 \times (-0.21) = -0.04$。行为线索也可以间接影响个体的饮食行为，但是影响较微弱，其中介系数估计值为 $0.29 \times (-0.21) = -0.06$。在中学生中，知觉到益处对饮食行为直接作用的标准路径系数绝对值是 0.35，而知觉到易感性对饮食行为直接作用的标准路径系数绝对值为

0.21，说明中学生知觉到益处对饮食行为的作用大于知觉到易感性对饮食行为的作用。自我效能对不健康饮食不仅有直接影响，而且可以直接影响知觉到易感性和知觉到益处，然后间接影响到饮食行为。个体的自我效能越高，个体感知到改变不健康饮食行为的益处越大，感知到自身由不健康饮食引起疾病的可能性越大，改变不健康饮食行为的可能性越大。

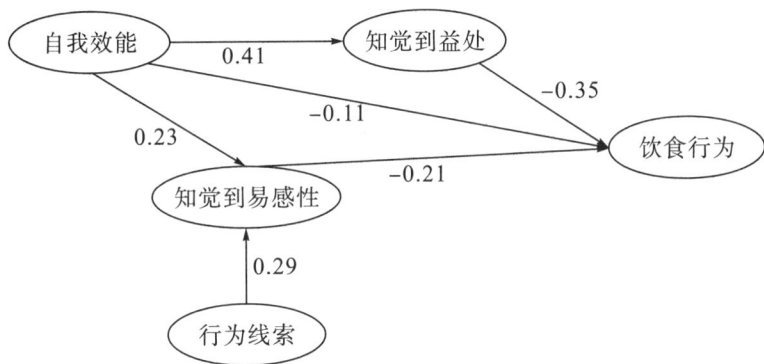

图 3-2　中学生饮食行为影响因素路径图

上述结果提示：知觉到易感性、知觉到益处、自我效能、行为线索四个主要的健康信念模式要素对饮食行为的作用和影响不一样。第一，知觉到益处、自我效能的提升能明显促进中学生改变不良的饮食行为；第二，知觉到益处对饮食行为的直接作用大于知觉到易感性对饮食行为的直接作用，说明在中学生改变不健康饮食行为的过程中，起主要作用的是中学生对健康饮食行为益处的感受。根据以上结果，在进一步的健康教育干预中，首先应该继续使青少年意识到改变不健康饮食行为带来的益处。其次，应更多地对中学生进行不健康饮食的危害的教育，尽可能使其对不健康饮食带来的危害性感到恐惧。最后，自我效能在该行为改变中起着重要作用，自我效能可以提升中学生对不健康饮食危害和改变不健康饮食带来益处的认识，有利于中学生改变不健康饮食行为。因此增强自我效能应该纳入今后针对中学生不健康饮食行为改变的健康教育干预计划。

知识扩展

保护动机理论

在健康信念模式的基础上，Rogers 等学者提出了保护动机理论（Protection Motivation Theory，PMT）。保护动机理论主要由三部分组成：信息源、认知中介过程及应对模式。

信息源是指个人从自身以往经验和知识以及外界环境因素所获得的信息，只有当个体收获到信息源后，保护动机理论的第二部分——认知中介过程才会启动。认知中介过程是保护动机理论中最为核心的部分，由威胁评估（Threat Appraisal）和应对评估（Coping Appraisal）构成。其中，威胁评估是指对健康危险行为的评估，包括内部回报、外部回报、严重性和易感性四个因素。内部回报和外部回报与严重性和易感性的作用相反，内部回报和外部回报会增强个体的不适反应（Maladaptive Response），而严重性和易感性会弱化个体的不适反应。此外，Rogers 等学者从威胁评估中提出了一个单独的变量——恐惧。恐惧是指个体感知到威胁已很严重但是却不知道具体情况，并且不知道如何应对该威胁继而产生出逃避愿望的情绪反应。恐惧为威胁评估中严重性认识和易感性认识对行为意向作用的中介变量，同时对个体的严重性认识也会产生影响。应对评估是指评价个体应对和避免危险的能力，是对个体的反应效能（Response Efficacy）（健康行为有益的信念）、自我效能、反应代价（Response Cost）（采取健康行为需要克服的困难）的综合评定结果。反应效能、自我效能与反应代价作用相反，即反应效能、自我效能会增加个体的适应反应（Adaptive Response），反应代价会降低个体的适应反应。根据威胁评估和应对评估的结果，判定是否产生保护动机，最终产生行为的变化。保护动机所得到的最终结果为应对模式，包括适应反应（如改变不健康行为）和不适反应（如继续维持不健康行为）。同时，应对模式又可以反馈并作为信息源再次启动个体的认知中介过程，从而形成循环连续反应。

保护动机理论同样存在缺陷。1983 年，Maddux 和 Rogers 在减少个体吸烟意愿试验中发现个体在做威胁评估和应对评估时并不完全是理性的。个体对健康知识的了解、对自己所处情境及自身健康状况的分析是行为产生的力量，行为后果的利大于弊是行为发生的优先路径，但保护动机理论过于注重认知的作用，事实上有些健康行为发生与否并不需要如此复杂地考虑。另外，Stanley 和 Maddux 注意到，在健康教育理论中强调疾病预防并不是健康促进的唯一决策。比如，在部分减肥人群中，其减肥的首要目的并不是预防疾病，而是使自身更为漂亮。

第二节　阶段变化模式

一、阶段变化模式的提出和发展

阶段变化模式（Stages of Change Model，SCM）又称为跨理论模式（Transtheoretical Model，TTM），该模式是 Prochaska 和 DiClemente 于 1982 年通过对吸烟者戒烟过程的研究提出的。两位学者在研究戒烟过程中发现人的行为的改变必须经过一系列过程，戒烟者随着时间点的变化而有不同的行为反应。该模式得益于比较分析心理治疗和行为转变，它整合了若干行为干预模型和方法。该模式认为人的行为变化不是一次性事件，而是渐进和连续的过程。其重点阐述五个变化结构、十个过程变化阶段以及利益、代价变化和自我效能。该模式已经广泛应用于健康行为和心理卫生干预，如物质滥用、焦虑、肥胖、高脂饮食行为、HIV/AIDS 的预防和遵从医嘱、非计划妊娠干预等。

二、阶段变化模式的核心要素及变化过程

（一）核心要素

（1）无意图阶段（Pre-contemplation）：在这一阶段，人们没有打算在未来改变行为。此处的未来通常指未来 6 个月。人们之所以处于这个阶段，主要是因为他们不知道行为结果或者对行为结果麻木不仁，也可能因为多次尝试行为改变均以失败告终，致使他们士气受挫。这些人被贴上"难以接触"的标签。他们忌讳阅读、谈论或思考他们的高危行为，甚至不关注与高危行为相关的任何信息，总会提出各种理由来抵触预防行为，不愿意参加健康促进项目或医学治疗。

（2）意图阶段（Contemplation）：在这一阶段，人们打算改变行为（通常指未来 6 个月）。人们意识到行为改变的益处，但同时也会意识到行为改变的代价。利益和代价经常难以均衡，人们处于长期的选择矛盾之中，导致人们常常很长时间停滞在这个阶段。比如，戒酒或少饮酒会给身体健康带来益处，但是同时会影响社会交往。这种特征称为慢性意图或行为拖延现象。

（3）准备转变阶段（Preparation）：在这一阶段，人们意图在未来采取行动（通常指未来 1 个月）。处在这个阶段的人们已经采取过一些行动以促进行为改变，比如进行医学咨询、购买保健相关的书籍、参加健康教育课程、寻求自我改变的方法等。

（4）行为转变阶段（Action）：在这一阶段，人们已经做出了行为改变（通常指过去 6 个月），行为可以被观察到有明显的变化。需要强调的是，这种行为改变与传统的概念有所区别，因为它是五个阶段之一，在这个模式中不是所有的改变都称为行为改变，人们的行为改变必须符合专业人员规定的减少疾病危险的标准，比如参加戒烟项目的吸烟者，仅仅减少吸烟量或降低尼古丁和焦油含量，仍然不能认为是行为改变，只有完全戒烟，确实能够减少疾病威胁，才能认为是行为改变。

（5）维持行为阶段（Maintenance）：在这一阶段，人们维持新行为，努力防止旧行为复发（Relapse），增强能维持这个改变的信心。这种新行为的维持一般超过 6 个月，人们很少有恢复旧行为的企图。终止阶段（Termination Stage）可以合并入维持行为阶段。人们不再屈从于诱惑，而且有足够的自我效能，即使处于沮丧、焦虑、孤独、愤怒、压力的情况下，他们也确信不再恢复不健康的旧行为，也就是人们不会再质疑新行为。

（二）变化过程

人们在改变行为过程中经历了一系列的活动，同时该模式认为每个个体均以不同的速度在经历这五个阶段，并且某些个体可能会在某一阶段停止不前，而某些人则可能会从某一阶段后退至前一阶段。这种阶段变化模式的优点是强调了每个人的健康行为改变是有动力性特征的，而不是一种"非是即否"的状态，更好地补充了连续性模型的缺陷。这种隐蔽的或明显的过程变化可以用十个步骤来描述，这对行为干预有良好的指导

作用。

（1）意识提高（Consciousness Raising）：提高对不良行为的原因以及结果、特殊问题的认识，唤起人们的健康意识，使其察觉到行为需要调整。可应用健康咨询、媒体宣传等方法来达到该目的。

（2）痛苦减轻（Dramatic Relief）或情感唤起（Emotional Arousal）：行为改变初期会出现情绪波动增加的情况，比如出现积极情绪或消极情绪，以促使人们改变行为。如果干预行为合适，则会减轻负面情绪并增加积极情绪。角色扮演、心理剧等都是可行的方法。

（3）自我再评估（Self-reevaluation）：从认知和情感两方面来评估自己具有某种不良习惯或无某种不良习惯，意识到行为改变的重要性。健康角色模型、自我意象技术等能够帮助人们评估。

（4）环境再评估（Environmental Reevaluation）：从认知和情感两方面评估一个人具有某些习惯或缺乏某些习惯对社会环境的影响，感知人们对他人所起的积极或消极的角色示范作用。如合理膳食对他人的示范作用、不合理膳食对他人行为的影响。移情训练、提供证据和家庭干预等可以用来进行这方面再评估。

（5）自我解放（Self-liberation）：人们建立行为改变的信念，同时做出行为改变的承诺和再承诺。生日愿望、新年决心、当众宣誓等多种方式同时应用能强化这种决心和意志。

（6）求助关系（Helping Relationships）：社会的关心、信任、接受和支持能够帮助人们的行为向健康方向转变，即寻求社会支持来帮助人们改变危害健康的行为。他人关心、同伴帮助、建立治疗联盟、设置咨询电话等能够给行为改变提供社会支持。

（7）反思习惯（Counterconditioning）：通过学习用健康行为代替不健康行为，可采用放松疗法、脱敏疗法等。

（8）强化管理（Reinforcement Management）：在行为发生过程中某方向上提供结果强化，对健康行为进行奖励，而对危害健康行为进行惩罚。实际研究发现，自我行为改变主要依赖奖励而不是惩罚。结果强化在行为转变过程中非常重要，因为行为阶段变化模式强调行为的协调、自然改变。一些隐蔽或明显的强化措施如群体赞誉、行动契约等能够促使人们不断重复健康的行为。

（9）刺激控制（Stimulus Control）：去除不健康行为的暗示，增加有益于健康行为的提示。避免环境刺激，改善环境，建立自我帮助小组可以减少危险行为的复发。

（10）社会解放（Social Liberation）：意识到有一个尊重和支持健康行为的社会环境，通过改变社会政策和环境来减少束缚人们行为的事件，并增加人们改变行为、促进健康的机会。特别对那些生活在隐蔽环境或经济贫困的人，可以设立禁烟区、安全套易得区等。

此外，该模式还包括改变过程（the Process of Change Model）、决策平衡（Decision Balance）和自我效能（Self Efficacy）。表3-1显示了行为转变阶段和行为改变过程。

表 3-1　行为转变阶段和行为改变过程

变化阶段				
	无意图阶段	意图阶段	准备阶段	行动阶段	维持阶段/终止阶段
	意识提高				
	情感唤醒				
	环境再评估				
	自我再评估				
			自我解放		
			社会解放		
				反思习惯	
变化过程				求助关系	
				强化管理	
				刺激控制	

阶段变化模式用变化发展的观点看待健康相关行为，对健康相关行为的干预有非常好的指导作用。干预者只有在调查研究的基础上，充分了解干预对象的目标行为所处的阶段，基于不同的阶段采用不同的策略，才能取得事半功倍的效果。

第三节　理性行为理论和计划行为理论

一、理性行为理论和计划行为理论的提出和发展

理性行为理论（the Theory of Reasoned Action，TRA）由美国学者 Fishbein 于 1967 年首次提出。该理论认为行为意向（Behavior Intention）是决定行为的直接因素，行为意向受行为态度（Attitude Toward Behavior）和主观规范（Subjective Norm）的影响。理性行为理论假定个体行为受意志控制，在意志降低或不受意志控制的情境中是否足以预测行为尚不清楚，这严重制约了该理论的应用。为扩大理论的适用范围，Ajzen 及其同事在理性行为理论的基础上，增加了知觉行为控制变量，在 1986 年提出了其扩展理论，即计划行为理论（the Theory of Planned Behavior，TPB）。该理论认为应将个人对行为的意志控制力视为一个连续体，一端是完全在意志控制之下的行为，另一端则是完全不在意志控制之下的行为，而人类的行为常常处于此两个极端之间的某一点。因此，要预测不完全在意志控制之下的行为，有必要增加行为知觉控制这个变量。计划行为理论的基本假设：人们的行为是在主体意识控制下发生的，而且合乎理性，人们实施行为的动机来自一些合理的推断，行为意向是行为发生的最直接的决定因

素，而决定行为意向的最重要因素是个人对此行为的态度和主观行为规范。该理论在艾滋病预防、饮酒、吸烟、健康服务设施的利用等健康相关行为研究中得到广泛的应用。目前，理性行为理论和计划行为理论已被广泛应用于健康相关行为的解释和干预。

二、理性行为理论和计划行为理论的核心要素及各要素关系

（一）核心要素

（1）行为信念（Behavioral Beliefs）：行为主体对目标行为结果或者特性的信念，也即行为主体认为采取某种行为可能获得某种结果的可能性。

（2）行为结果评价（Evaluations of Behavioral Outcomes）：行为主体评价行为结果或特性的价值。

（3）行为态度（Attitude Toward Behavior）：个人对该项行为所持有的正面（支持或赞成）或负面（不支持或反对）的评价，即指由个人对此特定行为的评价经过概念化之后所形成的态度。

（4）社会规范信念（Normative Beliefs）：对行为主体有重要影响的他人（如家人、朋友、医生和领导等）对行为的期望，也即行为主体感受到有重要影响的他人支持或不支持个体行为的信念。

（5）遵从动机（Motivation to Comply）：遵照社会规范采取行动的动机，也即行为主体是否愿意遵从有重要影响的他人对其期望的动机。

（6）主观规范（Subjective Norm）：个人对于是否采取某项特定行为所感受到的社会压力，亦即在预测他人的行为时，那些对个人的行为决策具有影响力的个人或团体对个人是否采取某项特定行为所发挥的作用。

（7）控制信念（Control Beliefs）：行为主体对行为控制可能性的知觉，也即行为主体感知到促进或阻碍行为实施的因素存在的可能性。

（8）知觉力（Perceived Power）：行为主体对行为控制难易程度的感知，是一个人对遇到各种影响行为的可能因素的克服能力或执行能力。

（9）知觉行为控制（Perceived Behavior Control）：反映个人过去的经验和预期的阻碍，个人认为自己所掌握的资源与机会越多，所预期的阻碍越少，则对行为的知觉行为控制就越强。概念上接近于自我效能，也即个体对自己是否能克服困难而去执行某行为的信心。知觉行为控制影响行为的方式有两种：一是影响行为意向，二是直接预测行为。

（10）行为意向（Behavior Intention）：个人对采取某项特定行为的主观概率的判定。它反映了个人对某项特定行为的采取意愿和思想倾向，是实施某行为的可能性。

（11）行为（Behavior）：个人在特定时间和环境下采取的可观测的行为。

计划行为理论包括五要素：行为态度、主观规范、知觉行为控制、行为意向以及行为。Ajzen认为所有可能影响行为的因素都是经由行为意向来间接影响行为的表现。而行为意向受到三项相关因素的影响：其一是源自个人本身的行为态度，即对采取某项特

定行为所抱持的行为态度；其二是源自外在的主观规范，即会影响采取某项特定行为的主观规范；其三是知觉行为控制。

（二）各要素关系

理性行为理论和计划行为理论框架如图3-3所示。

计划行为理论主要以三个阶段来分析行为的形成过程：①行为决定于个人的行为意向；②行为意向取决于行为态度、主观规范与知觉行为控制；③行为态度、主观规范及知觉行为控制受外生变量如人口学特征、个体特征等影响。个人对于某项行为的态度越正向，则个人的行为意向越强；对于某项行为的主观规范越正向，个人的行为意向也越强；行为态度与主观规范越正向且知觉行为控制越强，则个人的行为意向也越强。

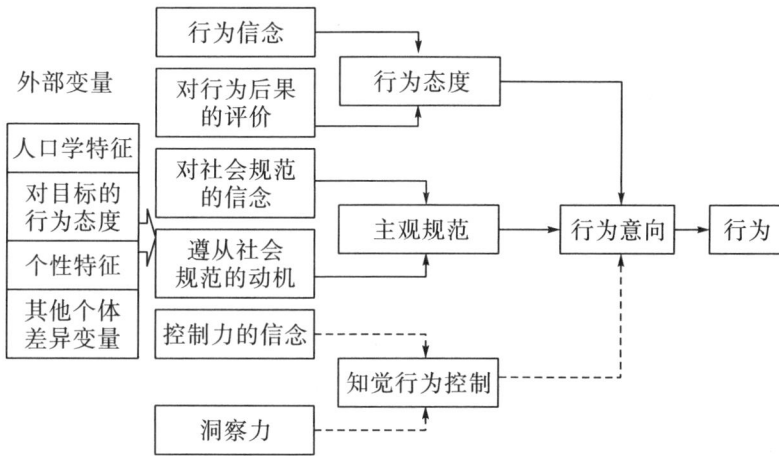

图3-3　理性行为理论和计划行为理论框架

注：未加虚线箭头所指的关系，该图为理性行为理论框架；加入虚线箭头所指的关系后，该图为计划行为理论框架。

资料来源：GLANZ K，RIMER B K，VISWANATH K. Health Behavior and Health Education [M]. 5th edition. San Francisco：Jossey-Bass，2015。

计划行为理论有以下几个主要观点：

（1）非个人意志完全控制的行为不仅受行为意向的影响，还受到执行行为的个人能力、机会以及资源等实际控制条件的制约，在实际控制条件充分的情况下，行为意向直接决定行为。

（2）准确的知觉行为控制反映了实际控制条件的状况，因此它可作为实际控制条件的替代测量指标，直接预测行为发生的可能性。预测的准确性依赖于知觉行为控制的实际程度。

（3）行为态度、主观规范和知觉行为控制是决定行为意向的三个主要变量。行为态度越积极，重要他人的支持越大，知觉行为控制越强，行为意向就越大，反之就越小。

（4）个体拥有大量有关行为的信念，但在特定的时间和环境中只有相当少量的行为信念能被获取。这些可获取的信念也叫突显信念，它们是行为态度、主观规范和知觉行为控制的认知与情绪基础。

（5）个人以及社会文化等因素（如人格、智力、经验、年龄、性别、文化背景等）通过影响行为信念间接影响行为态度、主观规范和知觉行为控制，并最终影响行为意向和行为。

（6）行为态度、主观规范和知觉行为控制从概念上可完全区分开来，但有时它们可能拥有共同的信念基础，因此它们既彼此独立，又两两相关。

理性行为理论及计划行为理论将信念列为行为决定因素，认为是否实施某个行为完全取决于个人的意愿，为行为干预提供了很好的指导作用。但它忽略了情境、个人习惯、责任等。对于不完全受个人意愿控制的行为则无好的指导作用，如同伴都去上网且发出邀请，个人可能无法拒绝上网。因此，尽管计划行为理论增加了知觉行为控制这个变量，可以反映过去的经验和预期的障碍，但试验验证尚不足。这两个理论与其他理论一样在行为干预的某个方面有指导作用，但理论本身仍有待进一步发展和完善。

三、案例

理性行为理论和计划行为理论的应用困难在于各变量的测量。在实际工作中，通常采用 likert 五等级或七等级奇数等级的评分法进行测量。个体实施一项行为的可能性的行为信念用"完全不可能到完全可能"或"完全不同意到完全同意"的尺度来测量。

下面以青少年上网研究为例，来说明变量的等级设置和测量。

- 行为信念：上网会影响我的学习成绩（   ）
①完全不可能　　②不可能　　③不太可能　　④中立
⑤比较可能　　⑥可能　　⑦完全可能

- 行为结果评价：上网使我的学习成绩有一定程度的提升（   ）
①完全不赞同　　②不赞同　　③不太赞同　　④中立
⑤比较赞同　　⑥赞同　　⑦完全赞同

- 在网络上进行娱乐活动使我感到快乐（   ）
①完全不赞同　　②不赞同　　③不太赞同　　④中立
⑤比较赞同　　⑥赞同　　⑦完全赞同

- 上网购买物品使我的生活更加便利（   ）
①完全不赞同　　②不赞同　　③不太赞同　　④中立
⑤比较赞同　　⑥赞同　　⑦完全赞同

- 行为态度：长时间上网会影响学习成绩（   ）
①完全不同意　　②不同意　　③不太同意　　④中立
⑤比较同意　　⑥同意　　⑦完全同意

- 上网玩耍有可能成瘾（   ）
①完全不同意　　②不同意　　③不太同意　　④中立
⑤比较同意　　⑥同意　　⑦完全同意

- 长时间上网影响健康（　　）

①完全不同意　　　　②不同意　　　　③不太同意　　　　④中立

⑤比较同意　　　　　⑥同意　　　　　⑦完全同意

- 社会规范信念：你的家人朋友和周围的人认为上网行为（　　）

①根本没有必要禁止　　　　　　　　②很没有必要禁止

③ 有些不必要禁止　　　　　　　　④ 中立

⑤有些必要禁止　　　　　　　　　⑥很有必要禁止

⑦绝对有必要禁止

- 遵从动机：你对家人朋友和周围的人给你上网的建议（　　）

①根本不想采纳　　　　　　　　　②很不想采纳

③有些不想采纳　　　　　　　　　④中立

⑤有些想采纳　　　　　　　　　　⑥很想采纳

⑦绝对想采纳

- 主观规范：主观规范一般间接测量，即用社会规范信念乘以遵从动机。也可以直接测量：我周围的家人和朋友大多数对学生上网行为（　　）

①完全允许　　　　②允许　　　　③不太允许　　　　④中立

⑤比较不允许　　　⑥不允许　　　⑦完全不允许

- 控制信念：我能够限定我的上网时间（　　）

①总是　　　　　②有时　　　　③偶尔

④几乎不　　　　⑤从不

- 我上网是为了学习而不是娱乐（　　）

①总是　　　　　②有时　　　　③偶尔

④几乎不　　　　⑤从不

- 知觉力：是否远离网络由我自己控制（　　）

①完全不可能　　　②不可能　　　③不太可能　　　④中立

⑤有时可能　　　　⑥可能　　　　⑦完全可能

- 行为意向：我愿意减少上网机会（　　）

①完全不赞同　　　②不赞同　　　③不太赞同　　　④中立

⑤比较赞同　　　　⑥赞同　　　　⑦完全赞同

- 我愿意减少我的上网时间（　　）

①完全不赞同　　　②不赞同　　　③不太赞同　　　④中立

⑤比较赞同　　　　⑥赞同　　　　⑦完全赞同

- 如果可以的话，我更愿意上网学习而不是上网玩耍（　　）

①完全不赞同　　　②不赞同　　　③不太赞同　　　④中立

⑤比较赞同　　　　⑥赞同　　　　⑦完全赞同

知识拓展

<h1 style="text-align:center">理性行为理论拓展研究</h1>

由于理性行为理论的开放性和简洁性，它被认为可以进一步深化研究或加入其他的预测变量，很多学者对它进行了拓展研究。根据研究主题和侧重点，可以将现有的这些理性行为理论拓展研究划分为三类：理性行为理论自身完善的理论深化研究、加入情境变量的理性行为理论适用性的拓展研究、将新变量纳入理性行为理论模型中的模型拓展研究。图3-4是现有这些拓展研究的概念图。

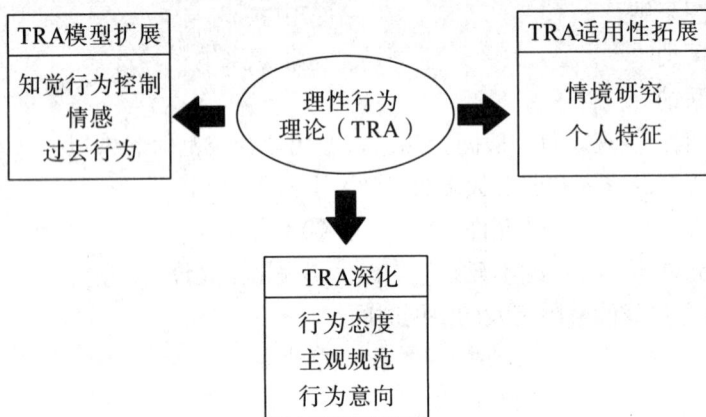

图3-4　理性行为理论拓展研究的概念图

在对理性行为理论的深化研究中，一些研究者认为在理性行为理论模型中添加其他结构会降低理性行为理论模型的精练性，因此通常是对该理论中已包含的变量进行进一步的深入研究。这些研究主要包括三种类型：

1. 对行为态度的深入研究。对行为态度的深入研究是理性行为理论自身扩展研究的一个热点。从现有研究来看，主要有两类研究关注行为态度：一类是将行为态度划分为认知和情感两个维度，另一类是将行为态度划分为个人态度和社会态度两个维度。

2. 对主观规范的深入研究。随着理性行为理论的进一步发展和完善，很多研究者发现主观规范还可以进一步细化。例如Cialdini与他的研究团队区分了两种社会规范。一种称为指令性规范（Injunctive Norms），这一规范主要关注个体对他人赞成或不赞成行为的感知（如什么是应该做的），测量上采用传统的理性行为理论对主观规范的测量；另一种称为描述性规范（Descriptive Norms），这一规范主要关注个体对他人的行为的感知（如他人在特定情形下在做什么）。研究发现，描述性规范独立于理性行为理论中的其他变量对行为意向产生影响。

3. 对行为意向的深入研究。Fishbein和Ajzen最初将意向（Intention）定义为在给定的环境中人们对自己行为的预期，即一个人将意向转化为行动的可能性。Warshaw和Davis对这种观点的理论基础提出了质疑，他们认为这里对意向的定义没有体现大部分人对行为意向的感觉，他们认为行为意向更像是代表一个人是否明确地表达了自己有计划地做某事，而行为预期（Expectation）是个体在考虑了自己意向、个人能力以及环境因素后，对自己行为能够容易或者困难实施的估计。尽管对行为意向和行为预期的回答通常相似，但很多时候一个人有意向做什么和他实际上预期做什么是不同的。Bagozzi 在研究消费者快餐馆用餐的决策时，区分了行为意向和行为预期。研究结果表明，当考虑到情境条件时，行为预期和行为意向对行为的预测作用是有差异的。当预测自己就餐时，行为意向对行为的预测作用要大于行为预期；但预测与朋友一起就餐时，行为意向对行为的预测作用要小于行为预期。

第四节　社会认知理论

一、社会认知理论的提出和发展

1977 年，班杜拉（Bandura）发表了他开创的新研究成果，即社会学习理论（Social Learning Theory）。该理论在人类社会学习规律的基础上增加了认知心理的概念。在此基础上，班杜拉与其他学者一起进一步完善了该理论，并扩展到更广泛的人类认知行为范畴。1986 年，他在出版的《思考与行为的社会基础：社会认知理论》中正式提出了社会认知理论（Social Cognitive Theory，SCT）。社会认知理论的核心思想：个体的行为不是简单地由内部因素决定，也不仅仅由外部因素决定，而是由行为、个体（如内部因素信念、期望等）和环境三者之间的交互作用决定的。行为、个体、环境三者被看成是相互独立、相互作用、相互决定的理论实体。行为、个体、环境三者之间互为因果，每两者之间都具有双向的互动和决定关系。一方面，个体的内部因素往往强有力地支配并引导其行为，行为及其结果反过来又影响并最终决定思维的内容与形式以及行为主体的情绪反应；另一方面，个体可以通过自己的主体特征如性格、社会角色等引起或激活不同的环境反应。行为作为人与环境之间的中介，是人用以改变环境，使之适合人的需要而达到生存的目的并改善人与环境之间的适应关系的手段。它不仅受人的需要支配，同时也受环境的现实条件的制约。

二、社会认知理论的核心要素及三元交互决定论

（一）核心要素

1. 观察学习（Observational Learning）

观察学习又称替代学习，即人们通过观察别人的行为来进行学习的过程。班杜拉认为，人的行为，特别是人的复杂行为主要是后天习得的。行为的习得既受遗传因素和生

理因素的制约，又受后天经验和环境的影响。生理因素的影响和后天经验的影响在决定行为上微妙地交织在一起，很难将两者分开。班杜拉认为行为习得有两种不同的过程：一种是通过直接经验获得行为反应模式的过程，班杜拉把这种行为习得过程称为"通过反应的结果所进行的学习"，即通常所说的直接经验的学习；另一种是通过观察示范者（Role Model）的行为而习得行为的过程，班杜拉称之为"通过示范所进行的学习"，即通常所说的间接经验的学习。

观察学习不仅可以使学习过程缩短，而且可以使人迅速地掌握大量的、综合的行为模式，并且能够避免由直接尝试的错误和失败带来的重大损失。

班杜拉认为观察学习是指一个人通过观察他人的行为及其强化结果习得某些新的反应，或使他已经具有的某种行为反应得到矫正。他按信息加工的模式对观察学习进行了分析，认为观察学习由四个相互关联的子过程组成：一是注意过程，人们必须注意某种行为；二是保持过程，记忆和保持信息；三是动作表现过程，把观察到的行为表现出来；四是动机过程，期待会得到奖励。

2. 环境与情境（Environment and Situation）

这里的环境是指个人身体外的客观环境，比如社会环境（家人、朋友、同事等）、自然环境（气候、饮食、地理环境等）。情境是指人的认知和精神环境、人对客观环境的观察和认知。环境在社会认知理论中是重要的部分，因为环境给行为提供了榜样和支撑作用，但环境刺激往往不能直接导致健康行为的出现，必须通过情境发挥作用。人们对环境刺激进行评价和认知，当认识到环境提供了机会时，才能克服障碍形成行为。如大学校园所有室内都禁止吸烟，教师和学生形成戒烟风尚，则吸烟者容易克服困难而戒烟。

3. 结果期望（Outcome Expectation）

结果期望指对行为可能产生结果的推测。班杜拉认为结果期望是行为的先行决定因素。个体学习获得某种行为在特定情形下可能会发生，然后希望当相同情形再次出现时，该行为会再次出现。结果期望可以是积极的、正向的，也可以是消极的、负向的。这种期望结果通过四种途径获得：第一，个体以前经历过类似的情况；第二，观察他人在类似情况下的反应（替代经验）；第三，从社会或他人处听说过类似情形；第四，从情绪或躯体对行为的反应中获得（生理唤醒）。比如，一位母亲如果开车时带上孩子，就会将孩子安放在儿童座椅上，这种行为的结果期望是通过自己的既往经验或观察别人的行为获得的。

4. 结果预期（Expectation）

与结果期望不同，结果预期主要指个体对特定行为结果的价值判断，是个人认为某一行为会导致什么结果，而这个结果有什么价值。例如，一个人相信如果他实施了某一行为，他的朋友会羡慕他、尊敬他，且他给受到朋友羡慕和尊敬这个结果赋予很高的价值，那么他实施该行为的可能性就大大增加。相反，如果他认为实施某行为不会受到朋友的羡慕或尊敬，或者感觉这种羡慕或尊敬对一个人来说不是那么重要，那么这个人也就不太可能实施相关行为。结果预期影响行为主要遵循享乐主义原则，即当所有其他条件都相等时，一个人就会选择结果预期正值最大的那个行为或者负值最小的那个行为。吸烟者若认为吸烟使得自己更成熟，更有利于社交，就会拒绝戒烟。可以用数量来表示这个结果价值，如从−1到+1来表示。

5. 强化（Reinforcement）

强化具有信息和动机的作用，而不是机械反应增强剂，能够有助于行为的巩固或中断。强化可以分为正强化和负强化。正强化就是奖励（Reward）那些符合目标的行为，从而加强这种行为，如奖金、表扬等。实施行为后出现的刺激结果对行为本身产生的强化称为奖励。奖励之所以对行为起作用，主要是因为能够提供那些在以后会得到奖励的有用信息，为将来这些反应提供动机。负强化就是惩罚那些不符合目标的行为，以便使这些行为削弱，甚至消失，从而保证行为目标的实现。惩罚是负强化的典型方式，但惩罚仅仅能够在某些情况下减少某种特定行为，不是任何情况都适用。肥胖儿童既需要正强化积极的运动行为，同时也需负强化久坐行为。强化还可以分为外部强化和内部强化。外部强化通过环境因素和他人的反应来实现，通过观察学习周围的人的行为及反应使得自己的行为得到强化，如学习和模仿父母日常饮酒行为，父母对自己饮酒行为赞赏则会强化饮酒行为。内部强化基于自身的经验和价值观，结果预期和结果期望是重要成分。

6. 自我效能（Self Efficacy）

自我效能是班杜拉最早提出来的，是社会认知理论的核心要素之一，这个要素已经广泛应用到其他理论中。自我效能指的是个体对自己能否在一定水平上完成某一活动所具有的能力感知，也可理解为个体对自己某项行为带来预期结果的信心程度或把握度；更直观的表述：个体对自己成功实施或放弃某种行为的自信，对自己行为能力有正确的评价和判断，相信自己有能力克服困难并成功实施某种行为。自我效能不是对行为后果和结果的期待。人是行为的主体，其意识支配其行为，自我效能反映了人的自身潜能的发挥。班杜拉对自我效能的形成条件及其对行为的影响进行了大量的研究，指出自我效能的形成主要受五种因素的影响，包括行为的成败经验、替代性经验、言语劝说、情绪的唤起以及情境条件。班杜拉认为对行为主体产生影响的不是能力本身，而是主体对自身能力的信念。

成败经验即个体对自己的实际活动过程中所取得的成就的感知，成功经验增强自我效能，失败经验降低自我效能。替代性经验指个体能够通过观察他人的行为获得自我效能的感知。情绪和生理状态也影响自我效能的形成。在紧张、危险的场合或负荷较大的情况下，情绪易于唤起，高度的情绪唤起和紧张的生理状态会降低对成功的预期。情境条件对自我效能的形成也有一定的影响，某些情境比其他情境更难以适应与控制。当个体进入一个陌生而易引起焦虑的情境中时，会降低自我效能的水平与强度。

7. 交互决定论（Reciprocal Determinism）

行为是动态的、在环境因素与人自身特征（自我调控因素和生物学特性）互相影响下发生的。人的自身特征包括心理因素（如知觉、情绪、信念、意向等）和生物学特征（如性别、种族、遗传等）。人的自身特征影响人的行为，人的行为又会影响人的心理活动。环境通过榜样作用影响人的情绪、信念等，而行为的发生需要个体认识和感知环境。人的行为会决定个体暴露于环境的方式，而行为会被环境改变。总之，个体、行为和环境三者相互影响、相互作用（图3-5）。

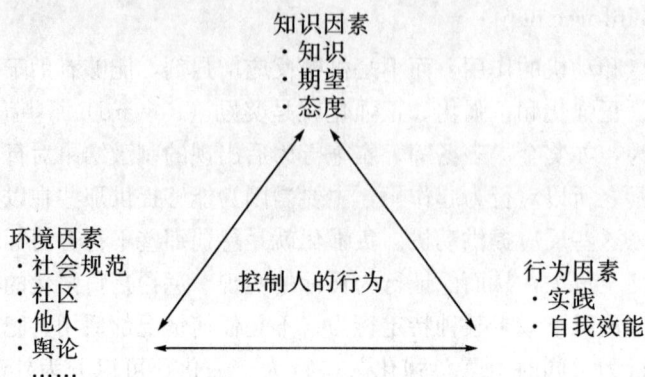

知识因素
·知识
·期望
·态度

环境因素
·社会规范
·社区
·他人
·舆论
......

控制人的行为

行为因素
·实践
·自我效能

图3-5 个体、行为、环境交互影响示意图

8. 自我调节

自我调节指个体通过自我监测、树立目标、自我反馈、自我奖励、自我教育、寻求社会支持等进行调节。班杜拉认为自我调节是个体的内在强化过程，是个体通过将自己对行为的计划和预期与行为的现实成果加以对比和评价，来调节自己行为的过程。通过自我调节可达到矫正或改变行为的目的。

（二）三元交互决定论

为了解释说明人类行为，心理学家提出了各种理论。如环境决定论认为行为（B）是由作用于有机体的环境刺激（E）决定的，即 $B = f(E)$；个体决定论认为环境取决于个体如何对其发生作用，即 $E = f(B)$；班杜拉对环境决定论和个体决定论进行了批判，并提出了自己的三元交互决定论，即强调在社会学习过程中个体、行为和环境三者的交互作用。

班杜拉认为行为（B）、环境（E）与个体（P）之间的影响是相互的，但他同时反驳了"单向的相互作用"，即行为是个体变量与环境变量的函数，$B = f(P, E)$，认为行为本身是个体与环境相互作用的一种副产品，即 $B = f(P \times E)$。班杜拉指出，行为、个体（主要指认知和其他个人因素）和环境是"你中有我，我中有你"的，不能把某一个因素放在比其他因素重要的位置，尽管在有些情境中，某一个因素可能起支配作用。三元交互具有整体性：①可以分解三元交互决定论中的两两交互关系，但是个体、行为与环境是一个整体，即三者共同作用；②提示环境因素可以被改变，同时提示心理一行为方式可以被调整。

（1）环境对行为的影响：环境包括自然环境和社会环境。环境影响人们的行为，比如公共场所禁烟的法规会影响人们的吸烟行为，基本公共卫生服务的实施影响人们的保健行为。

（2）行为对环境的影响：个体行为和群体行为都会影响环境，比如移民行为，人们主动选择工作和生活的环境，可能改变自然环境，促使该环境适合人们居住和进行经济活动。行为对环境的作用和环境对行为的作用是相互的，行为影响环境，而环境促使人们改变自己的行为和生活方式。

（3）环境对个体的影响：环境影响个体的认知、期望和自我效能，比如吸烟饮酒问题，社会环境对男性吸烟饮酒能够接受，而对女性吸烟饮酒的容忍度小，所以以男性吸烟饮酒率远远高于女性，这是社会环境对不同性别期望的结果。当人们的生活社区有方便的体育锻炼设施时，人们坚持体育锻炼的自我效能提高。

（4）个体对环境的影响：人们的意识、期望和认知水平会形成社区文化的一部分。比如人们对体育锻炼重要性的认知会形成一种社区氛围，促使环境朝着有利于人们进行体育锻炼的方向变化。

（5）个体对行为的影响：个体的认知、意图影响行为，这是经典心理行为理论的重要内容。比如理性行为理论中提到，行为意图是行为的决定因素。

（6）行为对个体的影响：个体行为可以影响其感知和期望，比如戒烟后，呼吸道疾病发病频次降低，症状减轻，个体形成了"吸烟增加呼吸道疾病的发生，戒烟减少呼吸道疾病的发生"的认知，这是行为结果改变了人们的认知。

班杜拉的社会认知理论还详细论述了决定人类行为的诸多因素。班杜拉将这些决定人类行为的因素概括为两大类：决定行为的先行因素和决定行为的结果因素。决定行为的先行因素包括学习的遗传机制、以环境刺激信息为基础的对行为的预期、社会的预兆性线索等；决定行为的结果因素包括自我强化（当人们达到了自己制定的标准时，以自己能够控制的奖赏来加强和维持自己行动的过程）和替代性强化（观察者看到榜样或他人受到强化，从而使自己也倾向于做出榜样的行为）。社会认知理论为解释、评估和预测健康相关行为和制定相关干预策略提供了理论指导。但由于该理论结构复杂、内容广泛，实践者需要掌握广泛的知识和技能并需要通过系统培训。

第五节　创新扩散理论

一、创新扩散理论的形成和发展

创新（Innovation）指被人们认为是一种新的思想、观念、技术、政策、事物或行为方式。这里的"新"并不一定是客观上新奇和有创造性，而是受众感觉具有新颖性。创新扩散（Diffusion of Innovation）是创新（新思想、新政策、新产品、新行为等）在一定的时间内通过一定的渠道在某个社会群体中传播，并逐渐被社会系统成员所了解和采纳的过程。创新扩散是一种从群体层面分析和解释创新被传播和采纳的过程。创新扩散理论可以追溯到 20 世纪 20 年代，Ryan 和 Gross 受到美国农村推广杂交玉米事件的启迪，对此现象进行了研究，之后多位学者开展了卓著的研究工作。在此基础上，20

世纪 60 年代，Rogers E M 提出了该理论的框架，定义了扩散的概念，根据受众接受新事物的先后快慢，分为先驱者、早期接受者、相对较早的大多数接受者、相对较晚的大多数接受者和迟缓者，随后提出了创新的决策过程五阶段，分析传播渠道的特点及作用。目前创新扩散的研究涉及农业、教育、公共卫生和医疗、新闻传播、营销学、地理学、一般社会学、一般经济学等诸多领域。

二、创新扩散理论的核心要素及各要素关系

（一）核心要素

传播扩散过程包括以下五个阶段。

（1）创新形成（Innovation Development）：从新想法产生到创新发展和成型的整个过程。

（2）传播（Dissemination）：传播就是将新思想、新方法等创新从发源处向受众积极传送的活动，即将知识从资源系统传递到用户系统的积极传送方法，包括识别传播渠道和系统。传播渠道可以分为正式渠道和非正式渠道。传播有大众传播、群体传播、个体传播等各种类型。比如社区中开展血脂筛查，由于血脂筛查对社区而言是新事物，需要向社区成员传递信息。这时可以采取两种方法：其一，通过社区广播、闭路电视和公共卫生机构发出正式通知；其二，通过非正式渠道宣传，如组织社区文娱活动、群体面对面宣传。

（3）接受/采纳（Adoption）：这是个连续过程，受众获得信息，被说服而转变态度，决定接受创新，继而实施和确认。在采用这个阶段中，有七个方面需要注意：接受者的需要、目前的态度和价值观、对创新的反应、哪些因素可能影响采用、接受者怎样被影响而改变他们的行为并实施新的行为、采纳创新的障碍是什么、怎样克服这些障碍。影响接受者接受创新最主要的因素有三方面：知晓知识（Awareness Knowledge），即知道创新存在；过程知识（Procedural Knowledge），即如何应用创新；原理知识（Principles Knowledge），即理解创新怎样起作用。

（4）实施（Implementation）：创新开始被应用于实践中。这个阶段的关键是提高接受者的自我效能和技巧，鼓励对创新的尝试。提供训练、发现和解决问题是重点。

（5）维持（Maintenance）：创新持续在实践中应用扩散。这个阶段的关键是发现创新中断扩散的多种原因，保证其持续进行。

（二）各要素关系

创新扩散过程分为三个阶段（图 3—6）：前奏、过程和后果。前奏：事件的环境或参与人员的特征，包括接受者变量和社会体系变量。过程：涉及学习、知晓、劝服、改变态度和做出决策。后果：创新扩散的最后阶段，主要指创新被采纳之后是继续采纳还是中断采纳。创新扩散模式表明，接受者变量适用于过程的第一个步骤（知晓），因为对事件的了解程度取决于接受者的个性和社会特性等因素。然而，这些变量中的一部分

在该过程的以后几个步骤中也同样重要。社会体系变量亦然，它们既与模式的知晓步骤有关，也可能在以后的步骤中产生影响。

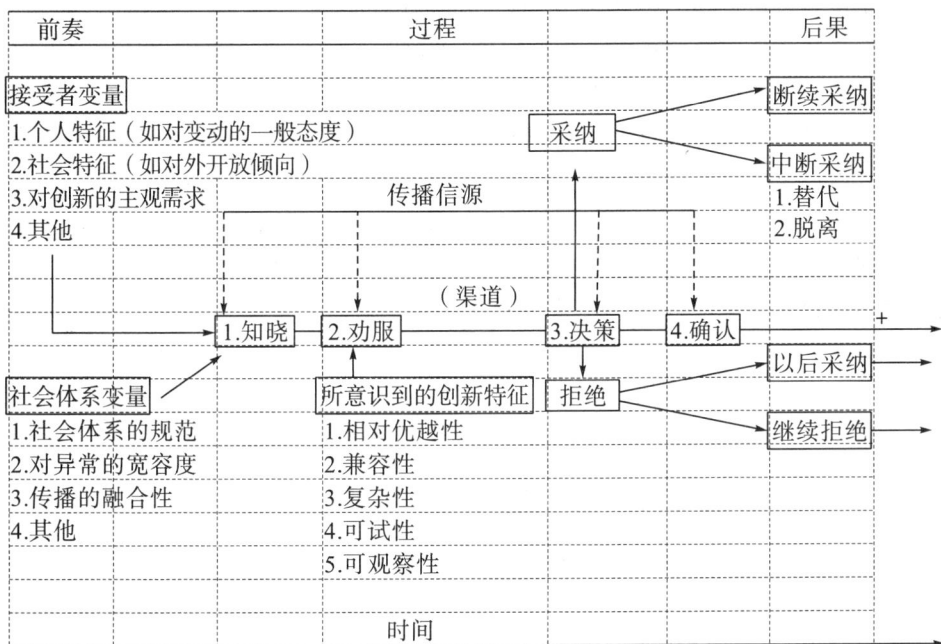

图 3-6 创新扩散模式

创新扩散是一个动态传播过程，涉及创新的特性、社会系统、传播渠道、人群心理行为特征、创新扩散的网络等诸多要素。

1. 创新的特性

创新的扩散速度取决于六个特性：①相对优势（Relatively Advantage），比原事物具有一定优势，如节省时间、方便、经济等。②兼容性（Compatibility），与使用者的价值和经验相吻合。③复杂度（Complexibility），容易被一般人使用。④可试用性（Trialability），被接受前可以试用。⑤可观察性（Observability），结果可以被观察和测量，如糖尿病患者正确采纳饮食和运动疗法，使糖尿病得到控制。这是采纳新的生活方式后看得见的结果。⑥影响社会关系（Impact on Social Relations），不会对社会环境不利。

一种创新在人群中的扩散取决于以下变量：新事物本身的特性，对象人群的特点，传播策略、渠道和方法。所以，如果要促使一项新事物迅速在人群中传播并被接受，必须满足以下条件：第一，该新事物具有先进性并适合对象人群和当地情况；第二，对对象人群和当地实际情况进行仔细分析，找出其特点，发现先驱者和潜在的早期接受者，并通过基层工作人员与之密切合作；第三，根据实际情况选择正确的传播策略、渠道和方法，并注意向对象人群示范新事物的先进性、便利性、经济性等。

2. 社会系统

社会规范、社会风俗习惯等都会影响个体行为。社会系统中的公众人物、领导人物在创新传播中起到重要作用，他们能够影响多数人的态度和行为决策。因此，充分调动这些人的积极性，能使得创新能在社区中更顺利地扩散。

创新扩散过程可以用一条"S"形曲线来描述（图3-7）。罗杰斯指出，创新事物在一个社会系统中要能继续扩散下去，首先必须有一定数量的人采纳这种创新事物。通常，这个数量是人口的10%～20%。创新扩散比例一旦达到临界数量，扩散过程就起飞，进入快速扩散阶段。饱和点（Saturated Point）是指创新在社会系统中一般不总能百分之百扩散。事实上，很多创新在社会系统中最终只能扩散到某个百分比。当系统中的创新接受者再也不增加时，系统中的创新接受者数量（绝对数量表示）或创新接受者比例（相对数量表示）就是该创新扩散的饱和点。在生物世界中，病毒的扩散、传染病的传播都遵循这种"S"形曲线增长的模式。

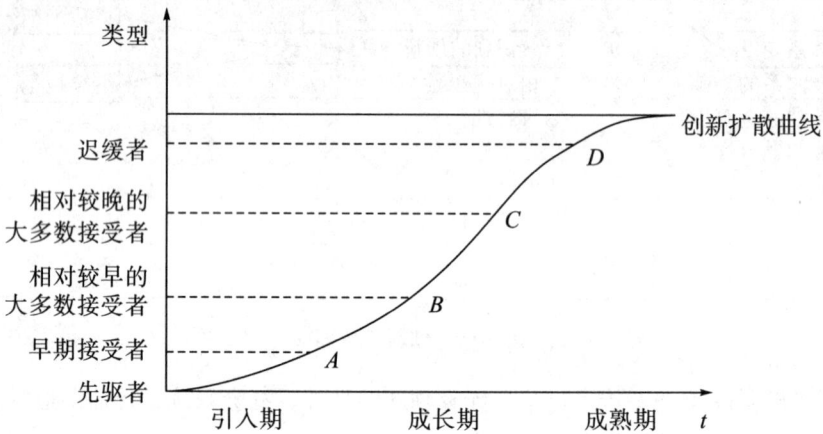

图3-7　创新扩散曲线

3. 传播渠道

传播指信息从一个个体传向另一个个体。传播渠道的适合性与有效性会影响个体对创新的决策。传播渠道主要包括大众媒体和人际交流。大众媒体在知识传播、广而告之方面最为有力，人际渠道对改变态度和行为决策较有效。在一个特定社会系统中，创新的早期接受者是那些容易从媒体中获取有关信息的人群，当新事物以符号形式被介绍后，就会通过当地的接受者的个人关系进一步向群体的其他人员传播。毫无疑问，接受者的示范作用对传播至关重要。研究发现，很多人对创新的评价往往不是根据专家和学者的研究，而是根据身边创新接受者的主观评价。

4. 人群心理行为特征

创新的推广需要时间，群众采纳创新要经历一系列的心理过程，包括目标人群对创新的感知、兴趣、体验、决策和尝试等。一项创新扩散的时间周期与采用者人数增长的关系呈现一定的规律，以时间为横坐标，以采用者的人数为纵坐标，其呈现正态分布（图3-8）。可以将人群按接受创新的早晚分为五个类型：①先驱者（Innovators），采纳创新的领头人，人数较少，约占2.5%。这些人见多识广，勇于承担风险，敢于冒险和创新，是需要我们重点关注的对象。②早期接受者（Early Adopters），约占13.5%，这些人容易接受新事物，对他人起到模范带头作用。③相对较早的大多数接受者（Early Majority Adopters），约占34％，这些人行为谨慎，在接受创新前深思熟虑，起到承前启后的作用。对于这部分人，我们不需要花费太多的精力。④相对较晚的大多数接受者（Late Majority Adopters），约占34％，这些人慎思多疑，当确认多数人认同创新并感觉到安全后才采纳创新。⑤迟缓者（Laggards），约占16％，这些人保守，不愿改变现状，对创新持怀疑甚至反对意见。我们要小心这部分人，以免起反作用。Rogers在1995年描述创新的扩散过程是一个正态分布，相对较早的大多数接受者和相对较晚的大多数接受者在均数两侧的一倍标准差处，早期接受者和迟缓者在均数两侧的两倍标准差处，而先驱者在均数的三倍标准差处。

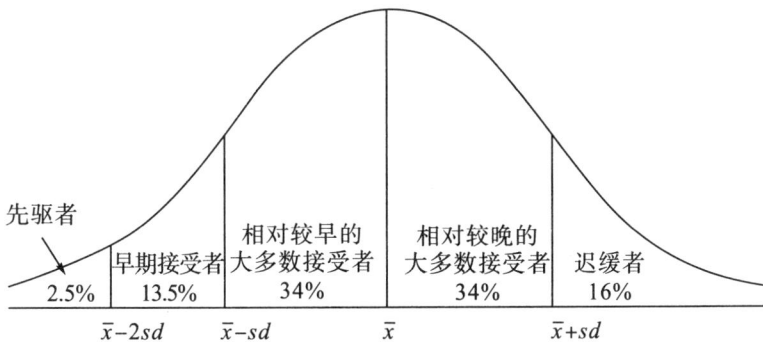

图3-8　创新接受者分类

5. 创新扩散的网络

创新扩散的网络分为两类，一类是同质性网络，另一类是异质性网络。同质性是指相互交往的两个个体之间的相似程度。同质扩散比异质扩散更为容易和有效，但是阶层内的信息流动不利于信息传播范围的扩大。异质性是指相互交往的两个个体之间在某些秉性之间的差异程度。异质扩散较为困难，但是异质扩散有助于扩大信息流动的范围。弱连接优势理论：创新扩散的早期研究发现，传播网络的信息交流与两个因素呈负相关关系，一是沟通的相近度，二是同质性。也就是说，交流者之间关系越远、差异越大，则传递的信息越有价值。因为相似的人之间信息的重叠程度很高，而比较疏远的人往往拥有另一方还不知道的信息。前者所构成的网络被称为弱连接网络，后者构成的网络被称为强关系网络。尽管人际网络的系统内交流的最通常途径不是弱连接，但对于个体或整个系统来说，弱连接传播的信息至关重要。

创新扩散理论在健康行为干预中得到了广泛的应用，它树立了创新意识，拓展了社会和行为流行学研究方法，提供了考虑和解决问题的理论框架。

三、案例

在中国贫困郊区、农村和高寒山区，室内空气污染是主要的致病原因，特别是儿童和妇女肺部疾病负担比较严重。在农村地区，室内空气污染主要是由于在炊事和家庭采暖中不适当和低效率地使用劣质能源（煤和生物燃料，如木材、牛羊粪、秸秆）而产生的，故需要促使农村妇女改变与室内空气污染相关的危害健康行为。尽管当地卫生部门开展的一些小规模的改炉改灶的行为改变干预活动取得了令人鼓舞的效果，然而由于没有长期持续性进行，群众缺乏有关室内空气污染的知识而不愿意购买改良炉灶，当地多数炉灶生产商缺乏积极性。因此，需要提高当地居民对室内空气和健康行为的认识，实施改善采暖和炊事炉灶行为，减少室内空气污染。但这在当地居民中是一项创新，需要帮助他们认识和接受。

　　健康教育工作人员首先在干部和村民中宣传改炉改灶的卫生意义，进行必要的社会动员；在此基础上，选择知识水平较高、认识较清楚、经济条件较好的人士，如乡村教师、卫生人员、干部、乡镇企业负责人等作为先驱者；针对居民不愿意改变原有习惯、对"为什么要改炉改灶"的疑虑和花钱改炉改灶的犹豫，讲解室内空气污染对健康的影响以及新炉灶的优点，说明其适合当地情况，展示城市居民使用的炉灶等，对改炉改灶的居民进行奖励性补贴。这样第一批新炉灶在先驱者的家里建立起来了。然后，以这些家庭为样板进一步开展工作，部分村民耳闻目睹后随即表示也要建这样的炉灶，此时健康教育工作者宣布在某时以前建新炉灶者还可以得到奖励性补贴，但只有先驱者奖励标准的一半。这些居民纷纷着手建新炉灶，他们相当于部分早期接受者和相对较早的大多数接受者。最后，过了给予奖励补贴的日子，尽管健康教育工作者宣布不再有补贴，但有更多的村民纷纷着手建新炉灶，他们即是另一部分的相对较早的大多数接受者和相对较晚的大多数接受者。但是，到项目结束时还有少数居民不愿放弃传统炉灶，他们属于迟缓者。

（刘巧兰）

第四章 社会发展因素对人的行为和健康的影响

人不能脱离社会而生存，人与其他生物的本质区别是人具有社会属性。人的健康既受到自然因素的影响，也受到社会因素的影响。社会因素（Social Factor）是指人类社会生活环境中的各项构成要素，包括一系列与社会生产力和生产关系有密切联系的因素，即以生产力发展水平为基础的经济状况、社会保障、教育、人口、科学技术等，以生产关系为基础的社会制度、法律、文化教育、家庭婚姻、医疗保健制度等。随着经济的发展和社会的不断进步，危害人类健康的主要疾病从传染性疾病转向慢性非传染性疾病，从生物病因转向行为病因，人类所生存的社会对健康的影响日益突出。影响人类健康的社会因素是人们工作和生活环境中那些引发疾病的"根源"。社会发展因素是社会因素的重要组成部分。社会发展是以人为中心的，人是社会发展的终极目标。社会的现代化和巨大进步首先应该体现在人的现代化。社会人口、社会关系、社会网络、科技发展等社会发展因素，与人类行为和健康息息相关。

第一节 社会发展概述

一、社会发展的内涵及理论

（一）社会发展的内涵

社会发展是人的发展，是人们具有目的性的实践活动的开展和发展。根据不同的角度和涉及内容的广泛程度，社会发展的内涵有不同层次的界定：①广义的社会发展是社会的整体发展，泛指人类社会的各个领域及其发展的一切活动，包括经济发展、政治发展、文化发展、人的发展、生态发展等各个方面在内的社会有机整体的发展与协调；②狭义的社会发展指的是社会有机整体中除经济发展之外的其他方面的发展，包括人民生活质量、城市化程度、教育水平、人口素质、社会保障和生态环境等方面；③最为狭义的社会发展是指人的发展，主要包括人的基本需求的满足、人的素质的提高、人的价值的实现等方面。

（二）社会发展理论

社会发展研究起源于哲学，在不同历史阶段出现了很多关于社会发展的学派，建立了各自的社会发展理论。总体而言，社会发展理论大致经历了经典社会发展理论、发展理论、经济社会协调发展理论和社会可持续发展理论。其演变的基本走向是由重物到人物并重，再到以人的永续需要为中心。其中，社会可持续发展理论受到越来越多人的认同。1981年，美国学者莱·布朗在《建设一个可持续发展的社会》一书中提出，"人类社会发展要严肃面对全球问题，以可持续发展为唯一选择，其中包括力求人口稳定、保护资源、开发和利用可再生能源以及改变人们的既有价值观念等"。可持续发展不仅成为学术界研究的热门话题，也受到国际组织的关注。1995年世界发展首脑会议上，在可持续发展的总框架下，"以人为中心"的内容以"行动纲领"和"宣言"的形式确立下来。可持续发展理论的基本内容包括：①发展状态的持续性，即坚持不间断、持久地发展；②发展能力的可持续性，即今天的发展既要满足当代人的需要，又要积蓄和增强持续发展的能力，顾及后代人的需要；③空间发展的合理性，即局部的发展要服务于整体的发展，小区域的发展要服务于大区域的发展；④时间发展的有序性，即今天的发展为明天的发展创造更好的条件，当代的发展施惠于后代的发展。该理论蕴含两个基本原则：一是发展主体之间的平等原则，包括代内平等和代际平等；二是协调原则，包括经济与社会协调、人与自然协调。

二、社会发展评价

同一时期，不同地区的社会发展状况如何？不同时期，同一地区的社会发展状况如何？这需要通过社会发展指标来评价和定量分析。社会发展指标是描述和反映社会发展状况的统计数据，是比较和评价社会进步与否及进步程度的重要尺度，是监测、预报和揭示社会发展过程中存在的各种敏感或热点问题的有效手段。社会发展指标的构建主要建立在社会发展理论的基础上。目前，影响较大的社会发展评价指标主要基于经济社会协调发展理论和社会可持续发展理论。社会发展评价指标从性质上可分为客观测量指标和主观测量指标。从内容多少看：有测量内容较少的社会发展指标，如生命素质指数（Physical Quality of Life Index，PQLI）、人类发展指数（Human Development Index，HDI）、国民幸福指数（National Happiness Index，NHI）等；有测量内容丰富的社会发展评价指标。从社会发展评价方法看，有等权法和不等权法。不等权法即需要对指标的重要程度进行度量，计算方法有主观赋权法和客观赋权法。主观赋权法有专家调查法、德尔菲法、层次分析法（AHP）、模糊综合评价法等；客观赋权法常用的方法有熵权法、离差及均方差法、多目标规划法，以及多元统计中的主成分分析法、因子分析法等。下面介绍部分经典的社会发展指数和社会发展评价指标体系。

（一）人类发展指数（Human Development Index，HDI）

人类发展指数（HDI）是联合国开发计划署（UNDP）1990年在《人类发展报告》

中提出的，旨在反映一个国家人类发展水平。HDI 是目前在世界范围内应用最广泛和影响最大的衡量人类发展的工具。

HDI 由三个指标构成，分别是生命指标、教育指标和生活水平指标。其中，生命指标采用出生时的预期寿命衡量，教育指标采用成人识字率和综合入学率衡量，生活水平指标采用人均国内生产总值（购买力平价美元）衡量。HDI 的计算公式：

$$HDI = \sqrt[3]{\text{平均期望寿命指数} \times \text{教育指数} \times \text{收入指数}}$$

计算上述三个分指标的方法：分指标值＝（某国的该指标的实际值－UNDP 公布的最小值）÷（UNDP 公布的最大值－UNDP 公布的最小值）。式中的最小值和最大值分别为：①出生时的预期寿命最小为 25 岁，最大为 85 岁；②成人识字率最小为 0，最大为 100%；③小学、初中和高中的综合入学率最小为 0，最大为 100%；④人均真实GDP（PPP＄）最小为 100 美元，最大为 40000 美元。其中，计算教育指数时，成人识字率指标占 2/3，综合总入学率占 1/3。人均国内生产总值的计算基于收入效用递减做相应调整，目前使用的调整方法是对 GDP 进行对数计算。HDI 的区间范围为 0～1。HDI 数值越高，意味着人类发展水平越高。

（二）人类可持续发展指数（Human Sustainable Development Index，HSDI）

人类可持续发展指数（HSDI）是由托托克（Togtokh）等在 HDI 的基础上提出的，它是能够综合反映人类社会、经济和环境三个方面可持续性的综合指数。HSDI 由健康、教育、物质生活水平和二氧化碳排放量四个分项指标构成。健康和教育指标用于测量社会可持续性，物质生活水平指标用于表征经济可持续性，二氧化碳排放量指标则用于表示环境可持续性。HDSI 的计算公式：

$$HDSI = \sqrt[4]{\text{平均期望寿命指数} \times \text{教育指数} \times \text{收入指数} \times \text{环境指数}}$$

式中，环境指数＝$1-\dfrac{EM_{CO_2}-0}{63.18-0}$，$EM_{CO_2}$ 为人均二氧化碳排放量。

HSDI 的区间范围为 0～1，HSDI 数值高，意味着较高发展水平下的二氧化碳低排放。故在评价人类发展水平时，HSDI 相对于 HDI 能够更全面、更真实地反映人类可持续发展水平。表 4－1 显示中国不同地区社会发展水平均在提高，但一直呈现东高西低的空间格局。

表 4－1　中国不同地区 HSDI 变化情况

地区	2005 年	2010 年	2014 年
东部	0.700	0.760	0.800
中部	0.640	0.720	0.760
西部	0.620	0.690	0.730

资料来源：尚海洋，宋妮妮. 人类可持续发展指数测算与演变特征——对我国 31 个省 2005、2010、2014 年的分析［J］. 兰州财经大学学报，2018，34（4）：110－117。

(三) 国民幸福指数

幸福感是人们对自身目前生活总体质量进行评价的全面肯定程度。维恩霍文（Veenhoven）认为幸福感就是人们有多喜欢他们的生活。生活满意度、主观福利等概念都可以被认为是与幸福感具有良好替代关系的一些表述。幸福指数就是幸福感的量化，主要是指人们根据自己的价值标准和主观偏好来对自身生活状况做出的满意程度的评价，它是生活事业的满足感、心态情绪的快乐感、人际社会的价值感的有机统一。

随着经济水平的不断提高，国民的主观感受（生活的幸福感）被重新提出，衡量国家发展程度的指标中是否应该纳入幸福指数也成了一个有意义的问题。幸福指数最早由美国经济学家萨谬尔森提出来，他认为幸福等于效用与欲望之比。20 世纪 70 年代，不丹国王第一次将幸福指数引入宏观领域中，创造性地提出了组成"国民幸福总值"的四个方面：政府善治、经济增长、文化发展和环境保护，主张政府应关注人民幸福，以实现幸福最大化为目标。幸福是一种心理体验，它一方面依赖个体的期望程度，另一方面依赖人们对客观生活的具体体验。因此，幸福指数可以衡量一个社会进步与否，可以成为监测社会是否良性运转的指标。

尽管用幸福指数衡量社会发展的观念得到普遍认同，但具体如何测量幸福指数并没有统一的方法。从构建幸福指数的指标性质上看，幸福指数测量方法大体分为三类：一是测量主观感受。如世界价值普查（World Values Survey，WVS）向被调查者提如下问题："综合考虑所有因素，你如何评价这段时期的生活状况？"回答者可以从 1（不满意）到 10（满意）这十个数字中选择答案来评估其生活满意度。二是用客观指标反映。有研究提出国民幸福指数计算公式：国民幸福指数＝生活质量指数×α_1＋社会公平指数×α_2＋社会进步指数×α_3＋社会满意度指数×α_4＋环境满意度指数×α_5。其中，α_1、α_2、α_3、α_4、α_5 分别表示生活质量指数、社会公平指数、社会进步指数、社会满意度指数和环境满意度指数五个指数所占的权重。生活质量指数用恩格尔系数测量，社会公平指数用基尼系数测量，社会进步指数用婴儿死亡率测量，社会满意度指数用人均收入增长率测量，环境满意度指数用环境污染治理综合投资占 GDP 比重测量。三是将主观指标和客观指标结合。有研究用公式 $H = 0.6A + 0.4B$ 来计算国民幸福指数。H 表示国民幸福指数；A 表示通过客观评价得出的数值，主要包括居民工作、收入、生存环境、精神生活、身体状况以及相应的三级指标；B 表示通过主观评价得出的数值，主要包括对生存状况、生活质量、情绪愉悦、人际交往和谐、婚姻家庭以及个人阶级实现的满意度。从指标层次看，主观指标是微观测量，而客观指标基本上是宏观测量。从幸福感的本质看，客观指标测量的是幸福感的影响因素，而不是幸福感本身。

(四) 社会发展评价指标体系

从广义的社会发展概念来看，社会发展的内涵十分丰富，要全面评价社会发展状况，仅仅依靠少量指标构建的指数不能达到目标。故很多学者和国际组织往往基于一定评价目的和一定的社会发展理论，构建多维度、多指标的社会发展评价指标体系。有的为了比较，再利用体系进行综合评价。2000 年 UNDP 对 HDI 体系进行了完善，制定了千年发展目标和人类发展报告（HDR）的评价和测量体系，联合国 HDR 体系中包括上百个测量指标，涵盖了经济、性别、贫困、教育、平等、民主和环境等各个方面。该指标体系是为提升发展中国家的经济社会发展水平而设计。1994 年，英国政府设计的可持续发展指标体系涵盖了四大目标的二十一个领域，设计了上百个评价指标。中国科学院于 1999 年推出了可持续发展指标体系，该指标体系设计了生存支持系统、发展支持系统、环境支持系统、社会支持系统、智力支持系统五大系统，对各个省（直辖市、自治区）的可持续发展水平进行评价。国家统计局统计科学研究所也构建了可持续发展评价指标体系，该指标体系包括经济、社会发展、民生改善、生态建设、科技创新和公众主观评价六大部分。国家统计局可持续发展涉及的测量指标有 296 个，在各个系统中均包括了描述性指标和评价性指标两大类。有研究借鉴人类发展指数，在社会经济可持续发展和生态资源环境可持续发展两大维度同等重要的基础上，构建了"人类绿色发展指数"。该指数包括反映社会经济可持续发展的六个领域（贫困、收入、健康、教育、卫生和水）和反映资源环境可持续发展的六个领域（能源、气候、空气、土地、森林和生态）。

从上述各类社会发展评价指标的构建中可以看到，任何评价社会发展的指标都包括健康维度。健康是人的发展核心，也是社会发展的目的。

知识拓展

当今世界面临着巨大的挑战，各个国家之间、各个国家内部的不平等现象日益增多。全球部分地区暴力和极端主义蔓延，人道主义危机和日益增长的非法移民严重威胁着世界安全。部分国家面临自然资源枯竭和环境严重恶化的不利影响。2000 年，联合国首脑会议签署了《联合国千年宣言》，就消除贫穷、饥饿、疾病、文盲、环境恶化和对妇女的歧视商定了一套有时限性的目标和指标，统称千年发展目标（Millennium Development Goals，MDGs）。2015 年，联合国可持续发展峰会评估了千年发展目标的落实情况，制定了 2030 年可持续发展议程，商定了可持续发展目标（Sustainable Development Goals，SDGs）。SDGs 指导 2015—2030 年的全球发展工作（包括发达国家和发展中国家），以综合方式解决经济、社会和环境三个维度的发展问题。可持续发展目标共有 17 个总目标和 169 个子目标。可持续发展的 17 个总目标如下。目标 1，无贫穷：在全世界消除一切形式的贫穷；目标 2，零饥饿：消除饥饿，实现粮食安全，改善营养状况和促进农业可持续发展；目标 3，良好的健康与福祉：确保健康的生活方式，促进各年龄段人群的福祉；目标 4，优质教育：确保包容和公平的优质教育，让全民终身享有学习机会；目标 5，性别平等：性别平等不仅是一项基本人权，而且是和平、繁荣和可持续发展世界的基石；目标 6，清洁饮水和卫生设施：为所有人提供水和环境卫生并对其进行可持续性管理；目标 7，经济适用的清洁能源：确保人人获得负担得起的、可靠和可持续的现代能源；目标 8，体面工作和经济增长：促进持久、包容和可持续的经济增长，促进充分的生产性就业和人人获得体面工作；目标 9，产业、创新和基础设施：基础设施投资对实现可持续发展至关重要；目标 10，减少不平等：减少国家之间和国家内部的不平等；目标 11，可持续的城市和社区：构建包容、安全、可抵御灾害和可持续的城市和人类社区；目标 12，负责任消费和生产：构建可持续的消费和生产模式；目标 13，气候行动：气候变化是跨国界的全球性挑战，采取行动应对气候变化带来的影响；目标 14，水下生物：保护和可持续性利用海洋资源；目标 15，陆地生物：可持续地管理森林，防治荒漠化，制止和扭转土地退化，遏制生物多样性的丧失；目标 16，和平、正式与强大的机构：让所有人都能诉诸司法，在各级建立有效、负责和包容的机构；目标 17，促进目标实现的伙伴关系，加强可持续发展合作和构建全球伙伴关系。

第二节 社会关系对人的行为和健康的影响

社会关系是人与人之间所建立联系的统称，它反映了一个人的社会整合程度。随着社会的发展，人类交往的内容越来越丰富，交往的工具越来越多样，交往的频率越来越高，社会关系越来越复杂。在城市化快速进程中，生活、工作和居住环境的变化可能导致社会关系发生变化。一个人的社会关系数量、结构、功能等是影响其健康的重要因素。

一、几个基本概念

（一）人际关系（Interpersonal Relationship）

人际关系是指人类社会中人与人之间相互联系与作用的过程中形成的一种极其复杂的关系。人际关系大致可分为四类：工作关系、利益关系、心理关系和交往关系。工作关系把社会成员结合到一起；利益关系使社会成员因目标相同而能够行动一致；交往关系使其中某些社会成员来往比其他人更为频繁，彼此有更深的了解；心理关系使人们变得紧密。人际关系的测量方法有多种，有个体人际关系测量，也有群体内人际关系测量。个体人际关系测量可用量表测量，如人际信任量表、人性哲学修订量表、信赖他人量表、容纳他人量表等。也可设计独立的人际关系行为问题进行测量，如以与家人、亲友、领导、同事、邻居之间互动是否良好进行测量。社会测量法是群体内人际关系测量的一种方法。它主要通过群体成员的亲疏、好恶来测定人际关系。问题设计采用被测试者经常出现的活动。同样的问题可以从正面提出，也可以从反面提出，如"你最喜欢和谁在一起？"或"你最讨厌和谁在一起？"问题条目不宜太多，一般为 5~7 个，不少于 2 个，以能真实、准确反映群体内人际关系为原则。可通过计算个体被接纳指数和群体相融指数来反映群体内人际关系的协调程度。

（二）社会网络（Social Network）

社会网络是指社会个体成员之间因互动而形成的相对稳定的关系网。它是一群特定人之间的所有正式和非正式的社会关系，包括人与人之间直接的社会关系以及通过物质环境和文化共享而结成的间接的社会关系。社会网络更为形象的定义：一个由一组代表社会成员（如人、组织）的节点和表示节点间关系的边或连线构成的社会结构。因此，社会网络具有结构性，其结构类型取决于网络中心人物与其他网络成员之间的特定关系。最简单的社会网络结构：①水桶队列。网络中人与人呈直线性链接关系，每个人（第一个人及最后一个人除外）与最靠近自己的另外两个人形成双向联系。②电话树。网络中的每个人（第一个人及最后一个人除外）与其他三个人相链接，包括一个向内的链接关系、两个向外的链接关系。网络中人与人的链接关系是单向的。③军队组织。所有网络成员可分为不同的小团体，小团体内部的人彼此很熟悉，但小团体之间不存在联系。各类社会网络具有相同的特征，具体表现为：①网络的强度。用时间量、情感强度、亲昵度和互惠服务的结合来描述社会网络的链接关系，其可分为强关系和弱关系。强关系是在性别、年龄、教育水平、职业身份、收入水平等社会经济特征相似的个体间发展起来的，社会网络成员具有同质性。强关系更容易生成社会支持。但强关系使社会个体获得的信息具有较大的重复性和剩余度，可能对个体的帮助不大。强关系可能需要十分高昂的相关投资，如果成本过高，长时间下去自我会感觉消耗和受到损害。相应地，弱关系建立在社会网络成员有较大差异的社会经济特征的基础上，可以跨越不同阶层去获取信息和资源，从而充当不同社会群体间的关系桥。即社会网络的强度取决于网络成员的异质性，异质性越大，社会网络在获取信息方面的作用越强。②复杂性。社会关系可提供多种支持，包括情感、物质、信息等各种支持。③正式性。社会关系是在组织或制度下形成的。④主导性指社会网络成员关系平等的程度。⑤互惠性指网络成员形成互惠且均获益的状态。社会网络会对网络成员产生巨大影响，它可以产生社会规范和社会信任，改变网络成员的观念和行为，使其可以彼此分享休闲和其他活动，可以提供社会支持，同样也可能阻碍网络成员实现自己的目标和理想。

总之，社会网络结构的健全或合理是人们获取社会支持的基本条件。社会网络的测量主要采用行为指标，如"日常交往的亲戚或朋友的数目"等，也可以用人口规模来测量，如"第一姓在村子所占人口比例"。

知识拓展

社会网络分析（Social Network Analysis，SNA）起源于20世纪三四十年代，是在社会网络理论研究的基础上发展起来，是对社会关系进行量化分析。它测量与调查社会网络中点的特征与相互之间的关系，将其用网络的形式表示出来，然后分析其关系模式与特征。费里曼认为社会网络分析有四个特点：对社会行动者之间的某种特定关系的结构进行研究，建立在系统的数据基础上，大大依赖图论语言和技术，应用数学模型、统计技术和计算机模拟。社会网络分析包括密度和集中度分析、中心性分析、凝聚子群分析及核心-边缘结构分析等。密度是指网络中节点连接的紧密程度，节点间连线越多，表示密度越大，人与人之间的联系越紧密，密度值介于0和1之间，越接近1，表示密度越大，联系越紧密。集中度表示关系的分散程度。中心性分析有程度中心性和中介中心性两种。前者表明一个人在人际网络中所处位置的重要性，程度中心性最高者是网络中的核心人物。后者是评价一个人在人际网络中充当媒介作用的价值，中介中心性高者在网络中的沟通桥梁作用大，沟通的信息大多通过此人才能得以传播。在一个社会网络中，某些行动者之间的关系特别紧密，以至于结合成一个次级团体，称为凝聚子群。凝聚子群分析也称为小团体分析，就是分析网络中存在多少这样的子群、一个子群成员与另一个子群成员之间的关系特点等。核心-边缘结构分析的目的是研究社会网络中哪些节点处于核心地位，哪些节点处于边缘地位。根据关系数据的类型（定类数据和定比数据），核心-边缘结构有不同的形式。如果数据是定类数据，可以构建离散的核心-边缘模型；如果数据是定比数据，可以构建连续的核心-边缘模型。而离散的核心-边缘模型根据核心成员和边缘成员之间关系的有无及关系的紧密程度，又可分为核心-边缘全关联模型、核心-边缘局部关联模型、核心-边缘关系缺失模型。社会网络分析也存在一些局限，如缺乏对行动者的动因分析，无法理解社会网络对行动的意义，动态分析不足，轻视社会网络本身的嵌入性，回避社会网络的文化内涵等。社会网络分析软件主要有UCIET、PAJAK与STRUCTURE等。

（三）社会资本（Social Capital）

社会资本可理解为是嵌入社会网络关系中的可以带来回报的资源投资。它包括两个基本含义：一方面，社会资本植根于社会网络或社会关系之中，不能离开社会关系谈论社会资本；另一方面，社会资本不仅是嵌入社会关系中的资源，而且也是人们为了获取各种效益的投资活动。社会资本强调的是公民之间的关系网络以及体现这些网络中的规范，包括人们相互之间的信任、信仰、情感、互惠、社会关系、合作网络、家庭关系等。社会资本有不同分类，根据社会资本的层次性可分为微观社会资本、中观社会资本和宏观社会资本三大类。微观社会资本指社会网络中由网络成员所拥有的所有种类的资源，主要测量指标有职业；中观社会资本包括家庭、集团、社会网络关系等，主要测量指标有社会网络中的身份地位、邻里关系和家庭关系等；宏观社会资本包括社会信任、互惠和规范等，主要测量指标为社会的信任度。根据社会资本的构成成分可分为结构性社会资本和认知性社会资本。前者是相对客观和外部可观察到的结构型资源，如网络、社团、机构及相应的规章制度；后者主要描述非客观领域，表现为群体内或群体之间那些涉及社会信任和团结、互惠原则、社会凝聚力、集体行动和合作的共同规范与价值信念。根据社会成员的身份特征，社会资本分为结型社会资本和桥型社会资本。前者指在群体成员相似的社会团体内部获得资源，后者指个人或集体通过与其他阶级、种族或者其他社会身份边界之外的连接而得到的资源。社会资本的测量有定名法、定位法和资源法。定名法主要关注社会资本的量，即一个人所能获得的社会资源的总和。定位法是测量个人在社会网络中动员资源的能力。资源法是在一个访问的情境下，被调查者提供一系列可及的、有用且具体的社会资源。

（四）社会支持（Social Support）

社会支持是指一个人从社会网络中获得情感、物质和生活上的帮助。支持是人的基本社会需要，获得社会支持不是被动的，而是一个互动过程。社会支持包括情感性支持、工具性支持、信息性支持和评价性支持，从性质上可分为客观支持和主观支持。客观支持是可见的或实际的，包括物质上的直接帮助或团体活动的参与等；主观支持指个体体验到的或感受到的支持。社会支持与其他社会关系的功能有所不同，社会支持对被支持者总是有帮助作用的，社会支持是有意提供的，需要关爱、信任和尊重对方的选择权。社会支持有三种不同来源：第一种是指个体所在的社区，反映了个体在社会结构中的整合程度，主要是和个体的归属感紧密相关，比如个体参加的各种组织（宗教组织、俱乐部、政治或公民组织等）。这些社会组织或团体代表了个体在社会环境中的整合程度，意味着个体成为社会环境的一部分，即使这种参与是非个体的，这种归属感对个体来说也非常重要。第二种指个体通过直接的或间接的途径和其他个体产生联系。这些社会关系可能包含普通亲属关系的特征（共享工作环境，产生友谊），主要体现一种结合感。有结合感的关系比建立在归属感之上的关系更具有实质性内容，体现了个体与他人之间真实的链接，即使这些链接可能是间接的。第三种是可信任的亲密关系成员，这种关系是带有捆绑性、具有约束力的关系，关系内部存在强互惠和高频率交换，强调对他人的责任和义务，关系中的成员需要对其他成员的福利负责。总之，社会支持的获得受人际关系、社会网络及社会资本等影响。

二、社会关系与人的行为和健康关系密切

人际关系、社会网络、社会资本、社会支持等与人的行为和健康关系密切。人际关系一方面构成社会健康的重要内容，另一方面也是躯体和心理健康的重要标志。融洽的人际关系不仅使人获得情感上的支持，而且是其他社会支持的基础。紧张的人际关系往往引起不良的情绪反应，导致中枢神经系统、内分泌系统和免疫系统的生理功能反应，长此以往，可能引起身心疾病。有研究显示，人际信任是影响大学生心理健康的重要因素，改善人际关系有助于提高大学生心理健康水平。缺失良好的人际关系易造成孤独。有证据显示：孤独的人血压比社交活跃的人高，孤独的人容易染上不良嗜好，容易放弃运动，倾向摄取更多脂肪和糖分、烟酒；孤独的人衰老得快；孤独感会增加皮质醇的分泌，从而削弱人体免疫系统功能；长期孤独还会增加患癌风险。不良人际关系容易导致消极态度，进一步影响人际交往的意愿和行为，造成自我封闭、抑郁和焦虑，加大患病风险。

社会资本与人的行为密切相关。有研究表明，生活满意度高、锻炼次数相对较多、不吸烟、少饮酒等生活方式与社会资本呈正相关。社会资本可改变糖尿病患者的饮食行为、运动行为、血糖监测行为、足部护理行为、药物治疗行为。社会资本缺乏者自我保护意识薄弱，容易产生不安全的性行为。Drukker 的实证研究表明，儿童的心理健康与

非正式社会控制存在关联，拥有更好的经济和社会资本的儿童，生活的不稳定因素少，更容易拥有较高的生活质量，拥有更好的心理健康，而且当他们步入青春期时会展现更多亲社会的行为。社会资本可影响人群死亡率、期望寿命。一项对俄罗斯40个地区的研究表明，对本地政府信任和对政治感兴趣的男性的预期寿命高于对本地政府不信任和缺乏政治兴趣的男性。社会信任和社会融合通过改善个体生活期望和满意度来提高期望寿命。社会资本与疾病的发生发展及预后有关。

一般而言，获得社会支持较高，人的健康水平也较高。一项研究显示，社会支持得分高的大学生，其心理健康水平高，同时主观社会支持的健康效应高于客观社会支持。布赫曼和格拉斯等的研究显示，亲密关系和情感支持会增加心血管疾病患者的存活率。一项关于社会支持对农村居民健康状况影响的研究显示，社会支持显著促进了农村居民的自评健康状况。正式社会支持（由政府机关、地域性组织和专业组织提供）增强了农村居民对医疗服务的可得性，但诱导的过度医疗行为可能会影响农村居民对自身健康状况的客观评价；具有互助特征的非正式社会支持（由基于地缘、血缘、亲缘关系所建立的社会网络提供）强化了疾病风险在亲朋邻里间的分担，促进了农村居民健康状况的改善。

社会网络对健康具有积极作用，其对健康的影响主要是通过提供各种社会支持间接产生的。一项关于促进新生儿母乳喂养的研究显示，新生儿母亲的社会网络可以为她们提供知识和信息，还可以为她们提供情感和物质支持，从而促进她们为新生儿提供母乳喂养。

总之，社会关系对健康的影响可能通过以下途径实现：第一，直接作用。社会关系满足了人类对伙伴关系、亲密感、归属感和价值感的需要，可提高人的幸福感和健康水平。反之，健康水平也可影响其社会关系，健康水平高的人不仅可以维持原有的社会关系，还可以通过社会活动建立新的社会关系，从而获得更多的社会支持。第二，社会关系通过提供各类资源作用于健康，包括获得组织和社会资源、增加解决问题的能力、得到有帮助的信息以及增加对特定情境的控制能力。在这些个人资源的支持下，人们可以提高自我效能和解决问题的应变能力，从而减少压力带来的不确定性和不安全感。一个人应变能力强，可通过信息支持回馈给社会网络中的其他成员，有利于扩大社会网络的规模和提高其质量。第三，社会关系可通过影响压力释放的频率和持续时间而作用于健康，如社会支持是个人处理紧张应急事件的一种潜在资源。第四，社会关系通过组织、社区资源作用于健康。当社会网络成员彼此之间联系较为紧密时，形成的社会资本较大，从而增加组织或社区资源，为健康水平的提高提供更多支持。第五，社会关系通过影响健康相关行为而作用于健康，包括健康危险行为、健康促进行为以及疾病行为。

三、家庭对行为和健康的影响

家庭是人出生后首先接触的社会，家庭是人的社会关系最原始、最重要的组成部分，也是社会支持的重要来源。家庭状况能深刻影响人的身心健康。家庭是以婚姻关系为基础，以血缘关系或收养关系为纽带而建立起来的，有共同生活活动的基本群体。它是介于个人和社会之间的一种社会组织，是构成社会的基本单位。婚姻构成夫妻关系，血缘构成父母子女及兄弟姐妹关系，这些关系是通过相互间承担义务而巩固发展的。

（一）家庭结构

家庭结构是家庭中成员的构成及其相互作用、相互影响的状态，以及由这种状态形成的相对稳定的联系模式。

（1）核心家庭指具有社会承认的性关系的两性别不同的成年人及他们的未婚子女居住在一起的家庭，即由父母与其子女组成的家庭，为两代人、两种关系。

（2）主干家庭由两个或更多的住在一起的核心家庭组成，即除一对夫妻和他们的子女之外，还有上代或上几代的人口或同辈未婚人口。最典型的形式是直系双偶家庭，即父母和一个已婚子女同居家庭，这种家庭包括两对配偶、两代或三代人。

（3）联合家庭指家庭中在同一代里至少有两对或两代以上夫妇的家庭。

（4）其他家庭指未包含上述三类的家庭，如鳏寡孤独等一个人的家庭、未婚同居家庭、群居家庭、同性恋家庭等。

家庭结构还有其他划分标准，如根据代际关系划分、根据年龄和世代划分、根据婚姻状况划分、根据性取向划分等。一个社会的家庭结构相对稳定，但也受到经济发展、文化观念的影响，发生一定程度的变化。

（二）家庭功能

家庭功能是指家庭对其成员的生存需要、安全需要、健康需要、发展需要等所具有的协调性作用。家庭主要有下列四种功能：

1. 养育功能

生儿育女是社会发展的需要，亦是种族繁衍的需要，是圆满家庭的重要条件。家庭的养育功能不仅包括生养，也包括教育，使人类繁衍有一个质的提高，使出生的子女健康成长，成为对社会有用的人才，以实现家庭幸福与推动社会进步。从教育功能说，家庭是儿童成长的重要环境，父母是儿童的第一任教师，育儿是父母应负的责任。

2. 生产和消费功能

家庭的生产功能是历史性的，随着社会发展而逐渐缩小并趋向消失。家庭的消费功能则是永存的。随着社会发展，消费结构有很大改变，从以满足生理需要的吃饭、穿衣为主，变为以高层次的娱乐、享受等精神生活为主。家庭的消费状况直接影响着家庭成员的健康。

3. 赡养功能

赡养包括经济支持、生活照料和精神慰藉。下辈家庭成员有赡养上辈老年人的义务。在我国，赡养老年人是一种传统美德。在传统农业社会，当老年人丧失劳动能力，完成社会责任后，在物质上与精神上的照顾通常由家庭承担。随着社会发展，家庭规模逐渐缩小，家庭功能出现了不同程度的弱化、转化、外化和社会化。赡养功能逐渐社会化，但家庭仍是赡养功能的主要承担者，特别是来自家庭成员的精神慰藉是社会赡养方式不可替代的。

4. 情感功能

来自家庭成员的关爱和支持，可以使家庭成员获得安全感和精神上的满足感。此外，家庭环境是人们一天工作学习之后休息、娱乐的最重要场所。家庭环境是人一生中接触最多的环境，是出生成长的地方，有最熟悉的房间布局，有自己喜爱的家庭设施，有最熟悉的亲人，构成了最适合个人的特有环境，在这种环境中可以完全放松与充分休息。这种环境对体力的恢复、精神的调节有重要作用。

1978 年，Smilkstein 设计了 APGAR 家庭功能问卷，从适应度（Adaptation）、合作度（Partnership）、成长度（Growth）、情感度（Affection）、亲密度（Resolve）五个方面提出五个问题，采用封闭式问答方式来评价家庭功能，见表 4-2。

表 4-2 家庭功能评估表（APGAR）

	经常这样	有时这样	几乎很少
1. 当我遭遇困难时，可以从家人处得到满意的帮助 补充说明…………	□	□	□
2. 我很满意家人与我讨论各种事情以及分担问题的方式 补充说明…………	□	□	□
3. 当我希望开展新的活动时家人都能接受且给予支持 补充说明…………	□	□	□
4. 我很满意家人对我表达情感的方式以及对我的情绪反应（如愤怒、悲伤、爱） 补充说明…………	□	□	□
5. 我很满意家人与我共度时光的方式 补充说明…………	□	□	□

每个问题都有三个答案供选择，答"经常这样"得 2 分，"有时这样"得 1 分，"几乎很少"得 0 分。总分 7~10 分表示家庭功能良好，4~6 分表示家庭功能中度障碍，0~3 分表示家庭功能严重障碍。

（三）家庭的生活周期

家庭和个体一样，有其产生、发展和消亡的过程，即家庭的生活周期。它是与个体的发育时期交织在一起的。每一个家庭都要经历不同的家庭生活周期，各期有不同的家庭问题和保健重点，见表 4-3。

表 4-3 家庭生活周期中的家庭问题及保健重点

阶段	平均长度	定义	家庭问题	保健重点
无孩期	2 年左右	男女结合，适应新的生活方式，学习共同生活	1. 性生活的协调 2. 生育计划 3. 沟通问题 4. 适应新的亲戚关系	1. 婚前健康检查 2. 计划生育 3. 性生活指导

续表4-3

阶段	平均长度	定义	家庭问题	保健重点
生育期	7年	孩子出生，家庭人口增多，孩子尚在幼年	1. 父母角色的适应 2. 经济问题 3. 生活节奏 4. 照顾幼儿的压力 5. 母亲产后的恢复	1. 新生儿筛检 2. 计划免疫 3. 婴幼儿营养与发育 4. 基本习惯的养成
离巢期	18年	孩子介于6～24岁，小孩入学，家庭要适应孩子渐渐独立的过程	1. 儿童的身心发展 2. 上学问题 3. 性教育问题 4. 青春期卫生 5. 与子女的沟通问题	1. 安全防护（防范意外事故） 2. 健康生活方式指导 3. 青春期教育
空巢期	15年	孩子成家立业，家长学会独处	1. 给孩子以精神和实际的支持 2. 使家仍是孩子的后盾 3. 重新适应婚姻关系 4. 照顾高龄祖父母	1. 防止药物性成瘾 2. 婚前性行为指导 3. 意外事故防范 4. 家长定期体检 5. 不健康生活方式的改变
鳏寡期，又称收缩期	10～15年	家长退休，因丧偶而导致人员减少	1. 适应退休生活 2. 健康状况衰退 3. 收入减少，可能有经济问题 4. 适应丧偶的悲伤	1. 慢性病防治 2. 孤独心理照顾 3. 老年人赡养 4. 丧偶照顾 5. 临终关怀

资料来源：顾杏元. 社会医学［M］. 天津：天津科学技术出版社，1995。

（四）家庭的影响

圆满健康的家庭既是社会安定的必要条件，也是保障家庭成员身心健康的重要环境。家庭结构、家庭功能、家庭成员关系成为影响健康的重要因素，并且家庭结构与家庭功能、家庭成员关系形成交互作用，进一步影响家庭成员的健康。

1. 先天因素的影响

每个人都是一定的基因型与环境之间相互作用的产物，许多疾病都是通过基因遗传下来的，如血友病、地中海贫血、G-6-PD缺乏症、白化病等。由先天因素（如胎内感染、怀孕期间用药或射线照射等）所致的婴儿残疾，将会给儿童的心身健康造成直接的影响。

2. 家庭对儿童青少年心理健康的影响

家庭与儿童发育及社会化息息相关。个人心身发育的最重要阶段（0～20岁）大多是在家庭内。儿童躯体和行为方面的异常与家庭病理有密切的关系。例如，父母亲情的长期剥夺（Parental Deprivation）与三种精神问题有关：自杀、抑郁和社会病理人格障碍（Sociopathic Personality Disorder）。3个月至4岁这段时间是儿童心身发育的关键时期。在这一时期，父母的行为对儿童人格的形成有很大的影响。例如，生活在父母感情不和而经常打架或父亲经常虐待母亲的家庭中的儿童容易形成攻击性人格。家庭教养方式、家庭成员关系、家庭教养态度等是影响青少年心理健康的重要因素。美国心理学家戴安娜·鲍姆林德认为，在权威型教养方式下成长的青少年适应能力强，心理健康水平高；而在溺爱型教养方式下成长的青少年多表现出以自我为中心，不尊重他人，缺乏团队精神，可能会导致心理问题的产生。

3. 家庭对成年人健康的影响

对于成年人的大部分疾病来说，丧偶、离婚和独居者的死亡率均比与配偶同居者高得多，特别对男性的影响更大。离婚不仅影响夫妻双方，并且严重影响子女的身心健康。离婚者的子女容易形成心灵上的创伤，增加心理上的痛苦和人格上的缺陷。对于老年人而言，家庭支持显得尤为重要。有研究显示，来自子女的经济支持、精神慰藉和生活照料对老年人的身心健康均有积极作用。

4. 家庭对生活习惯和行为方式的影响

家庭成员的健康信念往往相互影响，一个家庭成员的行为受另一个家庭成员或整个家庭的影响。家庭成员往往具有相似的生活习惯和行为方式，一些不良的生活习惯和行为方式也常成为家庭成员的"通病"，明显影响家庭成员的健康。

5. 家庭环境对健康的影响

家庭环境中比较重要的因素就是拥挤程度和家庭环境污染。过分拥挤的环境不但为许多疾病的传播创造了条件，而且可能引起家庭成员的身心障碍。中国在 10 个城市进行的家庭环境污染与儿童健康调查研究显示，潮湿、新家具和室内装潢、临近拥挤交通的居住环境以及母亲吸烟可能是儿童健康的风险因素，而母乳喂养、频繁清洗以及经常晾晒床上用品是儿童健康的一般保护性因素。另外，与邻居的关系、住房的牢固程度、社区环境的卫生和治安状况等都可能影响家庭成员的身心健康。

第三节　人口发展对人的行为和健康的影响

人口因素是社会赖以存在和发展的必要条件。人是社会活动的主体，是物质生产的发动者、生产关系的承担者，也是物质生产成果的消费者。没有一定数量的人口，就不能进行社会生产，也就构不成社会。人口发展是指人口随着社会生产方式的进步和社会经济条件的变化，其数量增长，质量、构成和各种外部关系不断地由低级向高级转化的过程。人口发展也指一个社会的人口向着适度的人口规模、优良的人口素质、均衡的人口结构、合理的人口分布演进。人口发展过程包含人群健康的变化过程。根据经典人口转变理论，人口发展过程划分为三个主要阶段：①原始阶段，以高出生率、高死亡率、低自然增长率为基本特征；②中间阶段或过渡阶段，以死亡率率先下降，出生率随后下降，自然增长率先提高后降低为基本特征，人口转变即处于该阶段；③现代阶段，以低死亡率、低出生率、低自然增长率为基本特征。

一、人口规模与结构对行为和健康的影响

（一）人口规模对行为和健康的影响

人口规模即人口数量，指在一定时点和地理范围内人口的绝对量。总体上，随着社会经济的发展，人口规模呈现增长趋势。据统计，人类经历上百万年的发展，到公元1800年世界人口第一次接近10亿，以后每增加10亿人口的时间越来越短，到1960年增加至30亿，1997年60亿，2016年76亿。联合国于2017年6月发布的《世界人口展望》预测，到2030年世界人口将增至86亿，2050年达到98亿，2100年达到112亿。在一定的社会发展时期，人口规模增加，人群健康水平也提高，人群死亡率降低，期望寿命增加。同时，人口规模增加又反作用于社会经济发展，对人们的健康产生影响。当人口数量同社会经济发展相适应时，能促进经济、医疗保健事业的发展，人们的健康水平也提高；当人口数量同社会经济发展不相适应，即人口数量过多或过少时，会阻碍或延缓经济的发展，人们生存发展需要的物质文化生活、医疗卫生条件得不到满足，人们的健康将受到损害。

根据人类自身生产必须与物质资料生产相适应的规律，人口数量、增长速度要适应社会经济发展水平。作为社会生活主体的人，既是社会财富的创造者，又是财富的消费者。这样，在社会人口与物质资料的生产、消费之间存在着客观比例关系，以及两者比例关系是否适合的问题。在对人口规模和社会生产关系的研究中，学者提出了适度人口论。英国人口学家马尔萨斯在《人口原理》一书中提出了人口按几何级数增长而生活资料按算术基数增长的观点。英国经济学家布坎南也提出：在任何一个时期，在一定面积土地上存在而适合获得产业最大生产力的人数是一定的。从横向角度看，适度人口是人口数量、人口质量、人口结构、人口分布、经济发展、社会能够实现最佳耦合的人口发展状态。从纵向角度看，适度人口是在能够有效保障人口、资源、环境、经济和社会可持续发展的基础上，使人口有可能获得最好发展的最优人口或最佳人口。适度人口既能满足生产的需要，又同生产资料最佳结合，产生最大的经济效益，推动社会经济和各项事业的发展，从而使人们的物质文化生活和医疗保健条件得到保证和改善，人群健康水平也随之提高。这种相适应对健康的影响主要体现在以下几方面。

1. 人口规模与物质生活水平相适应

足够能量摄入是人类健康存活的基础。以粮食为例，1961—2016年全球谷物产量由8.8亿吨增至28.5亿吨，年均增长2.17%。同期，世界人口由30.9亿增至74.7亿，年均增长1.62%，谷物产量年均增速高于世界人口平均增速0.55个百分点。但全球粮食分布不平衡。2016年，全球有8.15亿人口受到饥饿威胁，占世界人口的11%。其中，亚洲饥饿人口为5.2亿，非洲饥饿人口为2.43亿。如前所述，2100年世界人口将达到112亿。世界人口的增长和消费水平的提高将导致对粮食的刚性需求不断上涨，必然要求提高世界粮食产量。但在现有技术条件和资源环境约束下，单产的大幅度提高短期内难以实现，需要依靠充分释放粮食生产潜力来满足未来人口增长对粮食的需求，降

低饥饿人口数量，为提高人类健康水平奠定基础。

2. 人口规模与医疗卫生事业发展相适应

如果医疗卫生事业的发展赶不上人口的急剧增加，可能出现缺医少药的情况，疾病得不到预防和治疗，人群健康水平下降。如发展中国家因经济发展落后，医疗保健条件很差，人口急剧增长又加剧了医疗卫生资源的不足，形成恶性循环。全球人口数量、卫生资源及健康水平见表4-4。

表4-4　全球人口数量、卫生资源及健康水平

区域	人口数量（千人）2015年	卫生技术人员（人/每千人口）2005—2015年	财政卫生支出占财政支出比例（％）2014年	期望寿命（岁）2015年
非洲	989173	14.1	9.9	60.0
美洲	986705	84.6	13.6	77.0
东南亚	1928174	24.6	9.3	68.9
欧洲	910053	106.4	13.2	76.8
东地中海	643784	26.3	8.8	68.8
西太平洋	1855126	42.0	12.3	76.6
全球	7313015	45.6	11.7	71.4

资料来源：世界卫生组织. 2017年世界卫生统计，https://www.who.int/gho/publications/world_health_statistics/en/。

3. 人口规模与环境资源相适应

为了满足过量人口的生存需要，必然需要大力促进经济的发展，甚至不惜以破坏环境为代价，对资源的耗竭性利用加重环境污染及破坏。环境污染及破坏不仅会对当代人的健康产生影响，而且影响后代的健康及整个社会的可持续发展。全球环境问题大都是人类活动造成的，比如臭氧层的耗损与破坏、酸雨蔓延、生物多样性减少、森林面积锐减、土地荒漠化、大气污染、水污染、海洋污染和危险性废物越境转移等。

人口规模也需要与社会发展的其他方面相适应，如教育、就业等。人口规模过小，劳动力人口不足，阻碍经济发展；人口规模过大，影响人口质量的提升。人口规模与这些因素相互作用，对健康产生直接或间接影响。

目前，世界人口已经超过70亿，人口增长过快已经成为世界各国，尤其是发展中国家面临的一个紧迫问题。控制人口规模，使其与经济、社会发展相适应，才能够更好地促进人群健康。

（二）人口结构对行为和健康的影响

人口结构又称人口构成，是指将人口以不同的标准划分而得到的一种结果。它依据人口本身所固有的自然的、社会的、地域的特征，体现各个组成部分所占的比重，一般用百分比表示。人口结构反映一定地区、一定时点总体人口内部各种不同质的规定性的

数量比例关系。

1. 性别结构对行为和健康的影响

一般情况下，人群健康相关行为及健康状况存在性别差异，且这种差异与健康的衡量指标有关。总体上看，女性的期望寿命高于男性（表4-5）。对此有两种观点：一是社会行为学观点，认为男性暴露于环境风险因素的机会和程度大于女性，主要包括生活方式（如酗酒、吸烟、缺乏锻炼等）和社会角色（如职业等），导致其死亡风险高于女性。二是生物学观点，认为人类遗传因素决定了平均寿命的性别差异。也有研究发现女性自评健康和心理健康水平低于男性，慢性病患病水平高于男性。特别是处于低社会经济地位的女性，健康水平更低。世界卫生组织认为："性别角色及不平等的性别关系与其他社会和经济变量发生相互作用，造成不同的以及有时不公平的接触健康风险的状况，也造成获取和利用卫生信息、保健和服务方面的差异。这些差异又对健康情况产生明显的影响。"

表4-5 全球期望寿命的性别差异

区域	男性期望寿命（岁）2015年	女性期望寿命（岁）2015年	期望寿命（岁）2015年
非洲	58.2	61.7	60.0
美洲	74.0	79.9	77.0
东南亚	67.3	70.7	68.9
欧洲	73.2	80.2	76.8
东地中海	67.4	70.4	68.8
西太平洋	74.5	78.7	76.6
全球	69.1	73.7	71.4

资料来源：世界卫生组织. 2017年世界卫生统计，https://www. who. int/gho/publications/world_health_statistics/en/。

性别比例失衡导致一系列社会问题。例如我国男性人口多于女性，最直接的影响就是形成婚姻上的挤压现象，部分男性不能找不到配偶，特别是低社会阶层的男性择偶困难，引发婚姻买卖、拐卖妇女、性交易等社会问题和犯罪行为，导致社会不稳定。

2. 年龄构成对行为和健康的影响

年龄构成是指各年龄组人口在总人口中所占的比重。一定时间断面上的人口年龄构成是过去相当长一段时间内人口出生、死亡和迁移的结果。年龄构成对社会经济发展产生重大影响。人口老龄化是全球面对的共同问题。世界人口老龄化率将从2015年的8.3%上升到2050年的16.0%。欧洲老龄化依然在加速，从2015年到2050年增加10个百分点。增幅最大的是东亚，从11.0%增加到28.4%。其中，中国从10.55%增加到28.11%。人口老龄化趋势只是老年人口比例的相对变化，而其他年龄段人口的相应变化对人口老龄化发展和整个年龄结构也是一个不可忽视的重要影响因素。中国0～14岁少儿人口的规模和比例自1980年以来呈现下降趋势，而65岁及以上老年人口的规模和比例则一直呈现上升趋势，15～64 岁人口在 2030 年以前都处于增长中，在 2030 年以后将逐渐减少。三个年龄段人口规模和比例的变化显示中国人口年龄负担具有以下三个基本特征：第一，20 世纪 70 年代以后，少儿人口负担比持续下降，在 2010—2050 年期间将降到历史最低水平；第二，老年人口负担比自 20 世纪 80 年代起开始持续上升，并且在 21 世纪 30 年代中期将会超过少儿人口负担比；第三，总人口负担比在 2015 年以前呈现下降的趋势，在 2015 年以后，由于少儿人口比例基本处于稳定状态，老年人口比例仍持续上升，导致人口年龄负担比开始逆转上升。尽管如此，在 1995—2035 年的 40 年中总人口负担比都在 50% 以下，而且在未来半个世纪，总人口年龄负担比将大大低于 1985 年以前。由此可见，由于生育率转变打开的人口轻负担的"机会窗口"出现于 1990—2035 年。在此期间，人口总抚养比低于 50%。

年龄是影响人口出生、生育及健康最重要的因素。各年龄时期的生理功能、心理功能、社会功能及面临的健康危险因素机会、类型和水平均不同，致使各年龄的健康状况有很大差别，且面临的健康问题各有不同。儿童时期，各项生理功能正处于发育阶段，因先天因素或对外界环境抵抗力差，婴幼儿时期患病率和死亡率均较高。随着生理功能发育完善，对外界抵抗力增加，所处环境相对单一，青少年时期的躯体健康状况良好。但由于心理功能尚处于发育时期，处理社会生活事件的经验和能力不足，易受社会环境影响，心理和行为问题是青少年时期的主要健康问题。随着年龄增长，生理功能自然下降，加之过去生活经历中各种健康风险因素的效应累积，成年之后，疾病发病率逐渐增加，并伴随伤残和死亡的增加，到老年期各种健康问题更为凸显（表 4-6）。

表 4-6　我国不同年龄人口健康状况（2013 年）

	年龄别两周患病率（%）	年龄别慢性病患病率（‰）
0～4 岁	10.6	—
5～14 岁	5.3	—
15～24 岁	3.7	14.4
25～34 岁	5.7	38.3
35～44 岁	12.4	115.0
45～54 岁	24.3	235.4
55～64 岁	42.0	389.0
65 岁及以上	62.2	539.9

二、人口流动对行为和健康的影响

（一）人口流动的基本情况

人口流动是指人口在地理空间位置上的变动和阶层职业上的变动。本章节的人口流动指人口在地理空间上的变动。人口流动是任何社会都经常发生和普遍存在的一种社会现象。人口流动的产生和发展受经济、社会、政治和文化等多方面因素的影响。在诸多影响因素中，经济发展的区域差异是影响乃至决定流动人口产生、发展的关键因素，是流动人口的动力机制，一般表现为向经济发达地区流动。社会发展是人口流动的激励机制，对城市文明的追求与向往促使人聚集，在城市实现自我发展。城市化和工业化发展带来的产业结构变化和对大量劳动力的需求是流动人口的实现机制。各种政策制度的安排对城市化乃至区域的发展产生影响，形成影响人口流动的保障机制，如户籍制度的改革加上劳动力市场的逐步开放，以及外来人口子女教育、医疗、社会保障体系的健全，极大地促进了人口流动。改革开放以来，我国流动人口迅速增加。1982年第三次人口普查时，中国流动人口仅为657万人，占全国人口总数的0.65%；而到2010年第六次人口普查时，流动人口高达2.61亿人，占全国总人口的19.51%。预计到2030年，我国流动人口将增长到3.27亿。

（二）人口流动的影响

人口流动对居民健康造成影响的程度及性质取决于社会环境、自然条件及人口特点。人口流动可促进经济繁荣和社会发展，给居民健康带来有利影响。但流动人口由于生活条件、工作环境、文化、生活习惯等存在差异，也会给健康带来负面影响。

1. 流动人口具有健康移民效应

所谓健康移民效应，是指移民在刚到达迁入国时，健康状况要优于迁入国本地公民。然而，随着移民在迁入国工作、生活的时间延长，移民的健康优势逐步减弱，与迁入国人群健康状况逐渐趋同，甚至更差。研究显示，我国流动人口也存在该效应。当流动人口到达流入地后，生活、工作环境的变化导致患病风险逐渐增加。我国流动人口主要是从农村流向城市，因教育水平低、执业技能不足，很多人从事采矿业、建筑业、制造业、交通运输业等职业有害因素多的行业，职业伤害发生率高。流动人口的生活环境差，如住房拥挤、卫生条件差，往往容易引发传染病和感染性疾病。流动人口缺乏疾病知识、婚前性行为发生率高、避孕措施使用率低、人工流产率高等，严重危害其性与生殖健康。由于高流动性、高风险工作、低社会经济地位、缺乏社会支持，流动人口的心理健康问题也较为突出。

2. 流动人口卫生服务利用不足

2014年流动人口卫生计生服务流出地监测调查数据显示，流动人口对基本公共卫生服务知晓率低，基本公共卫生服务利用总体水平偏低，特别对健康档案建立、健康体检、健康教育以及慢性病筛查等利用水平低。2013年全国流动人口动态监测数据流动人口两周患病未就诊率高，自我医疗比例高。一项对流动人口女性孕产期保健状况的调查显示，77.1%的产妇达到了我国《孕产期保健工作管理办法》推荐的至少5次的产前检查次数，产妇在产后42天接受健康体检的比例在中西部地区不足80%，流动人口中仍有部分女性对孕产期保健服务的利用不足。另一项研究显示，流动人口公共卫生服务供给的针对性、广泛性、有效性和总体评价较低，定期体检比例较低。

3. 人口流动造成儿童心理、行为问题突出

大规模的人口流动导致两种儿童群体出现，即流动儿童和留守儿童。2010 年第六次人口普查显示，流动儿童和留守儿童规模分别达到 3600 万人和 6100 万人，占全国儿童比例为 10.3％和 21.9％。流动儿童生长在城市，但在城市受教育机会低于城市儿童，存在教育制度壁垒现象，主要表现为不能及时接受义务教育，难以进入公办学校等。儿童期教育机会的不均等对健康的影响是长期的。此外，流动儿童家庭通常也是分裂的，许多流动儿童只能与父母中的一方一起生活，家庭照料和监护存在缺失。流动儿童还面临流入地的社会融入问题和心理适应问题。研究显示，流动儿童的心理健康水平低于常住儿童，感受到歧视，出现社会适应不良，体验到自卑、焦虑、孤独与抑郁等消极情绪，具有社会退缩、注意力不集中、网络成瘾等问题。由于家庭结构的拆分和父母亲情的缺失，留守儿童面临的是教育和亲情慰藉的双重缺失，他们对未来生活和学习产生焦虑，缺乏安全感，常出现挨饿、打游戏上瘾等健康危险行为。

三、城市化对行为与健康的影响

（一）基本概念

城市化又称城镇化，是指农村人口转化为城镇人口的过程。具体表现为农村人口不断向城镇转移，第二、三产业不断向城镇聚集，从而使城镇数量增加，也包括农村直接转化为城镇。城市化是各个国家在实现工业化、现代化过程中所经历社会变迁的一种反映。城市化的核心是人口就业结构、经济产业结构的转化过程和城乡空间社区结构的变迁过程。城市化的本质特征主要体现在三个方面：一是农村人口在空间上的转移，二是非农产业向城镇聚集，三是农业劳动力向非农业劳动力转移。另外，在城市化的进程中还伴随着无形的价值观的转变。如索罗金和齐默在其书中强调城市化首先是行为方式和价值观的城镇化。斯诺尔（1964）认为城市化过程也是一个社会整体生活质量和价值观念提升的过程。由于社会经济发展的巨大差异，全球城市化不均衡。随着社会经济的发展，我国城镇化速度加快，城镇化率已由 1978 年的 17.92％上升至 2015 年的 56.1％，并且据联合国预测，在 21 世纪中期，中国的城镇化率将会达到 75％。

（二）城市化的正面影响

在城市化进程中，大量人口从农村移居到城镇，可享受到更好的卫生资源、教育机会，获得安全的饮用水和食物及基础卫生设施，有更好的就业机会、更高的收入以及更紧密的社会联系等。城市化带来的这些优势会对健康产生积极作用，总体健康状况可能得到改善，预期寿命可能上升。一项利用 2005—2011 年省级面板数据的研究发现，城镇化对我国居民健康水平有显著的提升作用。城镇化率每增加 10％，人均预期寿命增加 0.37％，新生儿死亡率下降 2.48％。

1. 基础设施改善

城镇相对于农村有更好的公共基础设施，这对提高城镇居民健康水平十分重要。一

项针对中国农村的研究发现，20世纪80年代饮用水基础设施的建设显著提高了成人和儿童的健康水平，特别是饮用水可及性及安全性的提升有利于中国儿童的健康。这对发展中国家或地区提高人群健康水平尤其重要。

2. 医疗卫生资源丰富

城市卫生资源比农村具有优势，具有更健全的医疗卫生服务体系和更高的医疗卫生投入。绝大部分国家存在这种差异。农村居民获得医疗卫生服务所花费的时间通常高于城市，而获得医疗卫生服务的质量可能低于城市。2016年，我国城市每千人口有卫生技术人员10.42人，农村为4.08人。

3. 社会发展和社会保障水平高

城市化使居民获得更好的教育、更多的收入、更高水平的医疗保障、更多样化的休闲娱乐方式，这些都可改善居民健康水平。表4-7显示了我国城乡居民在生活消费支出方面的差异。

表4-7　城乡居民生活消费支出（2017年）

	城市	农村
人均消费支出（元）	24445	10955
人均食品、烟酒消费支出（元）	7001	3415
人均衣着消费支出（元）	1758	612
人均居住消费支出（元）	5564	2354
人均生活用品及服务消费支出（元）	1525	634
人均交通通信消费支出（元）	3322	1509
人均教育文化娱乐消费支出（元）	2847	1171
人均医疗保健消费支出（元）	1777	1059

（三）城市化的负面影响

城市化导致人口大量集中，使健康风险因素集中。城市环境资源与人口数量不相适应等，可能带来健康损害。

1. 环境污染导致健康问题增多

城市化伴随着工业发展以及空气和水污染加剧。密集的人口和工业生产使城市成为污染的主要来源地。由于污染在不同区域间扩散，以及比农村更严重的外部性，城市污染成为一个难以解决的问题。科尔（Cole）和诺伊迈尔（Neumayer）的研究证实，人口增加、城镇化率与二氧化碳排放呈正相关，而二氧化硫排放的人口污染弹性系数会随人口规模的增加而递增。空气污染对健康的不良影响包括死亡率和住院率的增加、新生儿体重过低、免疫系统损伤、呼吸系统疾病、肺癌、心血管疾病等。

2. 城市化导致不良生活方式增加

城市生活的便捷性、舒适性、高效性、多样性使人们的生活方式发生巨大变化，不良生活方式更为普遍。城镇居民更多从事静态久坐的职业，生活节奏快导致睡眠时间少，生活水平提高使得高蛋白、高脂肪、高热能膳食变得普遍，身体活动量和强度下降等，与不良生活方式相关的慢性病的患病率随之增加。

3. 城市化导致城乡健康差距扩大

城市化进程在改善城镇地区医疗和基础设施的同时，导致产生城市偏向的财政体制和收入分配制度，使农村地区获得的各种资源（包括医疗资源）显著少于城市，加剧城乡差距，从而对留在农村的居民健康产生负面影响。

除此之外，城市化造成的交通拥挤等也可能对健康造成负面影响。

第四节　医学科技发展对人的行为和健康的影响

科技是科学与技术的简称。科学是人类在长期认识和改造世界的过程中所累积起来的认识世界事物的知识体系。技术是指人类根据生产实践经验和应用科学原理而发展形成的各种工艺操作和技能以及物化的各种生产手段和物质装备。科技是第一生产力，在推动人类社会发展和文明进步中发挥了巨大作用。科技发展通过创造丰富的物质文明影响人们的生活和生产环境，改变人们的生活方式，从而对健康产生直接和间接的影响。科学技术是一把双刃剑，它在促进人类健康发展的同时，也会产生许多负面影响。其中，医学技术发展对人的行为和健康产生直接、重大的影响。

一、医学科技的基本概念

医学科技是用于卫生保健领域和医疗服务系统的特定的知识体系、技术手段和物质装备，包括药品、器械设备、医疗方案、技术程序、后勤支持系统和行政管理组织等，是所有用于疾病预防、筛查、诊断、治疗和康复及促进人类健康的技术手段。医学科技是保障公众健康的重要基础和支撑。医学科技涉及药物技术、生殖技术、生物医学工程技术、临床诊疗技术、疾病监测与干预技术，在我国还有中医药等。电子技术是现代医学的核心技术，生物技术、微电子技术与新材料技术是推动医学前进的三大动力源。医学科技发展越来越体现学科的交叉与融合。目前，全球发达国家都致力于健康领域的前沿科学技术发展，研发颠覆性技术，进行跨学科技术的深度融合。这将逐步改变生命科学与医学的研究模式、疾病诊疗模式和健康产业结构。

二、医学科技发展的正面影响

（一）更好地认知人类本身

科技发展，特别是医学科技的发展，使人们对人类机体的构造和功能有了越来越深人的认识，也对人与环境的关系有了全新的认识。一方面，在越来越微观的水平认知机体的复杂构造，解读生命的来龙去脉。例如，基因工程及芯片技术的发明与运用实现了大规模的基因测序，使人们从信息水平上认识健康控制的原理，发现疾病的分子机制，并通过基因重组、基因改变等手段制造出基因敲除或转基因动物模型，实现人类控制自己健康的目的。另一方面，从系统论和整体论的角度认识到人类是生物性和社会性的统一、精神与躯体的统一，对人的研究需以生物－心理－社会医学模式为指导，全方位、立体化、多视角地研究生命和疾病过程。

（二）促进人类健康水平提高

医学科技发展让人类了解更多疾病的病因，获得预防、诊断和治疗疾病的方法，使威胁人类健康的疾病不断得到控制，人类生命质量得到提高，人类寿命得以延长。例如：医学显微镜的发明使人类对组织、细胞、病毒和细菌的形态等有了全面的认识；青霉素及其他抗生素的发现与应用使得人类能够战胜感染性疾病；麻醉技术的应用使得外科手术成为可能；CT、MRT、多普勒超声、PET、SPECT 等测量技术使诊断更加精确化、定量化和自动化，并且具有快速、无损伤、痛苦小等特点；借助免疫与预防接种技术，数十种疾病得到有效预防；组织器官移植技术不仅为治疗某些疑难病症提供了一条重要途径，而且为治疗老年性器官功能衰退和丧失提供了可能。目前，在健康与医疗领域，大数据、互联网、可穿戴设备、人工智能的结合带来了全新的智慧医疗模式，正在改善医疗供给模式，重构健康服务体系。基因编辑、再生医学、3D 打印、合成生物学、脑机接口等技术的快速发展，进一步增强了仿生与生命创制能力，提高了人体机能和疾病防诊治水平。以生命组学、大数据技术、大队列为核心的精准医学正在成为医学研究的主要模式，其目标是疾病的精准分类、预防、诊断、治疗，最终实现个体化医疗。这些正在兴起和发展的医学科技将在疾病的早预防、早发现、早诊断、早治疗、早康复和提高生命质量方面产生不可估量的作用。

三、医学科技发展的负面影响

（一）科学精神与人文精神的分离

医学科技的对象是人，本应比任何科学技术都强调人文价值。但随着科学技术的高度发展，人类更多追求一种知识，追求工具的效率。人们注重用科学和技术作为实现利益的手段，注重运用逻辑演绎等理性方法认识与驾驭自然界，重视功用和效益，即追求工具理性（或称为技术理性）。工具理性在一定程度上减少了人类对其自身终极价值的追求。在医学领域，则出现医学技术异化，即人们在医疗实践活动中使用医学技术的核心目标不是人的健康，而是把其他脱离医学本质、扭曲医学价值的目标作为最终追求，其结果是医学技术被赋予主体性，反而控制人的思想，体现为对医学技术的过度依赖和不合理使用。具体表现为：①医患关系的物化趋势。医务人员过分依赖影像检查和实验室检查，弱化询问病史、体格检查和临床思维，忽视心理、社会因素对患者的影响。同时，患者也过分相信技术和仪器，而不是尽可能地向医务人员提供更多的心理、社会和生物信息。医患之间的直接交流大大减少，影响了医患之间感情的表达和传递，形成了"医务人员—机器—患者"的不良医患关系。②导致医务人员的思维僵化。高新医学技术的临床应用可能会导致医务人员"只见局部不见整体"，只重视"病"而忽视"人"，仅仅以医学高新技术手段收集到的一些数据、图像和结果做出诊断，对疾病的诊断脱离时间、空间、心理变化对机体的影响，忽视通过实际观察获得第一手资料，久而久之将削弱医务人员基本技能的训练和临床经验的积累，既不利于提高医务人员的业务水平，也不利于患者的心理护理，甚至容易出现误诊误治。③出现重视经济利益的倾向。医务人员出于本位主义和个人私利，可能产生诱导需求，过分强调高新技术的作用，进行不必要的检查和治疗。

医学的目的在于增进全体人群的健康。在医学科技的发展及应用中应坚持以人为本、医学技术向善的原则，尊重、维护人的健康和生命，至少不损害人类的生存、健康和安全。譬如，在选择某项医学技术时，必须考虑选择的合理性、价值，而不仅仅考虑选择产生的经济效益。

（二）增加卫生费用及导致卫生资源分布不均

医学科技，特别是高新技术研发的投资和风险巨大，当投入应用后，其收费相应也高，技术供方的目标是"高技术—高费用—高利益"，从而增加个人和社会的医疗卫生负担，带来高昂的卫生与健康成本。美国医学科技发达，实施通过高新技术研究和应用来推动卫生与健康事业发展的策略。然而，高新技术的普遍使用和高额卫生费用投入并不总是带来预期的健康水平提高。医学始终不断发展，疾病诊断和治疗的发展往往并不同步，治疗方法本身也在不断前进。目前，对于许多复杂的疾病，诊断和治疗中新技术的不断应用造成医疗费用增加，但最终并无有效的治疗手段。此外，高新医学技术通常集中在经济发达地区和城市医院，分布不均衡。而过度集中造成利用率低下。

（三）带来伦理学问题

医学科技发展带来的伦理学问题在生殖健康领域异常突出。譬如，医学技术可使各种先天性严重缺陷的新生儿存活，但他们长大之后是否认可自身存活价值？胎儿性别鉴定等技术直接影响自然的出生性别比例。人工辅助生殖技术对传统意义上的父母角色、家庭关系、婚姻行为提出挑战，并由此产生种种社会问题。这必然引起对要不要对生殖医学新技术的使用予以社会方面的限制以及怎样限制等的思考。

总之，人类在大力发展科学技术并享受其带来的种种益处时，也要考虑其可能对个人、家庭和社会带来的不利影响，以做出谨慎而合理的选择。

（任晓晖）

第五章　社会经济因素对人的行为和健康的影响

经济是指社会物质资料的生产和再生产过程，包括物质资料的直接生产过程以及由它决定的交换、分配和消费过程。社会经济因素既包括一个国家或地区的经济发展水平，也包括与之相关的经济结构、居民收入、消费者结构等方面的情况。经济发展是人类社会发展的基础，也是人类社会发展的主体形式。经济发展与人类行为和人群健康关系密切。经济发展可引起行为和生活方式的变化。经济与人群健康具有双向作用，两者是辩证统一的关系。一方面，经济是维护人群健康、提高人群健康水平的基础和根本保证，社会经济的发展必然会促进人群健康水平的提高；另一方面，社会经济的发展必须以人群健康为先决条件，人群健康水平的提高对推动社会经济的发展起着至关重要的作用。

第一节　经济发展对人的行为和健康的影响

一、经济发展概述

经济发展是指在经济增长的基础上，一国或地区经济结构、社会结构持续高级化的进程和人口素质、生活质量不断提高的过程。其终极目标是实现人们的幸福生活。传统描述经济发展的指标包括国内生产总值（Gross Domestic Product，GDP）和国民生产总值（Gross National Product，GNP）以及人均 GDP、人均 GNP 等。这些指标体现的是一个国家或地区的综合经济实力。国内生产总值是指一个国家或地区在一定时期内（通常是 1 年）所生产的全部最终产品和提供劳务以货币形式表现的价值总量。国民生产总值即国民总收入（GNI），是指一个国家或地区所有常住单位在一定时期内（年或季）所有收入初次分配的最终价值，是该国家或地区在一定时期内新生产出来的产品和服务的价值综合。而人均 GDP 或人均 GNP 则排除了人口数量的影响，便于不同国家和地区的比较。表 5-1 显示了我国 1990 年、2000 年、2010 年、2016 年经济发展状况。

表 5-1　我国 1990 年、2000 年、2010 年、2016 年经济发展状况

	1990 年	2000 年	2010 年	2016 年
国民总收入（亿元）	18923.3	99066.1	410354.1	737074.0
国内生产总值（亿元）	18872.9	100280.1	412119.3	740060.8
人均国内生产总值（元）	1663	7942	30808	53680

资料来源：国家统计局网站，http://www.stats.gov.cn/。

　　传统描述经济发展的指标主要是从经济增长的角度衡量的，即关注产品、劳务和财富数量上的增长。而经济发展的内涵十分丰富，还包括经济结构的调整、资源环境的保护、人民福祉的增加等。因此，仅衡量经济增长是不全面的。20 世纪 70 年代，基于均衡发展理论，美国海外发展委员会提出了生命素质指数（PQLI），经济合作与发展组织提出了经合组织社会发展指标体系（OECD Social Indicators），欧盟组织提出了欧盟社会指标（EU Social Indicators）。20 世纪 80 年代以来，基于可持续发展理论的经济发展评价得到越来越多学者和组织的认同。1990 年，联合国开发计划署提出了人类发展指数（Human Development Index，HDI），并于 2000 年完善了该指标，制定了联合国 HDI 体系，包括基于 HDI 的新的综合指标，即不平等系数调整后的人类发展指数（Inequality-adjusted Human Development Index，IHDI）、性别发展指数（Gender Development Index，GDI）、性别不平等指数（Gender Inequality Index，GII）和多维贫困指数（Multidimensional Poverty Index，MPI）。2015 年，联合国制定了 2030 年可持续发展目标的测量指标体系。OECD 提出了可持续发展评价指标体系，构造了生态系统或环境要素所确定的可持续性指标。欧盟制定了欧盟公共指标体系。英国制定了社区生活质量指标体系。美国建立了真实发展指标（Genuine Progress Indicators，GPI）。中国学术组织和学者也积极研究适合我国经济发展的综合评价指标体系，如清华大学刘求实等构造了包含资源利用、经济社会系统运行、污染防治生态维护三个主要过程和资源潜力、经济绩效、生活质量、生态环境质量四个效果的可持续发展的理论框架，并依据该理论框架，提出了区域可持续发展指标体系。除了上述客观综合评价，国际上还开发了考虑人群主观感受的评价指标，目的是让经济指标和人们主观的幸福感同步发展。20 世纪 70 年代，不丹国王首先提出了由政府善治、经济增长、文化发展和环境保护组成的国民幸福指数（National Happiness Index，NHI），此后各国学者研究并提出了一系列国民幸福指数的具体测算方法。自 2012 年起，联合国可持续发展方案联盟（UNSDSN）每年出版《世界幸福报告》，使用世界幸福指数（Global Happiness Index，GHI）对各国主观幸福感进行测量和排序。

　　在全面衡量社会经济健康发展时，人们更多使用新的经济发展测量指标。但是，在经济发展与人群健康关系的研究中，则仍普遍采用传统衡量指标。

二、经济发展对健康相关行为的作用

　　经济发展为人们提高健康认知水平、采取促进健康的行为创造了物质条件。在较好

的经济条件下，人们更容易形成自我保健行为，如口腔卫生健康行为、合理营养、运动锻炼、饭前便后洗手、保持个人清洁卫生，更多的人可采取避开环境危害的行为，如不接触疫水，更合理利用卫生服务，包括定期健康体检、预防接种、患病后及时就医、遵从医嘱等。表 5-2 显示，从 1993 年到 2013 年，我国居民医疗服务利用水平和预防保健利用水平都呈上升趋势，这与我国经济飞速发展密切相关。表 5-3 显示，随着城乡经济发展差距缩小，卫生服务利用水平在城乡之间的差距不断缩小。

表 5-2 我国居民卫生服务利用情况比较

指标	1993 年	1998 年	2003 年	2008 年	2013 年
年住院率（%）	3.6	3.5	3.6	6.8	9.0
年未住院率（%）	35.9	32.3	29.6	25.1	17.1
预防接种建卡率（%）	61.5	92.8	88.8	97.9	99.4
产前检查率（%）	69.5	79.4	87.8	94.4	97.8
住院分娩率（%）	38.7	50.4	68.3	88.6	96.3

资料来源：李鲁．社会医学［M］．第 5 版．北京：人民卫生出版社，2017。

表 5-3 我国居民卫生服务利用情况城乡比较

指标	1993 年		2003 年		2013 年	
	城市	农村	城市	农村	城市	农村
年住院率（%）	5.0	3.0	4.2	3.4	9.1	9.0
年未住院率（%）	26.2	40.6	27.8	30.3	17.6	16.7
预防接种建卡率（%）	89.2	56.0	94.7	87.3	99.4	99.4
产前检查率（%）	95.6	60.3	96.4	85.6	98.4	97.3
住院分娩率（%）	87.3	21.7	92.6	62.0	96.8	95.7

资料来源：李鲁．社会医学［M］．第 5 版．北京：人民卫生出版社，2017。

但是，经济发展也会导致一些不利健康的行为发生。随着经济发展，居民膳食模式发生变化，人们往往过多进食精制食品，高能量、高脂肪、高糖、低膳食纤维的膳食模式，导致超重和肥胖发生率不断增加。无论城乡，居民脂肪摄入的比重增加，而碳水化合物摄入的比重下降。由于经济发展与科技进步，人们在交通、家务劳动等方面的能量消耗减少，劳动强度降低，静态行为时间不断增加，也导致超重和肥胖发生率不断增加。经济发展带来更多生活方式的选择和思想观念的开放，包括性观念的开放，导致婚前性行为和多性伴行为增加。经济发展对医患关系也产生显著影响，表现为医患关系人机化、医患交往经济化、医患要求多元化、医疗行为逐利化，加大了医疗行为和患者需求的差异，导致医患关系紧张。

反之，具备促进健康行为和减少危害健康行为是预防疾病的有效手段，可以减少发病或延迟发病，降低疾病的严重程度，减少医疗卫生资源的消耗，从而促进社会经济发展。

三、经济发展对人群健康的影响

（一）经济发展促进人群健康水平提高

经济发展与人群健康水平的关系密切，通常表现为：随着经济水平的提高，人群健康状况亦逐步改善。通常在同一历史时期，相对于经济发展水平低的国家或地区，经济发展水平高的国家或地区健康状况相对较好（表5-4、表5-5）。

表5-4　部分国家或地区人群健康指标与经济水平的关系

国家或地区	人均国民收入（美元，购买力平价）2013年	出生时期望寿命（岁）2015年	孕产妇死亡率（1/10万）2015年	新生儿死亡率（‰）2015年	5岁以下儿童死亡率（‰）2015年
瑞士	55090	83.4	5	2.7	3.9
美国	53960	79.3	14	3.6	6.5
阿根廷	17130*	76.4	52	6.3	12.5
中国	11850	76.1	27	5.5	10.7
南非	12240	62.9	138	11.0	40.5
印度	5350	68.3	174	27.7	47.7
肯尼亚	2250	63.4	510	22.2	49.4
阿富汗	2000	60.5	396	35.5	91.1

资料来源：世界卫生组织.2017年世界卫生统计，https://www.who.int/gho/publications/world_health_statistics/en/。

* 表示2011年数据。

表5-5　1990年和2012年不同国民收入水平国家的国民健康水平

国家类别	出生期望寿命（岁）		60岁以上期望寿命（岁）		婴儿死亡率（‰）		5岁以下儿童死亡率（‰）		15-60岁成人死亡率（女性）（‰）	
	1990	2012	1990	2012	1990	2012	1990	2012	1990	2012
低收入国家	53	62	16	17	104	56	166	82	294	230
中低收入国家	59	66	16	17	82	46	118	61	222	164
中高收入国家	68	74	18	20	42	16	54	20	133	92
高收入国家	75	79	20	23	12	5	15	6	83	67
全球	64	70	18	20	63	35	90	48	161	124

资料来源：世界卫生组织.2014年世界卫生统计，https://www.who.int/gho/publications/world_health_statistics/en/。

随着社会经济的发展，我国居民健康状况明显改善，平均期望寿命由中华人民共和国成立前的35岁提高至2015年的76.3岁，婴儿死亡率由中华人民共和国成立前的

200‰下降至 2015 年的 8.1‰。但同时也要看到，在改革开放发展成果带来整体健康水平逐步提升的同时，由于地区间经济发展不平衡，区域健康差异问题凸显。经济不发达地区健康水平尽管在提高，但地区间差异并未显著缩小。西部一些省份 2010 年平均期望寿命不到 70 岁。同时，与中国城乡经济发展差异相对应的健康差距也依然存在（表5-6）。因此，要缩小健康差距，必须要创造更加平等的经济环境，促进社会经济与居民健康状况协调发展。

表 5-6　我国城乡居民健康指标与收入水平

地区	人均年收入（元）	孕产妇死亡率（1/10 万）	新生儿死亡率（‰）	婴儿死亡率（‰）	5 岁以下儿童死亡率（‰）
城市（2000 年）	6280	29.3	9.5	11.8	13.8
农村（2000 年）	2253	69.6	25.8	37.0	45.7
城市（2016 年）	33616	19.5	2.9	4.2	5.2
农村（2016 年）	12363	20.0	5.7	9.0	12.4

资料来源：国家卫生和计划生育委员会.2017 年中国卫生和计划生育统计年鉴［M］.北京：中国协和医科大学出版社，2017。

经济发展水平是国力的综合反映。经济发展对居民健康的影响是多渠道、综合作用的结果。

1. 提高居民物质生活水平

一个国家或社会经济发展、物质丰富，可以提供充足的食物营养、良好的生活与劳动条件和基本卫生设施。经济发达国家或地区的生产力水平高，科学技术先进，物质生活丰富；而发展中国家或地区的许多人在衣、食、住、行及医疗保健方面存在较大的困难。例如食物营养是首要的生存条件。食物供给的增长能够缓解饥荒危机，降低死亡率和提高人均寿命，带来人口的持续增长。食物消费水平和营养水平提高能够避免营养缺乏导致的疾病，降低患病率。目前世界上尚有人群得不到充足的食物营养，主要在发展中国家。这些国家人群健康水平低下，疾病严重流行。一个尚未解决温饱问题的国家难以保障居民卫生保健。

2. 全面改善社会生活

社会经济水平的提高和社会财富的集聚有利于促进社会保障和法律体系的完善，科学、技术、教育、体育等社会事业的全面发展以及和谐社会关系的建立，增加了人们获得健康生活、提高生活质量的机会，降低了生活和生产环境中健康有害因素的水平，从而提高人群健康水平。

3. 有利于增加健康投资

卫生事业发展需要大量的资金投入，用于建立医疗卫生机构、添置与更新仪器设备、培养卫生技术人员、进行科学研究、开展疾病防治、提供医疗卫生保健服务等。卫生经费影响卫生事业发展，进而影响居民健康。研究资料表明，卫生经费占国民生产总值的比例、人均卫生经费都与居民健康相关。一般情况下，经济发展水平越高，卫生费用投入就越高，具体表现为卫生经费占国民生产总值比例、人均卫生经费越高。20 世纪下半叶以来，世界经济有较快发展，各国卫生经费占国民生产总值的比例与人均卫生经费都有较大提高，尤其是发达国家，但国家之间卫生经费的投入存在巨大差距。

（二）社会经济公平对健康的促进作用

总体上看，随着经济发展水平的提高，人群健康水平逐步提高。但是，宏观经济增长与人群健康水平之间并不存在必然联系，或者说联系是有一定限度的。经济发展对健康的促进作用在发展中国家或低收入人群中比较明显，而在发达国家，其健康效应正在消失。当经济发展到一定水平时，影响健康的不再是经济的绝对水平，而是社会经济公平。苏迪·阿南德（Sudhir Anand）和马丁·拉瓦雷（Martin Ravallion）在进行经济发展与人群健康水平关系研究时发现，国民生产总值对期望寿命的影响主要通过收入，特别是穷人的收入，以及公共支出中专门用于医疗保健的支出两个因素表现出来。即经济发展对健康的影响很大程度上取决于经济增长的成果如何使用及分配。英国医学社会学家理查德·威尔金森（Wilkinson）曾指出，"在发达国家，健康水平最高的不是那些最富有的国家，而是那些最具有社会公平性的国家"。如欧洲地区经济发达，社会保障制度健全，社会稳定，人群健康水平普遍高于其他地区。

（三）经济发展带来的健康问题

经济发展为卫生事业发展、改善居民健康提供了物质条件。居民健康水平随着社会经济发展而提高，这是积极的总趋势。但现代经济社会的工业化、城市化和信息化也引发了一些新的社会卫生问题，使人类健康面临新的风险。

1. 环境问题日益严重

环境污染和生态破坏是当前人类面临的重大问题之一。环境污染和生态破坏是指由于生产活动改变了周围环境的正常状态和组成，破坏了生态平衡和人们正常的生活条件，对人体健康产生直接、间接或潜在的有害影响。严重的大范围环境污染通常称为公害。环境污染对健康的损害作用具有影响范围广、涉及人数多、作用时间长、所致病症种类多等特征，环境污染同时还具有产生容易而根除困难的特征。环境污染和生态破坏是工业经济发展的产物。工业经济是以能源和自然资源消耗为基础的。在制造社会财富的同时，大量的废水、废气、废渣排放到自然环境中，形成环境污染。自然资源快速消耗，导致生态环境破坏，如水土流失、土地沙漠化、气候变暖等。

2. 现代社会病的产生

现代社会病是指与社会现代化、物质文明高度发展有关的一系列疾病。由于现代社会物质生活丰富，居民食物构成改变，体力活动减少，生活方式改变，使高血压、冠心病、恶性肿瘤、肥胖症、糖尿病等疾病发病增加，它们是"富裕病"。现代物质文化生活丰富，电气及电子设备、化学制品与其他用品普及每个家庭，造成空调综合征、电脑综合征、手机网络成瘾等"文明病"，导致人体功能失调或出现相应的一些病症。

3. 心理问题增多

节奏快、效率高、竞争激烈是现代生活的特征。人际关系上的网络复杂化和疏离并存，心理应激事件增多。长期处于这样的社会环境中，容易使人们的精神紧张加剧，造成现代社会心身疾病、精神病与自杀事件增多。

4. 负性社会事件增多

社会经济发展不平衡、贫富差距加大等加剧了社会矛盾，人际关系紧张和疏远，往往引发暴力犯罪事件。

5. 社会人口特征剧烈变化

伴随社会经济发展，很多国家和地区人口发展出现低出生率、低死亡率、低增长率的特征，老龄化速度加快，老龄化程度加重。此外，经济发展必然带来人口流动的增加。社会人口特征的变化带来许多健康问题，如人口的频繁流动加剧了一些传染病的流行，并给卫生保健政策与措施的实施带来了阻碍。

目前，全球经济发展不稳定，疾病负担日益增加。如何促进经济持续发展，进一步改善人群健康状况，是全球面临的共同挑战。

四、健康对经济发展的作用

社会经济发展的实质是社会生产力的提高。具有一定体力、智力、劳动技能的人是生产力中最重要的因素。人群健康主要影响个人的劳动生产率和劳动供给。人群健康水平提高必将对社会经济发展起推动作用，可以说健康是对经济发展的投入。

（一）保护和提高劳动力水平

人群健康水平提高，表现为病伤减少、死亡率下降、平均寿命延长。这有利于保障社会劳动力。劳动力供给增加、出勤增加，劳动生产率提高，劳动年限延长，为社会创造更多财富，进而促进经济发展。中华人民共和国成立以来，我国居民的平均期望寿命延长，使平均每个劳动力可以延长工作 34 年。一项统计表明，出生期望寿命每提高10%，经济增长率提高 0.3%～0.4%。

（二）为提高人群智力和科技知识水平创造条件

现代社会经济发展和世界性竞争已经不仅仅是简单的体力劳动创造价值的竞争，而是科技人才和技术的竞争。人群智力水平、科技知识水平对社会经济发展的促进作用比历史上任何时期都更为明显，而高水平的国民健康是高素质人才产生的基础。

（三）减少资源消耗

居民健康水平提高表现为病伤减少，可以节省大量社会财富，尤其是卫生资源。疾病可以造成巨大的经济损失。减少疾病发生既可减少因病致贫、因病返贫现象的发生，又可有效降低医疗费用的增加。

（四）促进自然资源利用

自然疫源性疾病和地球化学性疾病不仅损害人群健康，也可能使人因为担心患病而减少对该地自然资源的开发和利用。改造自然疫源地，控制疾病的发生，不仅可改善当地居民的健康状况，也可促进对土地等自然资源的开发和利用。如血吸虫病是鄱阳湖流域长期流行、严重危害身体健康和影响经济发展的地方病。新中国成立至今，政府在不同历史阶段采用了各种防治策略，以控制血吸虫病流行。20世纪末开始，鄱阳湖流域实施山江湖工程，积极探索实现经济、生态目标和健康目标相统一的血吸虫病防控模式，其以"改水改厕、以机代牛、封洲禁牧"为核心，辅之调整农业产业结构、强化健康教育等综合措施，取得显著效果。

📖 知识拓展

当前全球最富裕国家人均GDP达数十万美元，而最贫穷国家的人均GDP不足一千美元。富裕国家和贫穷国家经济发展的差距巨大。在经济学家提出的众多要素中，健康是一个重要因素。世界卫生组织宏观经济与卫生专家委员会撰写了《宏观经济与卫生》报告，强调了疾病对经济增长的直接阻碍作用，提出了疾病影响经济发展的三条路径：一是可以避免的疾病减少了健康期望寿命的年限。这是最直接的途径。二是疾病影响了父母对子女的投资。一个社会如果婴儿死亡率和5岁以下儿童死亡率偏高，就会有较高的生殖率，以补偿儿童的经常死亡。同时，大量儿童降低了贫困家庭对每个儿童的健康和教育的投资能力，即儿童抚养中的"质量－数据均衡效应"。三是疾病对商业和基础建设投资的回报起到抑制作用。流行病和地方病还会破坏社会合作，甚至破坏政治和宏观经济的稳定。

总之，健康是促进经济发展的因素之一（图5-1）。健康通过各种途径，特别是通过人力资本和企业资本对经济发展产生影响。提高人群健康水平也是对经济发展的一种投入。

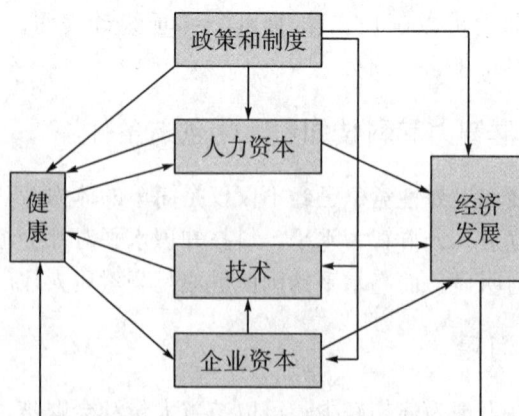

图 5-1　人群健康对经济发展的作用

第二节　社会经济地位对人的行为和健康的影响

一、社会经济地位概述

（一）社会经济地位的概念

在人类社会中，社会成员、社会群体因社会资源占有的不同而产生了层化或差异现象，称为社会分层。基于单一或多元的标准进行社会分层的结果通常称为社会经济地位（Social Economic Status，SES），或称社会阶层（Social Class）。具体而言，社会经济地位是指个人或群体在阶层社会中的位置，是教育、收入、职业以及居住地区等指标的综合反映。同一社会经济地位的人群具有相似的经济水平、社会名誉、教育水平及政治影响，也具有相似的生活方式。不同社会经济地位的个体在这些方面具有明显的差异。

（二）社会经济地位的划分依据

社会经济地位的划分依据是社会资源，主要包括生产资料资源、收入资源、政治资源、职业资源、文化资源、社会关系资源、声望资源和人力资源等。每一类资源都可用相应指标测量。由于测量内容的多维性，故在社会经济地位测量指标的选择上通常有三种方式：①用单一指标测量；②用多个指标测量；③构建社会经济地位指数（Socioeconomic Index，SEI）。早期 SES 通常选取单一指标测量。教育被认为是最合适的指标，它是衡量个体获取社会、心理和经济资源的能力，其对未来的就业机会和收入潜力影响巨大，往往被视作 SES 的最基本组成部分。除此之外，收入和职业也是常用的指标。收入水平反映个体的消费能力、住房条件、营养状况和获取医疗保健资源的能力。职业反映了人们的社会声望、地位、权力、责任感、体力活动状况和健康风险等。单一指标在进行数据收集和分析时比较容易，但是单一指标往往不能反映真实而全面的社会经济地位状况，在研究中可能出现相同的 SES 指标与健康结果间存在不同的关联。因此，后来的研究越来越多地使用多个指标进行测量。格伦迪（Grundy）等人在 21 世纪初提出了 SES 测量的七个指标：教育、收入、职业、住房所有权、家庭资源、汤普森剥削指数、有无私家车。这七个指标基本涵盖了社会经济地位的各个方面，既可以单独使用，也可以综合使用，因此得到了广泛的应用。由于社会经济和文化背景的差异，在某些发展中国家进行的实证研究中，也有研究者将银行存款、日常消费、社会保险、城乡居住地等作为 SES 测量指标，与传统的教育、职业及收入指标组合使用。表 5－7 列出了常见的 SES 指标，并比较了其优点和局限性。在使用时，可根据研究对象和健康问题的特征进行选择。

表 5-7　常见 SES 指标的优点和局限性

指标	具体评价指标	优点	局限性
教育	①受教育年限 ②最高学历水平 ③学历证书	①易于测量 ②不易受成年后因素影响 ③对职业和收入影响深远	①在不同地区和文化中内涵可能不同，不利于结果比较 ②对 SES 的影响受性别限制
当前收入	①个人月平均收入 ②家庭年平均收入	影响资源和服务的可获得性	①与年龄相关 ②相比其他指标，收入并不稳定
财富	①银行存款 ②家庭资源	①与社会地位的关系比收入更加紧密 ②资产是能力的象征，在应对紧急情况时具有决定性作用	①涵盖多个方面，测量困难 ②测量错误的概率很高
职业	①当前职业 ②从事最久的职业 ③职业所处阶层 ④职业复杂性	①是教育和收入联系的桥梁 ②波动较小	①测量精度不足 ②待业和退休人员并不适用

资料来源：VICKIE L. Shavers. Measurement of Socioeconomic Status in Health Disparities Research［J］. Journal of the National Medical Association，2007，99（9）：1014-1023。

除了上述客观指标，学者逐渐将主观指标纳入测量，表达社会上的绝大多数人对某个人或某个群体的综合性价值评价，即社会声望。最常见的是职业声望。职业声望作为人们对职业地位的主观评价，有社会评价和自我评价，可采用声望尺度和排序法两种形式进行测量。由于它是主观测量，不同学者在不同时期、不同地区的研究结论呈现出一定的差异。如在经济发达地区，功利性职业的声望较高；在不同时期，社会主导价值观不同，集中体现各种价值观的职业的声望位序也就不同。

社会经济地位的综合测量一般用多个社会经济地位指标。邓肯（Duncan）在 1961 年综合职业声望、收入和教育等指标建立回归方程，得到了社会经济地位指数并广泛应用。我国学者李春玲在研究中发现邓肯的 SEI 对中国人群的 SES 解释力度较低，因此在 SEI 的基础上加入了权力因素、部门因素和社会歧视因素，使回归方程的解释力得到明显提高。SEI 能够综合反映人群的社会经济地位，但由于指标的复合性，也使结果缺乏实际意义。除此之外，构建一个好的回归方程存在较大的困难，指标的合理选择和各指标之间可能存在的共线性是最为主要的问题。

（三）社会经济地位的类型

在英国，人们按职业分为五个社会阶层。阶层Ⅰ为最高层，为重要职业人员，如律师、医生等；阶层Ⅱ为较低层职业人员，如销售经理、教师等；阶层Ⅲ为技术工人，该阶层分为两类，ⅢN 类为非手工操作者，ⅢM 类为手工操作者；阶层Ⅳ为半技术工人；阶层Ⅴ为非技术工人。也有研究根据经济资本、社会资本和文化资本将英国人群分为七个阶层：精英阶层、中产阶层、技术中产阶层、小康工薪阶层、传统工薪阶层、工人阶层和无产阶层。我国 1978 年以来的改革开放促使中国社会阶层发生了结构性改革，对社会经济地位的研究日益增多。影响力最大的是陆学艺及其同事关于中国社会分层结构的研究，他们以职业分类为基础，以组织资源、经济资源和文化资源的占有与支配状况为标准，将中国社会分为十大阶层（国家与社会管理者阶层，经理人员阶层，私营企业主阶层，专业技术人员阶层，办事人员阶层，个体工商户阶层，商业服务业员工阶层，产业工人阶层，农业劳动者阶层，城乡无业、失业、半失业者阶层）。各阶层之间的社会、经济、生活方式及利益认同的差异日益明显。李春玲依据职业声望，将人群划分为七个等级：①高级领导干部和高级知识分子；②中层领导干部、各类企业高层管理人员和一些收入较高并具有社会影响力的专业人员；③专业技术人员、特殊行业（具有特权的部门或高经济效益的行业）的办事人员、农村地区领导干部、市民主党派负责人和私营企业老板；④较低层的专业技术人员、普通办事人员、收入较高并具有准白领职业特征的商业服务业员工以及企业工会主席和建筑队包工头；⑤农村专业技术人员、技术工人、具有一定技能专长的商业服务业员工、个体户或专业户以及较低层的办事人员或低层白领职业；⑥无须技术专长及劳作性的（体力或半体力性）工人、商业服务业员工、农业劳动者和小个体户；⑦三轮车夫、搬运工和保姆。

二、社会经济地位对行为的影响

社会经济地位的差异往往通过生活方式表现出来。索贝尔（Michael Sobel）认为生活方式是个人做出的一系列可见的行为选择。这些选择仅仅受个人的客观需要和财力、物质文化水平以及支配各种文化因素的政治经济准则的制约。我国学者张玉秀认为，生活方式有广义和狭义之分。广义的生活方式是指人们在一定社会条件制约和一定的价值观指导下形成的，满足自身需要的生活活动特征和其表现形式。狭义的生活方式是指人们的日常生活活动特征和其表现形式，主要包括工作（学习）活动、基本生理需要活动（睡眠、吃饭、洗漱等）、闲暇活动（社会交往、文化娱乐等）和其他生活活动（锻炼、喝酒、抽烟、就医等）。从上述定义可以看到，狭义的生活方式类似于健康相关行为。由于生活方式与健康关系密切，随着疾病谱的转变，对社会经济地位与健康生活方式的研究日益增多。随着人们健康意识的增加，各社会经济地位的人群也开始通过养成健康的行为、健康的生活方式来减少患病的可能，提高生活质量。

关于社会经济地位与健康促进/危害行为的关系有两种理论依据。

一是科克汉姆（Cockerham）提出的健康生活方式再生产理论，用以解释社会经济地位与健康危险行为之间的关系。该理论认为社会结构（主要是阶级机构、年龄、性别、种族/族群、集体、生活条件等）束缚了个体的生活机会，而社会化及个体经济影响了个体的生活选择，个体在生活机会和生活选择的相互作用下形成健康生活方式的行动倾向，形成生活方式。西方学者有大量研究支撑该理论，即社会经济地位同人们的健康危险行为存在负向相关关系。社会经济地位低者，产生健康危险行为的可能性高（生活方式更不健康）。社会经济地位高者，其生活方式往往比较健康或者具有预防性（表5-8）。

表5-8　不同社会经济地位人群的健康危险行为（男性，%）

		吸烟	大量饮酒	缺乏锻炼	不健康膳食
英国（N=1974）	管理人员	14	14	15	10
	技术人员	19	12	17	15
	办事人员	28	12	27	21
	合计	17	13	16	13
芬兰（N=783）	管理人员	20	11	17	19
	技术人员	20	5	20	22
	办事人员	45	5	28	27
	合计	23	6	20	22
日本（N=1181）	管理人员	43	31	15	—
	技术人员	44	21	24	—
	办事人员	42	22	24	—
	合计	43	22	23	

资料来源：EEROLAHELMA，TEALALLUKKA，MIKKOLAAKSONEN，et al. Social class differences in health behaviours among employees from Britain，Finland and Japan：The influence of psychosocial factors ［J］. Health & Place，2010（16）：61-70。

二是金素媛提出的生活方式转型理论。该理论认为，生活方式随着国家经济发展而转型，并且不同社会经济地位群体的转型模式不同，较高社会经济地位的成员更容易受到西方生活方式的影响。社会经济地位高的成员同样存在不健康的生活方式。譬如，像中国这样的发展中国家，在市场化经济转型过程中人们的膳食模式发生了明显变化，并受到西方生活方式的影响。在饮食行为方面，社会经济地位高的成员由于经济条件较好，那些售价较高但不健康的食品反而消费得更多。体育运动方面受现代工作方式影响，社会经济地位高的成员更多依赖电脑、互联网等工作，身体活动时间更少。王甫勤的研究显示，中国人群的生活方式呈现多元特征，分为健康型、混合型和风险型三类。社会经济地位高者由于在社会结构中处于优势地位，能够做出有利于自身健康的生活方式选择，但同时也受到西方生活方式的影响，其生活方式呈现出健康型和风险型两端分化的特征；而社会经济地位低者更多受到社会结构地位的束缚，其生活方式更倾向混合型。

三、社会经济地位对健康的影响

由于人群健康测量的多维性，在社会经济地位与健康研究中，健康变量具有多样性，包括特定健康问题，如超重、心血管疾病、意外伤害、传染病、精神疾病、伤残，也包括总体健康状况，如期望寿命、死亡率、自评健康、慢性病患病率等。

西方发达国家研究显示，社会经济地位与健康高度相关，社会经济地位与健康之间呈现梯度性，即社会经济地位越高，健康水平越高。资料显示，英国慢性病患病率不论男女皆以社会经济地位低者较高（Ⅰ为最高社会阶层，Ⅴ为最低社会阶层），每年人均患病天数亦以社会经济地位低的人为多（表5-9）。澳大利亚将社会阶层按照职业分为四层，各阶层居民的慢性病的年龄标化死亡率不同（表5-10）。我国大多数研究显示，社会经济地位与健康有密切关系，社会经济地位较高人群的健康状况较好（表5-11）。

表5-9　英格兰和威尔士不同社会阶层的患病指标

指标 \ 社会阶层		Ⅰ	Ⅱ	ⅢN	ⅢM	Ⅳ	Ⅴ
45~64岁慢性病患病率（%）	男	35	31	41	42	47	52
	女	32	36	40	41	49	46
每年人均患病天数	男	4	14	30	31	27	38
	女	22	23	28	27	33	39

表5-10　澳大利亚不同阶层15~64岁男性几种死因的标化死亡率（1/10万）

死因 \ 社会阶层	A（高）	B	C	D（低）
车祸	20.9	50.0	51.1	95.5
慢性肺疾病	14.8	23.9	27.0	42.0
冠心病	240.6	171.1	237.7	287.4
中风	55.5	66.9	54.8	69.7
肺癌	19.9	35.3	41.3	54.7
结肠癌	15.9	15.5	12.3	11.3

表5-11　我国不同社会阶层人群健康状况（N=18214）

社会阶层 \ 指标	两周患病率（%）	慢性病患病率（%）
国家与社会管理者阶层	5.8	15.4
经理人员阶层	6.3	14.1
私营企业主阶层	7.5	7.3
专业技术人员阶层	7.0	10.4
办事人员阶层	6.4	7.4
个体工商户阶层	7.5	9.8
商业服务业员工阶层	5.9	7.8
产业工人阶层	8.0	8.8

指标 社会阶层	两周患病率（%）	慢性病患病率（%）
农业劳动者阶层	13.1	17.0
离退休阶层	16.3	48.8
无业、失业、半失业阶层	19.2	32.9

数据来源：陈定湾，何凡．不同社会阶层的健康公平性分析［J］．中国农村卫生事业管理，2007，27（2）：88-89。

知识拓展

在一项关于中国居民社会经济地位与健康的关系研究中，社会经济地位采用收入、教育、职业地位三个指标综合测量，健康状况采用高血压患病率、四周患病率、吸烟、吃早餐及健康自评五个指标测量。研究结果显示，当控制住其他所有影响因素以后：①健康状况与收入的相关性并不显著；②受教育程度越高，职业地位越高，综合社会经济地位越高，吸烟率越低；③职业地位高者吃早餐率高；④受教育程度越高，综合社会经济地位越高，自评健康越好；⑤综合社会经济地位越高，高血压患病率越高；⑥农村居民健康状况与社会经济地位的关系较城市居民更强。

思考：（1）该研究对社会经济地位与健康关系研究中指标的选择有何提示？

（2）该研究显示农村居民对社会经济地位的依赖性更强，其可能的原因是什么？

社会经济地位对人群健康的作用机制主要包括四个方面：①物质或机构机制，主要是社会经济地位不同，则家庭环境条件不同，可获得的社会支持、卫生服务可及性、医疗服务质量不同，以及暴露于有害的生活和工作环境的机会不同，从而产生不同的健康影响；②生活方式机制，如前所述，社会经济地位与生活方式密切相关，特别是通过膳食结构、体育活动、吸烟、饮酒、卫生服务利用等健康相关行为产生影响；③社会心理机制，主要是通过压力、负面情绪、缺乏控制、负面期望、主观歧视等产生健康效用；④社区邻里环境与上述因素交互作用的机制，主要是社区的经济、就业、教育状况、安全等使人们获得的社区资源和社区支持有所差异。总体上，不同社会经济地位者之间产生健康差异的最重要原因在于社会经济地位影响一个人获得基本健康生活的机会。阶层越低的人群，越容易暴露于各种物理性、化学性、生物性危险因素及心理危险因素，越容易选择不良生活方式。这一系列因素的联合作用降低了社会经济地位低的人群的健康状况。

此外，社会经济地位对健康的影响具有累积效应，贯穿生命的全程。生命历程中的社会经济地位通常由童年社会经济地位和成年后社会经济地位组成。幼年时期的经历可能会对健康产生持续一生的作用。如社会经济地位与认知功能关系研究显示，生命早期是大脑发育的关键时期，由生命早期神经损伤造成的认知低效率会随着认知老化而逐渐加剧。父母的受教育程度对子女的受教育程度有重大影响，可以间接影响子女的认知功能。儿童时期的社会经济地位劣势限制了教育机会，而教育机会又限制了职业选择，从而对未来的收入产生不利影响，导致持续存在的不平等。因此，研究社会经济地位与健康的关系，不仅要关注目前的社会经济地位，还要追溯生命早期的社会经济地位对健康的影响。

总之，研究分析不同社会经济地位人群的健康差异、社会经济地位测量中各种因素与疾病间的关系以及其作用途径，有利于发现高危人群，提出有效的干预措施，为从根本上解决人群健康状况不公平性问题提供理论依据。

四、健康对社会经济地位的影响

健康对社会经济地位的作用主要表现在健康可能影响人们的社会流动过程，即健康状况较好的人获得向上流动的机会较大，而健康状况较差的人面临向下流动，导致不同社会经济地位人群之间的健康梯度扩大。克里斯·帕沃尔等对英格兰、威尔士和苏格兰1958年3月3日至9日出生的儿童同期群进行了三次追踪研究（分别在他们16岁、23岁和33岁时进行调查），研究发现健康（如身高或患病与否）直接或间接地影响着人们的代内流动，但是不同时期的健康状况对人们的流动影响有差异，那些23岁时健康状况较差的人有较大的概率向下流动。梅尔·巴特利等发现健康水平对体力劳动者影响明显。在失业率上升时期，有一定身体缺陷的人很难找到体力型职业，在失业率下降时期，他们的就业难度也不会降低。刘国恩的研究也显示，农村人口的健康经济收益高于城市人口，主要原因是农村劳动力依赖体力劳动，疾病对体力劳动者具有直接性和显著性影响。

总体而言，健康与社会经济地位关系研究更倾向社会经济地位对健康的影响，社会经济地位对健康的影响强于健康对社会经济地位的影响。

知识拓展

英国卫生与社会保障部1977年成立"健康不平等"研究委员会，由道格拉斯·布莱克爵士担任委员会主席。1980年《布莱克报告》在英国发表，该报告发现医疗保健服务覆盖率的提高并没有消除英国不同社会阶层之间的死亡率差异。该报告指出了四种解释健康不平等的基本观点：一是虚假相关论，认为人们的健康水平同他们的社会阶层并没有真正的相关关系，统计上出现的相关关系只是由测量的误差所导致；二是自然或社会选择论，认为人们的健康状况决定他们的阶层位置，因而不同阶层之间的健康梯度是自然而成的，这是健康选择论的早期版本；三是唯物主义或结构主义的解释，认为同阶层结构相关的生活条件是健康不平等的重要原因，这种观点发展成为后来的社会因果论；四是文化主义或行为主义的解释，认为健康不平等是由人们的健康风险行为引起的，如吸烟、不良饮食习惯、公共医疗卫生服务使用不当等，而这些行为在不同的社会群体间有明显的差异。对于这四种观点,《布莱克报告》指出不同阶层的健康水平差异主要缘于社会不平等。《布莱克报告》引发了各国学者研究健康的社会不平等问题的热潮。

第三节 经济发展与健康投资

人力资本是促进经济发展的重要因素。人力资本是通过投资形成的,体现为劳动者的体力、智力、知识、技能和劳动态度。良好的人力资本一方面通过教育人力资本投资而获得,另一方面通过健康人力资本投资而获得。米西肯(Mushkin)提出将健康作为人力的资本构成部分,他认为教育与健康是人力资本的孪生产物。从广义上讲,健康投资(Health Investment)是指人们为了获得良好的健康而消费的食品、闲暇时间和卫生服务等资源,其主要用于维持和提高一个人的力量速度、耐久力、精力和生命力。从狭义上讲,健康投资主要指为了提高健康水平,在医疗服务和健康保障方面所耗费的经济资源(陈宇等,1995)。健康投资是其他各种人力资本投资的重要前提,是社会经济发展的基础型投资。投资健康不仅能够减轻潜在疾病的经济负担,改善人群的健康水平,而且对促进经济发展、社会进步和国家安全至关重要。大量研究和实践已证实,只有将健康投入作为社会经济发展战略体系的组成部分,社会才能出现社会经济与健康的良性互动。因此,健康投资不仅仅是居民个人关注的事情,更是国家和社会应高度重视的事情。

一、健康投资的内涵和研究进展

(一)健康存量

在经济学上,对健康投资和经济发展的研究建立在一个基本概念之上,即健康存量。健康投资的目的就是增加健康存量。著名经济学家格罗斯曼(Grossman)认为健康是一种耐久资本,每个人在出生时都通过遗传获得一定的初始健康存量,健康存量随着年龄的增长而不断折旧,但同时也可以通过投资来维持或提高现有健康存量。健康存量是一个动态的积累过程,可以因为新的投入而增值,也可以由于使用而折旧、损耗和减少,存在倒"U"关系。健康人力资本是初始健康存量的一种延伸。舒尔茨认为每个人的健康状况是一种资本储备,即健康资本,它主要通过健康服务来发挥作用。健康之所以成为资本,是因为健康不是一次性消费品,不止持续一段时间,也不会马上贬值。作为投资品,健康增加了人们可以工作的时间,从而使人们获得收益。但健康也是消费品,健康被人们需要是因为它可以使人们感觉更舒适。

简而言之,健康存量即每个人在特定时刻的健康状况。健康的获得是健康投资的结果。健康需求者一方面从市场上购买健康,如医疗保健服务;另一方面,还需花费时间努力改进健康。

(二) 健康投资模式

健康投资分为生产性健康投资和福利性健康投资。生产性健康投资的主要特征:经济比较落后,经济活动以劳动力密集型为主;人口健康素质较低;健康投资少,卫生总费用占国民生产总值比例低于5%。此时健康投资的主要目的是提高人口的健康素质,延长人均工作寿命,增加劳动力数量和劳动时间。健康投资的分配以保护和发展劳动力人口为原则。健康投资具有明显的经济效益,是一种生产性投资。福利性健康投资的主要特征:经济发达,经济活动以技术密集型为主;人口健康素质高;健康投资大;健康投资不再是人力资本提高的主要形式和途径,人力资本的提高更多依赖科技文化素质的提高。健康投资的分配以社会公正和社会均衡为原则。健康投资具有明显的社会效益。

事实上,任何一个国家和地区,人口健康素质在地区间的分布都是不均衡的,劳动密集型和技术密集型的经济活动同时存在,两种健康投资也同时存在。

(三) 投资主体

人力资本是经济持续发展的重要推动力。健康是人力资本推动经济发展的基本保障。对于个人和家庭,健康是个人学习、工作等一切经济活动的基础;对于国家和社会,健康人力资本累积是社会经济发展的基础。所以,从健康投资主体角度看,健康人力资本投资可分为私人健康人力资本投资(简称私人健康投资)和公共健康人力资本投资(简称公共健康投资)。私人健康投资主要包括家庭营养保健支出、医疗卫生的私人支出部分、居住环境改善以及一切与健康相关的私人投资部分。个人既是消费者,又是投资者,健康正是投资所要的结果。但私人健康投资根据其投资目标的健康效应,可以分为正面投资和负面投资。前者为促进健康的投资,如医疗卫生保健、合理膳食、体育锻炼等;后者为不利于健康的投资,如烟草、酒类消费等。为提高健康水平,改善生存质量,提高自身竞争力,延长健康投资回报期限,获得更多的收益,需通过健康教育等措施鼓励个人和家庭增加正面投资,减少负面投资。公共健康投资主要包括医疗卫生设施建设和完善、公共卫生环境建设和维护、医疗工作者的薪酬支付以及居民医疗补贴等政府支出部分,也包括政府为私人医疗和健康投资提供的相关基础设施环境的投资。公共健康投资效益的大小,不仅可以反映政府对健康的重视程度,还可以一定程度上反映政府卫生工作的重点、走向和卫生政策的效果。公共健康投资、私人健康投资与经济增长之间存在长期均衡关系。公共健康投资对经济增长的贡献度高于私人健康投资。健康人力资本投资的产出收益存在一定滞后性,短时间内较难显现。相对于私人健康投资,公共健康投资对经济增长的效应可能需要长时间方能实现,但这种产出效应会维持更长时间。

(四) 健康投资研究的发展

人们对健康投资的重视始于健康与经济发展关系的研究。格罗斯曼(Grosman,

1972)通过将健康纳入人力资本理论框架，从微观角度建立健康需求模型考察健康人力资本存量的决定因素。巴罗（Barro，1996）建立了一个包括健康、教育、物质投资的三部门模型，并依次将健康当作私人物品和公共物品从宏观层面重点考察了健康人力资本对教育和物质资本的影响。穆斯肯（Muysken，1999）通过将健康积累方程引入拉姆齐模型中同样分析了健康人力资本对经济增长的宏观作用。佐恩（Zon）和穆斯肯将健康同时引入生产函数和效用函数，建立了一个扩展的卢卡斯（Lucas）内生增长模型，从而展开对健康人力资本与经济增长关系的研究。

伴随着健康投资与经济发展的关系研究的发展，健康投资的理念逐渐被接受，特别是国际组织的重视和重大国际会议的推广。1993年，世界银行发布了《世界发展报告——投资于健康》，该报告指出，"良好的健康状况可以提高个人的劳动生产率，提高各国的经济增长率"。1997年在雅加达召开的第四届健康促进国际会议提出要重视并增加健康发展的投资。2000年在墨西哥召开的第五届健康促进大会提出在21世纪六个健康促进的技术优先领域中将健康投资作为一种新的合作方式，并且推荐了一系列成功的健康投资方法和实践经验。2000年时任世界卫生组织总干事的布伦特兰（Brundtland）博士倡导成立了宏观经济与卫生专家委员会，该委员会撰写了《宏观经济与卫生——投资于卫生领域，促进经济发展》报告，阐述了卫生与宏观经济发展之间的关系、卫生在经济发展中的作用，以及如何通过健康投资促进经济可持续发展等问题，并为发展中国家落实"投资于健康的理念"提出了政策建议和行动计划。2013年《柳叶刀》"投资于健康"委员会发布了《全球健康2035：在一代人的时间内实现全球趋同》报告，该报告回顾了全球二十年间的重大变化和健康投资的经验教训，还详细说明了未来二十年中低收入国家急需解决的健康问题，并分析了健康促进的经济效益，希望以此引导卫生部门改善投资，以期在2035年获得巨大的健康收益。

二、健康投资效益分析

（一）健康效用函数和健康生产函数

在经济学上，人们将健康看作一种产品，这种产品的数量取决于先天的遗传和后天的健康投资。对个体而言，如同任何经济物品能够给人带来效用一样，健康也能够给人带来效用和幸福。如果通过健康投资使得人的健康得到改善或健康存量增加，则个体在今后的生活中获得收益。如同住房、汽车等家庭耐用消费品是通过其提供的服务流量带来效用一样，健康也被理解为一定健康存量所提供的健康服务流量。因此，从经济学的观点看，健康是一种耐用消费品。含健康变量的效用函数表达为：$U=U(X,H)$。该式中，H代表健康存量，X为其他产品。健康和效用之间的关系：$\frac{\delta U}{\delta H}>0$。该公式也显示，健康与其他产品之间也可能存在替代关系。经济学家富科斯认为："人类行为在某种意义上都是慢性自杀，人们都在牺牲自己的健康来换取别的方面的收益。"

在经济学上，生产函数反映了投入与产出之间的关系。对社会而言，一个社会整体生产函数可简化表达为：$Q = F（L，K）$。该式中，Q代表产量，L代表劳动生产要素，K代表资本生产要素。健康人力资本是劳动生产要素的重要组成部分，是劳动力要素的基础。为了获得更好的健康人力资本，需要对健康人力资本不断维护，即通过生产健康的方式来补充健康人力资本的消耗。格罗斯曼提出了健康生产函数的概念，其一般形式为：$H = F（M，LS，E，S）$。该式中，M代表医疗卫生服务，LS代表生活方式，E代表环境，S代表社会经济因素等，其中，医疗卫生服务是主要生产要素。该公式显示，要达到同样的健康产出水平，可以通过不同健康要素之间的替代降低生产健康的成本支出，即健康生产要素之间具有替代性。

（二）健康投资的经济效益

健康投资的直接收益用健康存量或健康人力资本来衡量。而健康存量可影响个体和群体的经济收益。健康投资的经济效益可从微观和宏观两个层面进行研究。在微观层面，健康投资可用医疗保健支出、食品消费支出、患病就医情况、居住饮食卫生等衡量；健康存量以个体健康水平变化为着眼点，一般通过工作时间损失、无病时间、生病时间、劳动生产率变化、自我健康评价、生命质量、身高、体重等指标来衡量；经济效益可用收入水平衡量。在宏观层面，健康投资可用卫生资源、政府卫生支出、医疗设施可及性、医疗需求满足度、水电和道路等基础设施来衡量；健康人力资本可用人群健康指标衡量，如出生率、死亡率、发病率、残疾率、平均期望寿命、年龄别死亡率、婴儿死亡率等指标，其中，平均期望寿命常常被作为反映健康投资经济效益的重要敏感指标；经济发展用GDP、人均GDP、人均GDP增长率、人均物质资本增长率等宏观经济指标衡量。健康投资对经济发展的研究显示：一方面，健康投资的增长会通过生产函数正向作用于经济；另一方面，健康投资因为提高了消费者的效用，会在经济增长过程中不断增加，当投资量达到一定水平时，由于对物资资本产生挤出效应，可能会抑制经济增长，即如果健康人力资本提高劳动生产力的效应超过它对物质资本的挤出效应，则健康人力资本的提高有利于促进经济增长，反之，则会抑制经济增长。

个人健康状况与收入增长关系密切。健康通过直接影响个人工作状态和间接影响教育回报率，进一步影响个人收入。刘国恩等分析了以家庭为基础的个人收入生产函数，发现个人健康是决定中国家庭人均收入的重要因素。农村人口健康经济回报比城市人口更大，女性比男性的健康经济回报更大。克罗珀（Cropper）研究发现，健康资本衰退的比率随着年龄的增长而加速，固定的人力资本存量在较高工资和比较危险的职业环境中替换。因此，在工资收入不高但不影响健康资本的环境中，工作也是一种健康投资。

很多研究已证明健康投资具有很高的经济价值。其作用机制除了本章第一节中所述相关内容，还包括：①健康投资影响人口规模与结构，从而改变国家人口数量和适龄劳动力与非劳动力的比例；②健康水平影响消费抉择，健康状况较好的个人可能获得更长寿命，从而倾向为退休储蓄或投资更多物质资本，间接影响经济中的投资水平。总体而言，健康通过影响劳动生产率、劳动力供给、人口、教育人力资本和储蓄等决定经济产出的重要因素，直接或间接地对经济增长产生短期或长期的影响。布卢姆（Bloom）利用跨国数据研究显示，平均期望寿命弹性系数在 0.04 左右，即平均期望寿命每增加 1 年，GDP 将增加 4%。巴尔加瓦（Bhargava）等研究显示，成人存活率提高 1%，将会使经济增长率提高 0.05%。杨建芳等利用 1985—2000 年中国 29 个省（直辖市、自治区）的经验数据，用受教育年限和死亡率倒数作为衡量教育资本和健康资本的指标，发现物质资本积累、教育资本积累和健康资本积累的贡献分别是 58.2%、12.1% 和 4.6%，人力资本存量和技术水平的总贡献为 39.9%。

与此同时，发达国家的经验研究表明，健康人力资本及健康投资对经济产出不存在长期效应，甚至可能有负效应。高收入国家可通过提高健康部门生产绩效，减少高额健康支出对经济增长的负效应；而中等收入国家应增加公共健康支出的绝对水平和相对水平，以促进国民健康和经济增长。

📖 知识拓展

私人健康投资和公共健康投资对经济增长的影响机制可能不同，在不同阶段的产出效率也可能存在差异。封岩等利用中国 1980—2012 年经济宏观时间序列数据研究发现，家庭健康支出比例在较低水平时对经济增长具有正向作用。随着该比例增长，家庭对物质资本的投资就会被挤占，当家庭因增加健康投资对经济增长的正向作用不足以抵消物质资本投资降低所带来的负向作用时，就会对经济产生不利影响。在中国现阶段的发展情况下，政府公共健康投资比例对经济增长始终存在正效应。要使经济增长达到最优，政府公共健康投资与私人健康投资各自的比重应该与两者对健康人力资本积累的贡献程度相符合。对家庭效用最大化和社会福利最大化下的政府最优公共健康投资比例进行比较后发现：当税率较高时，家庭效用最大化下政府投资比例小于社会福利最大化下的比例，此时，政府的健康投资能力充足，且投资效率也较高；当税率较低时，社会福利最大化的政府健康投资比例低于家庭效用最大化下的比例，此时家庭健康投资的效率更好，收益也更好。

（三）健康投资的社会效益

健康投资的意义不仅仅是经济的，同时会产生相应的社会效益。健康水平是衡量社会经济发展的指标，也是衡量一个国家发展状况的标志。健康投资满足人们对健康的基本需求，保障人们健康的基本权利，是一个社会应尽的责任和义务。健康投资有利于社会卫生状况改善，为人们提供了各种疾病防治手段和措施，能够促进经济发展，降低人们对疾病和死亡的恐惧，消除社会不稳定因素，有益于社会的和谐稳定。反之，如果健康状况持续恶化，不仅会带来沉重的疾病负担，也会破坏社会的互信与合作。例如，在艾滋病高发的国家和地区，疾病导致的人与人之间不信任已经成为社会稳定和发展的障碍。健康投资不仅有利于个人，也有利于他人和社会，是社会公共效益的投资。此外，健康投资，特别是在公共卫生领域的投资，其社会效益是社会上每个公民都能充分享有的，促进了社会资源的公平分配，在一定程度上促进了社会发展的公平性和合理性。

　　总之，国民健康既是经济发展的目的，也是经济发展的基础。增加健康投资，提高居民健康水平，有利于实现社会经济的可持续发展。投资健康就是投资经济发展，社会拥有健康就拥有财富。

（任晓晖）

第六章　社会文化因素对人的行为和健康的影响

从文化的历时性看，文化由人类创造并随着人类的进步而创新；从文化的共时性看，特定时期的人类在创造文化的同时，无论是个体还是群体都受到文化的制约。文化营造健康的生活和工作环境，文化影响人们对健康的认识，文化决定人们对健康行为的选择。世界卫生组织在第六次世界卫生大会报告中指出："一旦人们的生活水平超过起码的需求，有条件决定生活资料的使用方式，文化因素对健康的作用就越来越重要了。"

第一节　文化的概念、类型、功能及特点

一、文化的概念

文化（Culture）的概念比较抽象，所涉及的范围也比较大，人类对文化这个概念众说纷纭，因此很难给文化下一个确切的定义。在西方，文化最初被定义为人类制造的产物，英语和法语均为"Culture"，这个词来自拉丁文，原意是指对土地的耕耘和对植物的栽培。现代社会人们对文化的较为普遍的看法：文化是人类生活的反映、活动的记录和历史的沉积，是人们的高级精神生活。由于文化定义的范围极广，人们又将文化分为广义的文化和狭义的文化。广义的文化指人类在社会历史发展过程中所创造的物质财富和精神财富的总和，与文明相通。狭义的文化即精神文化，指人类精神财富的总和，包括思想意识、观念形态、宗教信仰、文学艺术、社会道德规范、法律、习俗、教育、科学技术和知识等。本章主要从狭义的文化概念出发，讨论文化对人的行为和健康的影响。

二、文化的类型

可按不同的标准将文化划分为不同的类型。以文化在社会中所处的地位来看，文化可分为主文化、亚文化、反文化、跨文化等。主文化包括以政权作为基础、侧重权力关系的主导文化；经社会发展长期造就的、强调占据文化整体的主要部分的主体文化；对

一个时期产生主要影响，代表主要趋势，表现为当前的思想潮流和社会生活风尚的主流文化。亚文化是相对于主文化而言的，它所包含的价值观和行为方式有别于主文化，在权力关系上为从属地位，在文化整体里占据次要地位。反文化是一种在性质上与主导文化极端矛盾的亚文化。跨文化是由文化背景的变化所形成的文化现象。以文化在社会中所起的作用来看，文化可分为智能文化、规范文化、思想文化等。智能文化包括生产知识和科学技术，规范文化包括社会制度、政治法律、伦理道德等，思想文化包括思想意识、观念形态、宗教信仰等。

三、文化的功能

人类由于共同生活的需要才创造出文化，文化在它所涵盖的范围内和不同的层面发挥着主要的作用。

（一）整合

文化的整合作用是指它对协调群体成员的行动所发挥的作用。社会群体中不同的成员都是独特的行动者，他们基于自己的需要，根据对情境的判断和理解采取行动。文化是他们之间沟通的中介，如果他们能够共享文化，那么他们就能够有效地沟通，消除隔阂，促成合作。

（二）导向

文化的导向作用是指文化可以为人们的行动提供方向和可供选择的方式。通过共享文化，行动者可以知道自己的何种行为在对方看来是适宜的、可以引起积极回应的，并倾向选择有效的行动。这就是文化对行为的导向作用。

（三）维持社会秩序

文化是人们以往共同生活经验的积累，是人们通过比较和选择，认为是合理并被普遍接受的东西。某种文化的形成和确立，意味着某种价值观和行为规范被认可和被遵从，这也意味着某种秩序的形成。而且只要这种文化在起作用，那么由这种文化所确立的社会秩序就会维持下去。这就是文化维持社会秩序的作用。

（四）传续

从世代的角度看，如果文化能向新的世代流传，即下一代也认同、共享上一代的文化，那么，文化就有了传续作用。

四、文化的特点

（一）习得性

文化并不经由生物遗传的机制形成，它是通过人们的后天习得过程而得到的。文化的习得就是文化的学习过程。人的观念、知识、技能、习惯、情操等都是后天学来的，是社会化的产物。

（二）共有性

文化是由某一特定的群体所共同拥有的概念、群体价值和行为模式等。文化与社会是密切相关的，没有社会就不会有文化，但在同一社会内部，文化也具有不一致性。例如，男性的文化和女性的文化就有不同。此外，不同的年龄、职业、阶级等人群也存在着亚文化的差异。

（三）适应性

文化的适应性指人们可以主动地使自己的文化与外界的自然环境和社会环境相互协调以获得文化生存与发展的机会。例如，饮酒是寒冷地区人们抵御严寒的一种手段。

（四）变迁性

在时间长河中，各种因素导致文化发生变化甚至消失。文化的构成总在随着人们适应社会生活方式的改变而发生某些变迁，只不过文化变迁的方法和速度不一样。大多数情况下，文化变迁比较缓慢，文化内部倾向保守，特别是在精神文化方面，人们更不愿意放弃旧的、熟悉的价值观和风俗习惯，而采纳自己不熟悉的、新的价值观和规范。

第二节　文化影响行为和健康的模式与特点

一、文化影响行为和健康的模式

不同类型的文化通过不同的途径影响人的行为和健康。就智能文化、规范文化、思想文化来看，其影响途径如图 6-1 所示。

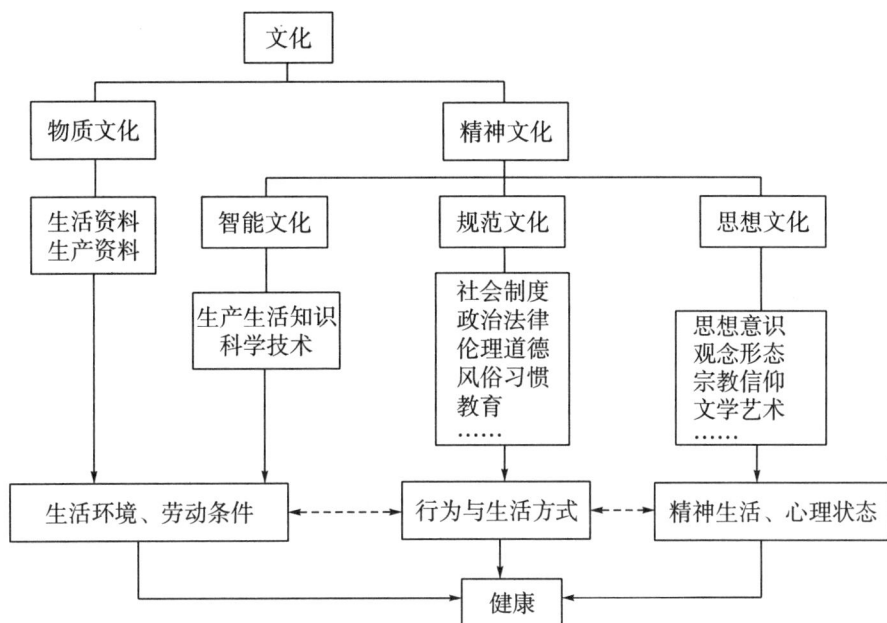

图 6-1　文化影响行为和健康的模式

　　智能文化包括生产生活知识、科学技术，主要通过影响人类的生活环境和劳动条件作用于人群健康。总的来看，随着人类智能的不断提高，科学技术不断发展，人类物质日益丰富，生活环境不断向有利于人类健康的方向变化。但科技的发展也可能对健康造成负面影响，比如环境的破坏，生活节奏的加快，人们作息方式、消费方式、娱乐方式的改变。

　　规范文化包括社会制度、政治法律、伦理道德、风俗习惯和教育等，它们通过影响人们的行为与生活方式，进而影响人群健康。无论是政治制度、道德标准，还是风俗习惯，都是有关人们行为的标准和规范。一些不良的道德规范和风俗习惯使人们采取有损自身健康的行为，从而造成人们生理上的自我损害。

　　思想文化包括思想意识、观念形态、宗教信仰、文学艺术等，主要通过干扰人们的心理过程和精神生活来影响人群健康。此外，个体的思想观念等不断地影响其需要和动机，从而影响行为。比如具有享乐主义思想的人群认为感官刺激的快乐是人生的目的，因此可能会采取物质享受和感官刺激的行为，比如吸毒、性乱等。

二、文化影响行为和健康的特点

（一）无形性

　　文化所包含的价值观念、理想信念、行为准则、思维方式、生活习惯等是以群体心理定势及氛围存在的，对人们的行为产生潜移默化的影响。这种影响无法度量和计算，具有无形性，却时刻都在发挥作用。文化对健康的促进体现在引导人们形成健康的行为生活方式，在日常生活习惯中改善健康状况，提高生命质量。

（二）本源性

从人们相似或相异的健康观、健康相关行为、对医疗卫生服务的认知程度和选择倾向等，都可以探寻到文化根源。

（三）稳定性

文化的传承性决定了文化的稳定性，在一代又一代人身上体现出相同或相似的生活习惯、价值观念、性格倾向、兴趣爱好、民风民俗等。文化积淀越深，稳定性越强。

（四）民族性

在评价文化因素对行为和健康的影响过程中，要充分考虑到文化的地区和民族差异。当人们从一个文化环境转入另一个文化环境时，由于对语言、生活习惯、思维方式等的变化不适应，可能引起身心健康的损害。

第三节　文化诸现象对人的行为和健康的影响

文化的特征决定了它对健康的影响具有广泛性和持久性。教育、风俗习惯等文化现象对行为和健康的影响涵盖整个人群，其广泛程度远远超过生物因素和自然因素。

一、社会制度对行为和健康的影响

社会价值观、社会规范体系、权威和地位结构、社会机构和设施是社会制度的基本要素。社会制度是在特定的社会活动领域中所创设和形成的整套持续而稳定的规范体系，是制约人们行动的重要结构框架。社会制度可以分为三个不同的层次。

（一）就整个社会形态或社会发展阶段而言的社会制度

这一层次的社会制度作为调节和规范人们社会行为的规则系统，调节和维护一个社会最基本的社会关系，如封建制度、资本主义制度、社会主义制度等。这是社会制度的最高层次，是决定不同社会经济形态的性质的各种具体社会制度的总和。这一层次的社会制度制约着社会行为的各方面，因此对人们的行为和健康有根本的影响。

（二）社会不同领域中的具体制度

社会不同领域中的具体制度有经济制度、教育制度、人事制度、医保制度等。这一层次的社会制度对人们的行为和健康也有深刻影响。例如，经济制度决定了社会财富在社会成员之间的分配，由此决定了社会成员是否拥有采取促进健康行为的所需资源，进而影响健康。

以医疗保险制度为例，进入21世纪后，中国医疗保险体系发展迅速，在短短几年的时间内实现了社会医疗保险制度对城乡各地区的全面覆盖。现行社会医疗保险制度对城乡居民、不同在业类型的人群设立不同的医疗保险，主要包括新型农村合作医疗保险（新农合）、城镇居民基本医疗保险和城镇职工医疗保险三大项目。与保险制度的具体设计相关，现阶段我国社会医疗保险制度内部存在较大的差异，包括保险范围、保费水平、起付线与封顶线、报销方式等，直接影响各地居民实际医疗保险资源的分布。在社会医疗保险资源总量仍相对有限的背景下，这些差异极有可能对各地居民的就医行为产生直接影响，进而影响其健康状况。

1. 医疗保险对个人医疗服务利用行为的影响

医疗保险具有疾病经济风险损失补偿的作用，可以为参保人分担医疗费用，使居民花更少的钱获得更多的医疗服务，从而促进个人对医疗服务的利用。由于不同医疗保障制度的保障水平不同，不同参保人群的医疗服务利用行为存在差异。如我国2013年第五次卫生服务调查结果显示，就两周患病医生指导治疗率而言，城镇职工医保人口为33.5%，明显高于城镇居民医保人口（19.4%）和新农合人口（16.4%）。城镇职工医保人口和城镇居民医保人口的两周患病未治疗率很低（分别为0.4%和0.6%），新农合人口该指标略高，为2.5%。在住院服务利用方面，城镇职工医保人口的住院人数占需住院人数的比例和住院率均高于城镇居民医保人口和新农合人口（表6-1）。

表6-1　三种医疗保险制度门诊服务利用和住院服务利用比较

医疗保险制度类型	两周患病医生指导治疗率（%）	两周患病未治疗率（%）	住院人数占需住院人数的比例（%）	住院率（%）
城镇职工医保	33.5	0.4	84.2	11.2
城镇居民医保	19.4	0.6	81.6	7.1
新农合	16.4	2.5	81.9	9.0

2. 医疗保险对居民健康水平的影响

有学者对有无医疗保险的居民健康水平进行了对比分析。Baker等通过控制人口、医疗技术、健康行为等因素，对有无参加医疗保险人群的健康状况进行了实验研究，得出与有医疗保险的人相比，未参保人健康水平下降的可能性高1.4倍，且51岁至61岁间被调查成年人健康状况的下降与未投保医疗保险有关，说明医疗保险尤其有利于保障中老年人的健康状况。吴联灿利用"中国健康和营养调查（CHNS）"数据考察了新农合对农民健康状况的影响，发现新农合使农民自评健康不佳比例下降，医疗保障制度对农民健康具有正向影响。此外，一些学者关注了医疗保险对死亡率的影响。Frank等认为医疗保险与死亡率有很大关系，通过调查发现5年后乳腺癌患者中参保者的存活率比未参保者高1倍，在17年后，参保者的死亡率比未参保者低1倍。以上这些研究都体现出医疗保险对居民健康存在正向影响。

（三）就某一特定社会活动而言的社会制度

就某一特定社会活动而言的社会制度有作息制度、清洁制度、安全制度、交通制度等。这一层次的制度对人们的健康相关行为有具体的影响，也是社会用以控制社会成员健康相关行为的主要工具之一。例如，学校的作息制度、清洁制度等直接约束着学生的健康相关行为，工厂的安全制度直接约束着劳动者在操作场所的健康相关行为。

二、教育对行为和健康的影响

广义的教育指一切增进人们知识技能、身体健康以及形成和改变人们思想意识的活动，即人们社会化的过程和手段；狭义的教育指学校教育。从根本上讲，教育的基本职能可以归纳为二：一是传授知识和技能，二是传播思想意识和社会行为规范。其目的都是把个人转变为社会中合格的一员，即社会化。

国内外很多研究显示，受教育程度与健康状况之间存在强相关关系。受教育程度越高，死亡率越低，期望寿命越长，出现疾病和伤残的可能性越小。在全球范围内，不同区域人群的受教育水平和健康水平存在显著差异，而且受教育水平与健康水平呈正相关（表6-2）。

表6-2　2013年全球不同区域人群的受教育水平和健康水平

区域	成人识字率* （%）	平均期望寿命 （年）	新生儿死亡率 （‰）
非洲	64	58	30.5
美洲	94	77	7.6
东南亚	70	68	25.9
欧洲	99	76	6.1
东地中海	69	68	25.8
西太平洋	94	76	8.4

资料来源：世界卫生组织.2015年世界卫生统计，https://www.who.int/gho/publications/world_health_statistics/2015/en/。

* 为2007—2012年统计数据。

教育对健康的作用过程十分复杂，可通过影响行为进而影响健康，比如影响生活习惯、求医行为等，也可通过其他途径影响健康，比如影响就业机会及收入等。大致来看，教育对健康的作用主要通过以下途径实现。

（一）教育影响人们生活方式的选择

社会学家认为生活方式是人们在一定的社会条件制约下和在一定的价值观指导下所

形成的满足自身需要的生活活动形式和行为特征的总和。公共基础教育的目的是使学生掌握基础知识技能和实现初步社会化，随着学生价值观逐步形成，其学习生活方式、交往生活方式、闲暇生活方式、消费生活方式和家庭生活方式逐步确立。这些生活方式有促进健康的，也有危害健康的。教育程度较高者，由于获取信息的渠道更多，相比较而言，获取健康知识的能力更强，更容易采取促进健康的行为。一个人受教育的程度越高，其理性化也越高，可能更偏重生活、工作条件的改善及精神生活的丰富，把闲暇时间作为增长知识的机会，能采用比较健康合理的方式安排生活。以 2012 年甘肃省 15～69 岁城乡男性居民吸烟率调查为例，文化程度较低者吸烟的比例更高（表 6-3）。

表 6-3 2012 年甘肃省 15～69 岁城乡男性居民吸烟率调查（%）

文化程度	城市男性居民吸烟率	农村男性居民吸烟率	合计
小学及以下	63.0	72.6	71.2
初中	62.7	60.4	61.0
高中或中专	59.4	51.9	55.0
大专及以上	51.0	49.1	50.5

资料来源：康国荣，鲁培俊，钱国宏等. 甘肃省 15～69 岁城乡居民烟草流行状况研究［J］. 中国健康教育，2015（10）：919-924。

（二）教育影响人们对卫生服务的利用行为

实现卫生服务利用的前提是卫生服务需要转换为需求。在这个过程中，除了经济支付能力外，个体的健康保健意识非常重要。教育可以有效引导人们将健康需要转化为需求。当受教育程度较高的个体接收到相关的卫生服务信息，意识到自身患病并需要卫生服务的时候，往往会积极主动地寻求卫生服务，恢复和提高自身健康水平。例如，我国 2010—2012 年营养与健康状况监测居民体检状况结果显示，随着教育程度的升高，居民参加健康体检的比例逐渐增加。文盲或小学学历的居民参加健康体检的比例最低，为 23.1%，拥有大专及以上学历的居民参加健康体检的比例最高，为 64.2%（表 6-4）。

表 6-4 中国 2010—2012 年 15 岁及以上不同教育程度居民健康体检状况

教育程度	调查人数	体检率（%）	每年≥1 次（%）	每 2 年 1 次（%）	每 3 年 1 次（%）
文盲或小学	57046	23.1	13.7	3.8	5.6
初中或高中	75411	32.4	20.7	4.5	7.2
大专及以上	11717	64.2	47.0	7.8	9.4

资料来源：宫伟彦，冯甘雨，袁帆等. 中国 2010—2012 年≥15 岁居民体检状况分析［J］. 中国公共卫生，2018，34（5）：660-664。

（三）教育影响人们的就业机会及收入

个体受教育或社会化的程度不同，社会财富及支付能力也不同。在知识经济时代，受教育程度与收入成正比是社会发展的趋势。2000年美国人口普查局在对教育程度与收入情况经过统计后预测，在人的一生中（按工作40年计算），一个大学毕业生的总收入会比一个高中毕业生高出近百万美元。高中毕业生一生的收入约为120万美元，大学毕业生一生的收入约为210万美元，硕士毕业生一生的收入约为250万美元，博士毕业生一生的收入约为340万美元。此外，教育程度还与失业率密切相关。2008年，美国高中学历以下人的失业率为9%，高中学历为5.7%，本科学历为2.8%，硕士学历为2.4%，博士学历为2%。总之，个体受教育程度越高，其工作能力越强，获得就业的机会和劳动收入越多，利用社会资源的能力越强，从而可以在生活中更多更好地获得健康信息和服务，争取更高水平的健康。

三、思想意识对行为和健康的影响

思想意识是人们对客观世界的认知带有相对固定性的理性化产物，常以观念、观点等形式出现，其核心是指导人的言行，包括人生观、价值观等。思想意识与个体的行为和健康有着密切的关系，其作用机制在于通过认知过程作用于人体的意识倾向，进而影响其需要、动机和行为，最终影响其健康状况。

个体思想意识的形成一方面基于生活经历和实践，另一方面受社会观念的影响，因此思想意识具有个别性和社会倾向性，某种思想意识引起的健康相关行为及对健康的影响也表现出个别性和社会倾向性。一个有着正确的积极向上的思想观念和意识的人，必定倾向选择促进健康的行为并身体力行。相反，一个有着颓废消极的思想观念和意识的人，会倾向选择危害健康的行为，进而损害身心健康。比如具有享乐主义的人容易追求感官刺激和物质享受的行为，从而造成性传播疾病的流行和社会结构的畸变，给行为者自身和他人的身心健康带来沉重打击。极端利己主义和虚无主义的人，他们以自我为中心，自我封闭，缺乏正确的自我意识和有效的社会支持，容易在受到挫折时精神崩溃、绝望和丧失理智，从而选择自杀行为。

如果社会思想意识出现问题甚至出现畸形现象，其社会成员必定大量存在危害健康的行为。如18世纪时，欧洲人有一段时间以得肺结核为时尚，肺结核被喻为一种浪漫病——文雅、精致、敏感和富有创造力的标志。在他们的审美观中，肺结核所导致的身体消瘦使人显得颀长而苗条，脸色苍白，以不时出现红晕为佳。不光女性，就连一些绅士也争先恐后地染上这种疾病。20世纪80年代初在北美出现的艾滋病流行即与当时美国推崇的"性解放"社会思潮有关。可见，社会思想意识与社会成员的健康相关行为有密切关系。因此，为促进人群健康，应该在传播健康信息和行为干预的过程中，提倡进步、乐观的思想意识，促进良好的社会风尚形成。

四、宗教对行为和健康的影响

宗教是人类处于自然压迫和社会压迫条件下产生和发展起来的信仰体系和实践体系，它以对超自然存在的信仰为根本特征，是支配人们日常生活的自然力量和社会力量在人们头脑中的主观反映，是以神的崇拜和神的旨意为核心的信仰和行为准则的总和。宗教伦理及教义以观念意识注入思想，影响人的心理过程及行为。宗教对行为和健康的影响是多方面的。

（一）宗教信仰影响人们的价值观

每一种宗教的教义都有自己所宣扬的思想，比如基督教认为世人皆有罪，人生来是为了悔罪赎罪，自杀是对赎清罪过的叛逆，为"主"所不容，因而在客观上有助于避免自杀行为的发生。佛教宣扬"普度众生"，教导"救人一命，胜造七级浮屠"，体现了强烈的普善、利他与尊重生命的特征。一些邪教组织宣扬邪恶与反动思想，如太阳神殿教宣扬"世界末日和灵魂升天"之说，从 1994 年到 1997 年先后在瑞士、法国和加拿大策划并组织信徒集体自杀，共造成 74 名信徒死亡。

（二）宗教信仰具有心理调节和精神寄托作用

当一个人在社会实践与生活中不能实现各种人生需要时，就会感到自己处于一种被动地位，由此产生一种心理上的相对不平衡感，甚至引起心灵上的痛苦，宗教信仰则能为人们提供安抚这种心灵痛苦的镇静剂。各种宗教信仰通过对世俗价值的贬抑和对神圣价值的推崇来缓解人们对世俗功利的执着，从而达到心理调节的目的。一些信徒能够比较从容地接受严重疾病的打击，较能承受疾病带来的精神压力，因此有利于康复。但某些患者可能信神而不信医，从而影响治疗。

（三）宗教对人们行为的引导和制约

宗教通过教规、教令等来影响信徒的行为。教规是教徒的行为规范和行动导向，具有明显的强制性，教徒对教规的执行具有高度的自觉性。由于宗教大多有教化人们修身养性、除恶从善的宗旨，因此宗教的某些教令有助于人们消除不良行为，如佛教戒杀、戒淫、戒酒的戒条，对调节民众的行为起到积极作用。但教徒的盲目信仰也会带来严重危害。

五、风俗对行为和健康的影响

风俗是特定区域的特定人群在长期日常生活中自然形成的、历代沿袭与传承的习惯性行为模式，是一种普遍的行为规范。其对行为和健康的影响是潜移默化的，然而却又是很强大的。风俗具有四个特征。

（一）广泛性

风俗与人的生活广泛联系，贯穿人们的衣、食、住、行各个方面，表现在人的一举一动中，因此是与行为和健康联系最为密切的行为规范。

（二）地域性

风俗习惯属于传统文化，属于地区性亚文化范畴，不同的地区和民族具有不同的习俗。所谓"百里不同风，千里不同俗"，恰当地反映了风俗因地而异的特点。

（三）约束性

虽然风俗对人们行为的控制是一种"软控制"，没有法规制度的明确强制性，但风俗对人们的日常行为却有强大约束力。个体的社会化一般是从"入俗"开始的，风俗为每个准备成为社会成员的人提供了最基本的行为模式。个体在社会化过程中从俗，一是可获得生活乐趣，二是能得到周围人们的接纳，即一定程度的社会认同。否则，将会受到该地人群的排斥。

（四）稳定性

风俗形成以后，便成为人们的"老规矩"，即使形成某个风俗的社会发生了变化，这一风俗也往往会长期存在下去，流传多年而很少变化。风俗世代传承，这种传承必定与人们的某种社会生产活动或某种心理需要相适应，所以有顽强的生命力。

由于风俗是人们在千百年的生活实践中逐渐形成的，因此包含了许多有利于健康的成分。如我国人民长期以来遵从的优良习俗："黎明即起，洒扫庭除，要内外整洁""器具质而洁，瓦缶胜金玉，饮食约而精，园蔬逾珍馐"，以及端午挂艾叶、重阳登高、春节前清扫房屋等。

风俗中有部分内容因时代的局限，会对行为和健康产生负面影响。例如，缅甸巴洞地区女子以长颈为美，为了延长颈部，他们在颈部戴上铜环，有时颈环长达 0.305 米（1 英尺）、重三十磅，结果造成颈部肌肉萎缩、声带变形、锁骨和胸骨下压，影响呼吸功能。我国封建时期崇尚妇女小脚，经人为的致畸所造成的三寸金莲，却是以我国妇女的健康为代价的。

六、道德对行为和健康的影响

道德是一种社会意识形态，指以善恶和荣辱评价的方式调整人与人、个人与社会之间相互关系的标准、原则和规范的总和，也指那些与此相应的行为、活动。作为一种在实际生活中根据人们的需求而逐步形成的具有普遍约束力的行为规范，它具有良好的群众基础，往往流传较为广泛，人们对此形成共识。道德依靠社会舆论、传统习惯和内心信念来调整人们之间的关系。道德舆论将一定的社会行为准则推荐给社会成员，经过个体的认知过程，在其内心树立起某种初步的道德信念，逐步使其道德认识进一步深化，并通过舆论的褒扬、贬抑和谴责而产生恶作用力，控制和影响着个人的需要、动机和行为。遵守这些准则，便称为善，就会受到舆论的赞许或使个人感到心安理得；否则，便称为恶，就会受到周围人的谴责或使个人感到内疚而力求改正。善与恶是评价人们道德行为的基本概念。从伦理学的意义上说，所谓善，是指人们的某一行为或事件符合一定社会或阶级的道德原则和道德规范的要求；所谓恶，是指人们的某一行为或事件违背了一定社会或阶级的道德原则和道德规范的要求。善恶是具体的，没有超阶级的、永恒不变的善恶标准。各个时代、各个阶级的善恶标准各不相同，从根本上说，这是由不同社会、不同阶级的利益所决定的。如"三从四德"是一种中国古代女性的道德规范，但随着历史的变迁、社会的解放，该道德观无疑是男尊女卑的父权制社会对女性权利的打压。

道德是一种心灵的契约，是靠舆论提高人们的道德觉悟和培养道德行为习惯来实现的，主要靠人们自觉遵守，所以约束力比法律弱很多。但是社会生活错综复杂，人与人之间的关系也是多层次的，面对以善恶、是非、荣辱等道德观念来评价的社会生活，法律往往是无能为力的。相比于风俗习惯，道德行为更多的是经过道德行为主体自身的思考、判断、选择，最终自我决定的有意识的行为。可见，道德对行为的调节范围比法规制度更广，其作用比风俗习惯更强。因此道德对人们的行为和健康有极大的影响。随地吐痰、随手丢弃垃圾、公共场所吸烟等不道德行为，危害他人健康，通常会受到旁人的批评和谴责。

（刘祥）

第七章　社会行为与健康调查研究

影响人类健康的主要因素不单有生物因素，还有社会因素以及个人的行为和生活方式等。而人作为社会的一员，其行为受到社会经济、文化等诸多因素的影响。为了获得关于人们社会和行为等方面的真实可信的资料，很多学者借鉴了社会科学调查研究方法，以探讨人的行为与疾病和健康的关系。随着社会发展和科技进步，调查研究方法不断完善，程序也更加标准。

第一节　调查研究概述

一、调查研究的概念和基本要素

调查研究（Survey Study）是社会科学研究常用的方法，指在某一特定现场的人群中，采用一定的工具和手段系统地、直接地收集研究所需资料的过程。早期的调查研究多以大规模的行政统计调查为主，如古代的中国和埃及以征兵和征税为目的所进行的人口统计调查。19 世纪至 20 世纪初，调查研究的关注对象逐渐转移到贫困、犯罪等社会问题上来。20 世纪二三十年代以来，调查研究在原有基础上又进一步向民意调查、市场调查和研究性调查等领域渗透。社会行为与健康调查研究（Survey Study of Social Behavior and Health）是指在系统地、直接地收集健康相关的社会、行为等资料的基础上，通过对资料的分析和综合，探讨和认识社会行为与健康的问题及其规律性的医学社会科学研究方法。

调查研究的主要特点是所要研究的问题及因素是客观存在的，不进行人为干预。研究者只是被动地观察和如实地记录研究对象的客观情况。调查研究以现场调查、观察等方法作为收集资料的主要手段。调查研究的方法有多种，可以从不同的角度进行分类。从调查研究所获得资料信息的广泛性、深入性及表达方法等划分，调查研究可以分为定性研究和定量研究；从调查的目的划分，调查研究可以分为现况调查、病因学研究等；从调查事件的时间序列划分，调查研究可以分为回顾性调查和前瞻性调查；从具体收集资料的方法划分，调查研究可以分为面对面问卷调查法、观察法、信访法、深入访谈法等；从调查的范围划分，调查研究可以分为全面调查和非全面调查，非全面调查又分为典型调查和抽样调查。调查目的不同，采用的调查方法不同。

社会行为与健康调查研究的对象是人，调查的目的是说明健康与社会、行为等因素之间的相关性及其作用规律。调查研究最主要的三个基本要素是抽样、问题设计和访谈。

（一）抽样

1. 抽样的概念和意义

全面调查亦称普查（Overall Survey），就是将组成总体的所有个体全部加以调查，如我国的人口普查（Census）。理论上只有普查才能获取完整的信息，没有抽样误差。然而，大多数研究都不可能或者没有必要采取这种方式。抽样（Sampling）是指根据调查目的和任务要求，从研究总体的全部观察单位中抽取一部分样本人群，并通过样本人群信息推断总体的特征。例如研究某市中老年人群的体育锻炼情况，由于全市中老年人数量巨大，不可能对每一位都进行调查，只能在全市中老年人总体中按照一定的方式抽取部分个体进行体育锻炼的询问和调查，然后根据研究结果推断全市中老年人群的体育锻炼情况。抽样调查是一种非全面调查，比普查涉及的样本量小，因而节省不少人力、财力和时间；此外，也有许多社会、行为学问题只能做抽样调查，如吸毒人群的美沙酮替代疗法疗效观察。

2. 抽样的类型和样本量

在实际工作中，选取样本的方法通常有两类：概率抽样和非概率抽样。概率抽样（Probability Sampling）也称为随机抽样（Random Sampling），是按照概率论和数理统计的原理，研究者以随机化原则抽取样本。研究总体中的每一个个体被抽中的概率是已知的，研究者可以抽取不同年龄、不同层次的调查对象，获得更多信息，样本调查结果可以推断总体。常用的概率抽样方法有单纯随机抽样、分层抽样、系统抽样、整群抽样等（具体的概率抽样方法和样本量估计方法可以参考相关卫生统计学教材）。然而，针对社会行为相关的研究可能经常遇到无法选择概率样本的情形，譬如要研究无家可归者或是酒精成瘾者，并没有一份所要研究的对象的总体名单，即不知道总体大小或范围，在这种情形下就需要采用非概率抽样方法。非概率抽样方法（Non-probability Sampling）不遵循随机化原则，研究者以自己的方便或主观愿望任意选择研究对象，这类抽样一般不能用样本推论总体，不能估计抽样误差的大小。但是非概率抽样方法简便易行、花费小，能及时得到有用的资料，没有概率抽样统计上的复杂性。因此，如果不将研究结果外推到样本范围以外，或者仅仅是大规模研究之前的预试验，非概率抽样方法是适用的。常用的非概率抽样方法有方便抽样、定额抽样、立意抽样、雪球抽样等。非概率抽样方法主要应用于质性研究，在选择样本时，往往考虑的是抽取的样本是否能够为研究问题提供最大的信息量。因此，非概率抽样的样本量是不确定的，以获得的信息量达到饱和为止。

（二）问题设计

用问题作为测量手段是调查研究的一个基本特点。无论是定性研究还是定量研究，问题设计都是开展研究的一个重要环节。问题必须与研究目的相关，同时，每一个问题的措辞造句都应客观、易于理解。

根据问题测量的内容，可以将问题分为特征问题、行为问题和态度问题三类。①特征问题主要用以测量被调查者的基本情况，如年龄、性别、职业、文化程度、婚姻状况等。②行为问题主要用以测量被调查者过去发生的或正在进行的某些行为和事件，如吸烟、饮酒、患病、就医等。特征问题与行为问题统称为事实问题，它们是有关被调查者的客观事实。③态度问题主要用以测量被调查者对某一事物的看法、认识、意愿等主观因素。了解社会现象的目的不仅是描述它，更重要的是解释和说明这一社会现象产生的原因。态度问题是揭示某现象产生的直接原因和社会历史原因的关键一环。由于态度问题往往涉及个人内心深处的东西，而任何人都具有一种本能的自我防卫心理，难吐真言，甚至不愿发表意见，所以在调查中了解态度问题比了解事实问题困难得多。

根据是否对问题提供被选答案，问题也可以分为开放式问题和封闭式问题两种。不提供任何答案的问题称为开放式问题。定性调查的访谈提纲就是由一系列开放式问题组成，有时问卷调查中涉及看法、建议等内容，也可在问卷结尾采用开放式问题收集相关资料。提供了被选答案的问题称为封闭式问题，主要适用于定量调查。较之开放式问题，封闭式问题容易回答，节省时间，文化程度较低的被调查者也能完成，被调查者比较乐于接受这种方式，因而应答率较高，对于一些敏感问题，如经济收入，采用一系列不同等级的答案供回答者选择，往往比直接用开放式问题更能获得相对真实的回答。然而封闭式问题设计难度较大，一旦设计有缺陷，如答案不能穷尽，就可能影响调查质量；同时，由于被调查者回答问题有限制，无法回答其他真实的想法，也不便对问题做深入了解。因此，在问题设计时采用开放式问题还是封闭式问题，应根据调查目的以及它们各自的优缺点确定。

（三）访谈

访谈（Interview）是通过有目的的谈话来收集资料的一种有效方法。根据不同的分类标准，访谈可分为不同的类型。

根据访谈过程的控制程度分类，访谈可分为结构式访谈与非结构式访谈。结构式访谈是指按照事先设计的、具有固定结构的统一问卷进行访谈，访谈的问题和顺序以及记录方式都是标准化的，属于定量研究的范畴。与结构式访谈相比，非结构式访谈并不依据事先设计的问卷、顺序和格式，访谈者与访谈对象围绕访谈的主题进行较为自由的交谈。在非结构式访谈中，访谈者能够通过深入细致的交谈获得较为生动的定性资料，并通过访谈者的归纳分析得出结论，属于定性研究的范畴。

根据访谈过程中访谈者与访谈对象的交流方式分类，访谈可以分为直接访谈和间接访谈。直接访谈主要指访谈者与访谈对象进行面对面交谈的访谈方式。直接访谈可以是定性调查的深入访谈，主要通过提问、追问和复述等方式了解所研究问题的详细信息，属于非结构式访谈的范畴；直接访谈也可以是定量研究的结构式访谈，主要通过事先设计好的问卷进行面对面访谈。间接访谈主要指访谈者通过打电话的方式与访谈对象进行联系，并在电话中对访谈对象进行访谈的方法。随着社会的发展，尤其是家庭电话和手机的普及，电话访谈的使用越来越广泛。电话访谈一般适用于调查目的单一、问题简单、短时间内即可完成的调查。

此外，根据访谈对象的人数和交流方式，访谈还可以分为个别深入访谈和集体访谈。个别深入访谈通常只有一名访谈者和一名访谈对象。由于访谈对象唯一，交流的话题会更深入，交流的气氛也更为轻松。集体访谈是将若干访谈对象集中并就研究问题进行讨论的一种访谈方式，更有利于集中意见和建议。

二、调查研究的步骤

调查研究是对实际问题进行调查、研究和解答的全过程，包括以下几个步骤。

（一）确定调查目的和调查内容

开展调查研究的第一步是明确调查目的。调查可用于描述性、解释性或探索性的研究。描述就是对社会现象或事物的状况、过程和特征进行客观说明，做出"是什么"的回答。尤其是对陌生的事物，首要的工作就是通过细致的描述从而获得系统的认识和了解。描述也是进一步分析研究的基础。解释的目的在于对研究对象的过程、原因等做出分析，即解释"为什么"的问题。探索性研究是对研究对象未来发展状态的推测，是建立在描述和解释基础上的研究活动，只有对事物的现状、发展变化规律及其因果关系有了比较明确的认识，才能对其未来的状况做出正确的预测。我们可以将社会行为与健康调查研究目的的确定看作一个过程，这一过程就是对研究目的的确定和调查研究目的的具体化，并围绕调查目的进一步明确调查内容。

（二）确定调查的总体和抽样方法

在设计调查研究的时候，对调查总体应明确界定。根据调查目的，划定调查总体的同质范围，给调查总体一个明确的执行定义，使其具有可操作性。界定总体应在具体抽样前，先对研究总体的范围和界限作明确的界定。如果忽略了选择总体的社会依据和总体特征，即使抽样时采用随机的方法，抽取的样本也很有可能不具有代表性。总体范围明确界定后，依据调查目的，再考虑选择合适的抽样方法。应注意，不管是概率抽样还是非概率抽样，关键应考虑样本的代表性。样本的代表性越高，其结果的普遍性就越大；反之，如果样本缺乏代表性，则显示研究失败。许多学者也认为，即使是严格遵循随机性原则的一些实验研究，其结果也并不能被无限推广。推广需要考虑总体的范围，同时要详细说明相关的限制条件，应该谨慎地说明相关推论的解释力，并明确其有限性。

（三）制定调查工具和确定具体的调查方法

常见的用于收集资料的调查工具是问卷。问卷是由一系列与调查目的有关的问题组成的问题表格，用来收集和评价个人的态度、信念、行为和个体特性等信息。要制定一份调查问卷，首先要开展文献工作和预调查。只有熟悉和了解一些基本情况，才能对问卷设计问题的提问方法和可能得到的回答有初步的认识。问卷的设计除了要考虑问题和答案，还必须考虑问题的排列、问卷的信效度等。由于各种调查研究的具体调查目的和调查内容不同，所以调查方法也随之各异。本章第二节将详述常用的调查研究方法。

（四）调查的准备和实施

在实施调查之前，应组建相关的组织队伍或者确定相关人员的工作职责。负责资料收集的人员（调查人员）必须经过规范的调查培训，为了保证资料收集的可靠性和准确性，培训的内容一般包括调查目的和主要内容、资料收集方法、调查指标的含义与填写说明、调查技术与询问技巧，以及针对调查可能出现的问题找出解决的办法等。督导或质量控制人员也是必不可少的。其主要的职责是负责整个调查过程的工作质量，发现问题并及时纠正。调查实施阶段是整个调查研究最关键的环节，它直接影响研究的质量和效率。问卷调查一般是短期的，由调查者分发和回收问卷，而参与观察则是长期的，研究者和调查者需要生活在所调查的地区或单位，长期观察和访问。

（五）数据的整理和分析

资料收集工作完成以后，还应对资料进行整理。资料整理就是对收集到的原始资料进行检查、分类和简化，使之系统化、条理化，为进一步分析提供条件的过程。调查资料的分析必须根据研究目的和资料本身的特点选择适当的统计分析方法。调查研究资料的整理与分析详见本章第三节。

第二节　常用的调查研究方法

一、定性研究

定性研究（Qualitative Research）也称为质性研究，是指在自然情境下，从整体的角度深入探讨和阐述被研究事物的特点及其发生发展规律，从而揭示事物内在本质的一类研究方法。收集这类资料的调查称为定性调查。定性研究强调研究者必须在自然情境中通过与研究对象之间密切的互动，运用一种或者多种资料收集方法，获得人们的想法、感受等较深层次的信息，主要了解目标人群的态度、信念、动机、行为等相关信息。定性研究关注事物发展的过程，可以指明事物发展的方向和趋势，从而得到有关新事物的概念，有时候也用于解释由定量研究所得的结果，但无法获得关于事物规模的量的认识，通常采用非概率抽样方法选择研究人群，调查对象数量较少，主要针对少数特殊人群，因而研究结果很难外推到其他人群。定性研究常用的方法包括观察、深入访谈、专题小组讨论、选题小组讨论，以及近年来常用于建立评价指标体系的德尔菲法等。

（一）观察

1. 观察的概念

观察（Observation）是人们日常生活中的一种基本活动方式，通常是无意识的、无计划的。而作为科学研究手段的观察与日常生活观察具有很大的区别。科学研究的观察指带有明确的研究目的或方向，用自己的感官和辅助工具，有计划、系统地收集信息，是收集非言语行为资料的主要技术。从观察者的角色看，观察可以分为非参与性观察（Non-participant Observation）（也称为局外观察）和参与性观察（Participant Observation）两种。所谓非参与性观察，指研究者不参与研究对象的群组活动，仅仅是一个旁观者，研究者可以保持一定距离对研究对象进行相对客观的观察，操作较为简单，因此常用以了解研究对象的基本情况以形成研究问题或研究假设。而在参与性观察中，研究者要深入观察社区的日常生活中，将自己视为社区成员之一，通过仔细体验和观察，获取第一手的资料。

2. 观察的步骤

（1）观察准备阶段：首先，明确观察目的，理解和把握研究问题的性质和内容。其次，制订观察计划，包括确定观察内容，即观察谁、观察什么、观察时间、观察地点等；列出具体的观察方法，是参与性观察还是非参与性观察；选择观察工具和记录方式；预估观察中可能遇到的问题，并做相应预案。最后，做好相关的物质准备，培训观察员等。

（2）实施观察：首先是现场进入，尤其是参与性观察，如何巧妙、合理地进入现场，让研究对象接受观察员的介入至关重要。如果不被研究对象接纳，很难开展进一步的观察。进入现场后就可以按照预先的计划开展观察并记录观察结果。观察结束离开现场前应该对研究对象致谢。

（3）观察资料的整理和分析：整理和分析观察记录，进行统计处理，得到观察结论，提出相应的解释和说明，并在此基础上形成观察报告。

由于采用的具体观察方法不同，上述步骤并不完全相同。需注意的是，在整个过程中都要尽可能减少来自观察计划、观察员、资料整理者的偏差，以确保观察资料的可靠性和有效性。

3. 观察的优缺点

（1）观察的优点：观察常常可以获得其他方法不易获得的资料。尤其是参与性观察，能获得在自然条件下真实的行为、态度、风俗习惯等第一手资料，具有一定的客观性和可靠性。观察比较适合言语或非言语的行为过程，也可用于验证第二手资料，如果第二手资料缺乏可信度或不能排除失真的可能性，研究者可以通过观察对其进行验证。

（2）观察的缺点：首先，对于某些特定种类的行为，观察可能难以实施，如家庭暴力。其次，有些观察形式可能影响研究对象正常的表现和行动进程。如霍桑实验就说明了观察员对研究对象可能产生影响从而导致研究结果失真。再次，观察资料的收集和观察结论的提炼也容易受到观察员个人经验、能力、个性倾向等主观因素的影响。最后，与大多数定性研究类同，此种方法调查的结果一般是定性的，很难量化分析，并且难以重复。

（二）深入访谈

1. 深入访谈的概念

深入访谈（In-depth Interview）是一种非结构式访谈，也是定性研究收集资料的一种基本技术。它是指访谈者在仅有访谈提纲的前提下，准备一个或多个问题，运用有目的、有计划、有方向的口头交谈方式，向访谈对象了解其对某些问题的想法、感觉等，是一种非正式的一对一的深度访问。交谈的过程中，访谈者并不是按照固定的问题按部就班地询问，而是根据访谈对象的回答，随时调整思路，提出新的问题并逐步深入主题。

2. 深入访谈的步骤

（1）访谈前的准备工作：准备访谈工具、确定访谈对象、准备现场，甚至包括对收集和分析资料工作的考虑。

（2）访谈对象的选择：由于深入访谈是与访谈对象进行深入细致的交谈，因此一般只能在小样本人群中进行。访谈对象应对调查问题有足够了解，即所谓的利益相关者。根据研究问题的实质和目标人群的组成，从许多确定的人群中选择一个或多个访谈对象。要有意识地选择人群中不同年龄、性别、地位、受教育程度等的访谈对象。样本的选择主要用非概率抽样方法，常用的是立意抽样，样本量可以预估，但最终可用"信息饱和原则"决定。

（3）设计访谈提纲：提纲包括一系列访谈者和访谈对象交谈的话题或问题。这些话题或问题都是开放性的，语言上要求使用一般性或非直接性的词语来代替直接性问题，因为后者仅得到"是"或"否"的回答。问题要求语言清晰、容易理解，不超出研究目的。

（4）访谈者的选择与培训：访谈者的素质在很大程度上影响访谈工作的开展、进程及结果，可以说深入访谈能否成功很大程度上取决于访谈者，因此选择合适的访谈者并进行必要的培训很重要。深入访谈比一般的问卷调查需要更多的技巧，因此除了研究的目的、内容的培训，深入访谈的基本知识、怎样引导访谈深入进行、访谈时如何记录、访谈时可能遇到的问题及如何处理等的培训也很重要，必要时还应进行角色扮演和预试验。培训时间一般为2~3天，以集中培训为佳。

（5）现场访谈：首先要进行开场介绍，营造轻松的访谈环境。紧接着介绍访谈目的，强调访谈对象意见的重要性和保证访谈的保密性。然后进入实质性访谈，即在提纲的指导下进行正式访谈。先谈不敏感的话题，当访谈对象足够放松时再过渡到深层次问题。同时注意非语言信息，注意时间的掌握，并采用一些访谈技巧。最后检查记录，纠正错误，补充完善，表示感谢。

（6）访谈结果分析和撰写报告：深入访谈资料主要是质性资料，一般按访谈提纲归类整理，并据此写出报告。

3. 深入访谈的优缺点

（1）深入访谈的优点：深入访谈的最大优点在于其具有充分的灵活性与开放性，能最大限度地发挥访谈双方的主动性和创造性。其次，通过深入访谈能对模糊问题进行广泛深入的探讨，对复杂的问题可展开探讨，从而获得较为真实和深入的资料。同时，访谈者可以控制访谈主题、提问顺序，并能及时修正问题，能随时随地对新问题、新线索进行追问。

（2）深入访谈的缺点：深入访谈的主要缺点在于要求访谈者必须具备较高的访谈技术，因此对访谈者本身素质、能力和访谈培训都有较高要求。访谈过程费时费力，匿名性差，且访谈对象也可能会受访谈者态度影响，使回答产生偏倚。

（三）专题小组讨论

1. 专题小组讨论的概念

专题小组讨论（Focus Group Discussion）也称为焦点组讨论或焦点组访谈，通过召集一小组同类人员，讨论某研究议题，利用小组成员共同讨论、互相启发的特点来收集信息。与深入访谈一样，专题小组讨论也要进行周密的设计，一般采取非概率抽样方法来选择访谈对象。但相对于个人深入访谈，专题小组讨论的最大特点是访谈中不仅存在访谈者与访谈对象之间的互动，还存在着不同访谈对象之间的互动。专题小组讨论在集体的环境中要调动每一位访谈对象对研究问题进行思考，群体成员之间的相互咨询、补充、纠正，可使讨论比个人访谈更深入。

2. 专题小组讨论的步骤

（1）准备工作：制订访谈计划和访谈提纲，确定专题小组讨论的访谈样本。专题小组讨论的提纲由一组开放式问题组成，所有问题都围绕研究目的和访谈组的类型而定，通常包括三种类型：①普通问题，指开始调查和让访谈对象表达一般观点和态度的问题；②特殊问题，指那些发现关键信息和表达访谈对象的感情和态度的问题；③深度问题，指那些揭示较深层信息的问题。专题小组讨论的议题不宜太多。此外，专题小组讨论还需要准备讨论场地，面积足够容纳所有访谈对象，讨论不能被干扰，以有利于讨论氛围形成。

（2）确定访谈对象：在专题小组讨论中，访谈对象的确定不仅是确定调查哪些人，还包括将这些人分成几组、每组多少人，即要确定小组的数量及类型。专题小组的数量根据研究目的及访谈对象的相似度而定，相似性越小，则组数越多。每个专题小组的访谈对象应有共同特征或共同兴趣，包括年龄、性别、资历等相似，目的是使每个访谈对象都能自由、开放地参与讨论。每个小组的人数应便于相互交流，以 8~10 人为宜。样本的选择多用非概率抽样方法。

（3）培训调查人员：每个专题小组讨论的调查人员包括 1 名协调人（访谈者）、1 或 2 名记录员和 1 或 2 名辅助员。协调人是组织者，其作用是引导讨论，鼓励访谈对象自由发言、相互交流，营造讨论气氛，调动每个人的积极性，并且要把握讨论方向，使讨论围绕主题。因此协调人要具备一定的领导才能和交流技巧。记录员主要做讨论的记录，除了要完整、如实地记录每个人的发言，还应记录现场环境、讨论气氛、访谈对象的身体语言等。辅助员主要负责会议环境和会议用品的准备、供给等。正式访谈前需对协调人和记录员进行培训，说明专题小组的作用、如何组织协调专题小组，并通过角色扮演进行预试验。

（4）进行专题小组讨论：访谈应以轻松、愉快的方式开始，协调人可以通过自我介绍或者闲聊的方式使大家放松。随后简单介绍访谈的目的、主要内容，并向访谈对象申明结果保密的原则及其他讨论中应遵守的基本规则，如一次允许一位成员陈述，其他成员应给予基本尊重，要求所有成员发言等。当正式讨论开始后，协调人不再加入讨论，而是掌握讨论氛围，把握讨论方向，关注每个访谈对象的反应，避免"一言堂"和"同伴压力"，鼓励发表不同意见，调动所有人的积极性。当讨论结束时，协调人可以请每位访谈对象简单总结自己的看法或者对自己的发言进行补充、说明，向访谈对象重申保密原则。最后协调人要对访谈对象表示感谢。

（5）对结果进行分析，撰写报告：与深入访谈法一样，专题小组讨论收集的资料也主要是定性资料，一般按访谈提纲进行归类整理，并据此写出报告。

3. 专题小组讨论的优缺点

（1）专题小组讨论的优点：可以获得群体对某事物在一定广度和深度上的看法，可以较为直接地了解到访谈对象的观念、看法、态度和经历等方面的信息。专题小组讨论节省时间、费用，同时通过小组成员之间的相互启发、共同讨论，可以使小组成员产生"思想碰撞"，将调查引向深层次，能够在较短时间内获得更丰富的信息。

（2）专题小组讨论的缺点：即使在组成讨论小组时考虑了"同类"，也无法完全排除访谈对象之间的社会心理因素影响；对访谈对象的性格特征要求较高，比较含蓄、内向者，不善言谈者，易崇拜权威、有从众心理者都有可能无法充分表达自己的主张；由于涉及多人面对面交流，所以不太适合调查太敏感的主题。

（四）选题小组讨论

1. 选题小组讨论的概念

选题小组讨论（Nominal Group Discussion）是一种程序化的小组讨论过程，其目的是寻找问题，并把所发现的问题按其重要程度排列出来。也就是要在一个由具有不同既得利益、不同思想意识和不同专业水平的人组成的小组中发掘问题并排出先后次序。该方法属于一致性研究方法。

该技术部分来源于美国 20 世纪 60 年代后期在制定社区发展规划过程中取得的经验，现已在社会服务、教育、政府工作以及工业等诸多行业的评估工作中被广泛应用。目前在卫生领域的研究中，该方法被用来发现运作过程中的问题、确定优先领域、筛选评价指标等。

2. 选题小组讨论的步骤

（1）准备工作：主要是工具和讨论场地的准备。工具包括大白纸、夹白纸的夹子或粘条、水笔、色笔、计算器、纸条若干、信封若干（用于收集纸条）、采访机及磁带

（可用、可不用）等。

（2）调查对象的选择：调查以小组的形式进行，故需根据研究目的和性质选择小组成员，每组 6~10 人，如果调查对象足够，可以几组同时进行。

（3）进行选题小组讨论。

第一阶段：列出与陈述问题。由主持人给出要研究或解决的问题。小组成员不出声地酝酿各自的想法，结合自己的工作经验和工作体会，把认为必要的问题写在卡片（或纸片）上，用时 10~15 分钟。此阶段不进行讨论，每个人独立完成。然后把每个人的问题依次列到大图纸上或黑板上，并向大家解释自己写的每一项。

第二阶段：讨论所列问题。此阶段开始讨论，每个人都可以就列出的问题提问、解释以及合并相同的问题、剔除某些问题等。这是一个对所列问题的澄清过程和大家相互理解的过程。

第三阶段：重要性评判。此阶段不再讨论，由小组的每一个成员独立对所列出的问题进行重要性打分排序。例如，从所列问题中选出认为重要的 10 个指标，最重要的为10 分，最不重要的为 1 分，未选中的为 0 分。

第四阶段：汇总和取得一致性结果。收集每个人的评分结果，汇总计算所列每一个问题的得分情况。按每一个问题的得分情况排序，排序结果基本上代表了小组成员的共同意见。最后根据所列问题的得分情况进行分析。

3. 选题小组讨论的优缺点

（1）选题小组讨论的优点：通过选题小组讨论的方式发现存在的问题和提出初选指标，是一种效率较高和较为有效的方式。它比头脑风暴法和专题小组讨论等更为有效，特别是在问题的提出与评价、指标的评选等方面，是一种集思广益的、融定量与定性方法为一体的、程序化的方法，避免了前两种方法中的个别人在讨论过程中垄断性发言以及身份、地位的影响等。每个人都有平等表达意见的机会，都可以提出自己的看法，较少受他人的影响，并且每一个讨论都有一个肯定的结果。

（2）选题小组讨论的缺点：由于此法需要调查对象自己首先提出看法并写下来，因此要求调查对象有一定的文化水平，对需讨论的事有自己的看法、观点。

（五）德尔菲法

1. 德尔菲法的概念

德尔菲法（Delphi）也称为专家咨询法，是采用匿名的方式广泛征求专家的意见，经过反复多轮的信息交流和反馈修正，使专家的意见逐步趋向一致，最后根据专家的综合意见，对评价对象做出评价的一种评价方法。该法最初用于 20 世纪 50 年代美国Rand 公司受美国空军支持开展的一项名为"Delphi Project"的项目。此项目选择了各方面相关专家，通过多轮专家咨询，集中专家的意见达成项目研究目的。这种方法现已在社会诸多行业的预测、评估中广泛应用。

2. 德尔菲法的步骤

（1）在明确研究目的的基础上选择咨询专家。这是此法能否达成研究目的重要步骤之一，因为德尔菲法是一种主观评议法，参评专家对被评事物本身的了解至关重要，因此专家的选择就成为此方法的关键。如果参评专家对被评事物一无所知或一知半解，就会影响评价的准确性。选择专家时首先应考虑专业相关或者熟悉评价的问题。一般认为咨询专家的数量以 15~20 人为宜，但对于一些重大问题，专家人数可适当增多（50人以上）。为了保证研究具有较好的可信度，往往对参评专家进行评价，使用的指标包括专家积极系数、专家权威程度、专家意见集中程度、专家意见协调度等。

（2）编制专家咨询表。多轮咨询表可以不同，也可以相同，但每轮或许会有所修订。传统的德尔菲法第一轮咨询表一般是开放式问题，由专家就研究目的提出应该考虑的内容、领域、问题等。第一轮咨询表收回并进行分析后形成正式的专家咨询问卷。第二轮咨询表收回后对专家的意见进行分析，除了计算均数、变异系数等指标，还需对专家提出的具体意见、建议进行分析，调整、修改一些指标或内容后形成第三轮咨询表，在第三轮咨询表中应列入第二轮专家咨询的一致结果以及根据专家的主要意见进行修改的情况。如果第三轮咨询结果收敛不好，即专家的分歧太大，还需进行更多轮的咨询，咨询表的内容类似第三轮。近年来，由于应用得越来越广泛，德尔菲法也有一些改进，主要就是将原有第一轮的咨询改用专题小组讨论、专家座谈、选题小组讨论等方法进行，形成正式的专家咨询表后再应用德尔菲法，即将原来的第二轮变为第一轮。因此，目前一些研究仅做两轮咨询。

（3）实施调查。德尔菲法的传统调查方式为信访法，即采用邮寄问卷的方式收集资料，主要目的在于保证参与者的匿名性。随着计算机技术及互联网的发展，近年来网络调查方式用得越来越多。如果选择的专家地理距离较近，研究时间又紧，也可采用现场自填方式。

（4）结果分析及报告撰写：对专家及结果可靠度的分析、对每一轮资料的分析及最终获得结果的分析。在分析的基础上撰写报告，展示结果。

3. 德尔菲法的优缺点

（1）德尔菲法的优点：德尔菲法能充分发挥各位专家的作用，集思广益，能把各位专家意见的分歧点表达出来，避免专家之间由于声誉、地位不同可能产生的权威性影响。由于是在广泛听取并集中专家意见的基础上获得研究最终结果，因此结果具有较好的代表性。相较于其他定性调查方法，德尔菲法对专家的预测和判断意见进行科学综合后，可用定量指标来预测结果。

（2）德尔菲法的缺点：一是难以避免主观因素影响。德尔菲法是由专家进行主观评价或判断的方法，专家的主观因素对结果的影响难以避免。二是专家意见不易协调。不同利益集团的专家对同一问题的看法不完全相同，甚至同一利益集团内不同的专家也可能对同一问题有不同的看法。虽然每一轮会将前一轮专家咨询的共同结果作为参考，但如果专家较为坚持自己的意见，有时就会导致结果一致性差，甚至多轮咨询后结果仍然无法收敛。此外，由于过程较为复杂，花费时间较长。

二、定量研究

调查中要获得人群发生某种事件的数量指标，如患病率、就诊率等，或者探讨各种因素与疾病、健康间的数量依存关系，要采用定量研究，其收集资料的过程视为定量调查（Quantitative Survey）。定量研究的重点在于"验证假设"，注重事物的结果，逻辑推理较为严谨，可检验性强。定量研究结果一般由样本到总体，可用具体统计指标表达，结果较为客观，具有较强的说服力。但其不能得出深入的信息资料，结果有局限性。定量调查主要采用结构式问卷收集资料。常用的调查方式包括面对面问卷访谈法、信访法、电话访谈法、现场自填法等。随着电子信息网络的发展，利用计算机技术开展定量信息收集和分析也越来越普及。

（一）问卷调查法

1. 面对面问卷访谈法

面对面问卷访谈法（Face-to-face Questionnaire Interview）指调查者依据事先设计好的问卷对调查对象采用面对面逐一询问的方式收集资料的过程。该方法的主要特点是整个访谈是严格控制和标准化的。调查对象按照统一的标准与方法抽取，访谈中所提的问题及其顺序、提问的方式、对疑问的解释以及答案的记录都有严格的标准和要求。

面对面问卷访谈法的优点在于比较灵活，调查者可以在访谈时对实际内容进行相应的说明、解释，问卷中可列入较为复杂的问题；适用范围较广，尤其适用于文盲和不愿用文字回答问题者；调查者可以督促调查对象回答问题，因此问卷回收率较高；可通过姿势语言来判断回答的真实性；可防止一些环境因素的影响，尤其是第三者对访谈的影响。

面对面问卷访谈法的缺点主要是需要大量甚至是复杂的组织工作，耗费的时间、人力、物力和财力都较大，调查范围也因此受限；在访谈中比较容易受调查者先入为主的影响，可能出现访谈偏误；一般没有匿名保证，可能导致一些调查对象拒答或不真实回答。

2. 电话访谈法

电话访谈法（Telephone Interview）是指调查者通过电话与调查对象取得联系，并按照事先制定的统一问卷，通过电话对调查对象进行调查访谈，从而获取信息、采集数据的一种调查方法。由于需要借助电话这种通信工具进行调查，电话访谈法属于间接调查法。

速度快、调查范围广是电话访谈法最突出的优点。只要有电话的地方，就可以进行调查，因此不受地域的限制，还能访问到一些不易接触的调查对象。同时，电话访谈法不需花费大量的时间，能节约人力、物力、财力。但是，电话的普及率和电话号码涵盖的范围又影响到样本的代表性；由于电话访问时间不宜过长，在某种程度上限制了对访谈问题的深入探讨；此外，不能控制调查对象的周边环境，易受干扰，调查对象的配合较差，甚至会在中途终止访谈。

3. 现场自填法

调查对象按照研究者设计的问卷，根据个人的实际情况和想法，对问卷中的问题逐一进行回答，并自己填写问卷，这种资料收集方法称为自填法（Self-administered Questionnaire）。现场自填法是指由调查者在现场直接发放并收回问卷。

使用现场自填法调查时应先将调查对象集中起来，然后由调查者统一讲解调查目的、要求以及问卷的填答方式等事项。调查者把问卷直接发放给调查对象后，一直待在填表现场，直到调查对象填写完毕把问卷收回为止。因此，该方法的优点是调查集中、方便开展、省时省力，且问卷的回收率较高。缺点是不适用于调查对象居住较为分散的调查。

4. 信访法

研究者将设计完毕的问卷邮寄给调查对象，调查对象再按照要求填写完毕后邮寄给研究者，这种收集资料的方法称为信访法。信访法是研究对象自己独立填答问卷的方法之一。信访法的特点基本与面对面问卷访谈法相反。

信访法的优点是比较节约人力、财力和时间。调查对象可以根据自己的时间和地点安排来回答问题，避免现场自填时间紧张、时间冲突和周围环境的影响。信访法有较高的匿名保证，信访调查的范围可以很广，适用于调查对象居住较为分散的情况。但由于没有调查者，调查对象遇到问题时无法得到准确的解答，而只能依靠有限的填表说明，因此缺乏灵活性。信访法不能收集到非文字资料，有时对调查对象的回答很难分辨真假。无法控制填写问卷的环境，可能出现代笔、代答、共同回答、讨论回答等情况，并且对这些情况研究者一般无从判断。由于缺乏有效的督促，问卷的回收率通常都较低，是否合作取决于调查对象的身份和文化素质和调查对象对调查的兴趣，如果回收率过低，很难保证样本的代表性。缺乏有效督促的另一后果是遗漏的问题可能较多，问卷有效率可能降低。因此，目前在我国采用这种方法来收集调查资料的比较少。

（二）基于计算机技术的新型调查方法

在所有科学技术中，计算机技术对调查研究方法的影响最大。随着计算机技术的迅速发展和推广应用，计算机技术已扩展到问卷设计、数据收集、录入、处理分析以及研究效率和数据质量等方面。基于计算机技术的新型调查方法主要包括网络调查和计算机辅助数据采集（CASIC）。网络调查是近年来随着计算机及互联网的普及发展起来的一种自填式调查方法，这一类调查的目的与面对面问卷访谈法、电话访谈法等其他传统调查方法在原则上并没有什么不同，只是调查手段不同。CASIC 是以应用计算机技术为特征的各种数据收集方法的统称，同时也包括在调查后期数据处理过程中各种基于计算机的电子数据交换方法。所以 CASIC 并非是一种单独的调查技术，而是一系列基于计算机技术的多种调查方法的统称。具体来说，CASIC 通常包括三类与计算机技术相关的调查方法：计算机辅助电话调查、计算机辅助人员访问、计算机辅助自填式数据采集。

1. 网络调查

网络调查（Web Survey）是利用联机网络、计算机通信和数字交互式媒体等网络技术代替传统调查手段，研究人类的一般行为或特定群体的行为和意愿，实现研究者的调查目标。

由于调查时间灵活，此种调查方法既有现场自填的优点，又解决了现场自填法难以集中调查对象的问题；由于不需要选择和培训调查者，不需要到现场，因此节省人力、财力，调查范围较广，具有信访法的优点；由于是在线调查，只要设置合理，可以及时回收问卷，避免了信访法回收率过低的缺点。其缺点在于调查对象难以确定，研究者很难估计样本的总体，更难以进行概率抽样；调查对象的隐蔽性使调查者无法区分调查对象的特征，更无法确定调查结果的真实性。

2. 计算机辅助电话调查

传统的电话访谈技术在计算机科学发展的影响下发生了一系列变化。计算机辅助电话调查（Computer-assisted Telephone Interviewing，CATI）是美国一个市场调查组织在 1970 年最早应用的。他们发现在市场调查领域预先处理数据是很重要的，在调查中将反应立即输入计算机，可以在调查结束时马上得到总结，累计计数回答的特征，对问卷内容的分析可以更精确、更有效率。该方法在西方发达国家较为盛行，一方面得益于电话的高普及率，另一方面迫于大都市入户访问成功率越来越低的现状。

CATI 将调查对象的电话、访问的问题及选择答案输入计算机，利用电话向调查对象进行访问，整个访问过程由计算机所设定的程序进行。这种方法相较于传统电话访谈的优点：自动拨号，省略访谈结束后的数据编码录入过程，在调查者输入答案时计算机会自动查错；计算机的主机可以随时提供整个调查的进展、阶段性的调查结果以及每一个调查者完成工作的具体情况；研究者可以根据阶段性的调查结果及时调整方案，使调查更有效。因此，该系统使调查者可以用更短的时间、更少的费用得到更加优质的访谈数据。该方法的缺点与传统的电话访谈一致，调查对象的代表性、调查对象环境的干扰性等难以预料，同时也不能设置较为复杂的问题，影响了调查的深入。

3. 计算机辅助人员访问

计算机辅助人员访问（Computer-assisted Personal Interviewing，CAPI）是让调查者携带装有 CATI 系统的笔记本电脑或"掌上电脑"进行入户调查，访问时利用 CATI 将问卷显示在笔记本电脑屏幕上，调查者可以按照屏幕上的问题进行调查工作，并将调查对象的答案直接录入笔记本电脑。该方法起源于 20 世纪 80 年代初期便携式计算机的出现。到 20 世纪 90 年代末，多数大型调查机构都已开始从传统的纸笔式面对面调查向 CAPI 转变。近年来，在我国 CAPI 也开始受到重视和应用。第六次国家卫生服务调查正式启用了 CAPI。

CAPI 是用电脑控制入户访问和数据整理、传送，是将计算机技术处理数据的优势与入户面对面访谈保证数据准确性的优点相结合的产物。CAPI 可以通过更加复杂的问卷设计来提高入户面对面访谈数据的质量，同时降低调查后期数据处理成本。而对 CAPI 前期的设备和人员培训则需要加大投入。

4. 计算机辅助自填式数据采集

计算机辅助自填式数据采集（Computerized Self – administered Data Collection, CSDC）主要是利用计算机技术直接模仿纸笔式问卷的寄出和返回的整个流程。该方法有以下几种方式：①在早期应用中，CSDC 通常被作为纸笔式问卷面对面访谈或邮件访谈的一种补充形式，将电子问卷通过电子邮件的方式发送至调查对象，由调查对象在自己的计算机上完成后用邮件寄回。②由调查者把笔记本电脑送至调查对象家中后自行离开，由调查对象自己阅读电脑屏幕上的问卷并作答，等到调查对象完成问卷后调查者再回来取走计算机。这种方法是早期 CSDC 的进一步发展，既可以有效避免传统面对面问卷访谈时，调查对象在面对敏感问题或者当着家人不愿作答的情况，又可以提高回收率。③语音计算机辅助自我调查，这种方法是调查对象戴着耳机坐在笔记本电脑前，调查问卷显示在屏幕上的同时，调查对象会在耳机中听到电脑语音合成器传出的阅读声，当调查对象通过键盘选择一个题的答案后，下一道题的文字内容和声音就会自动呈现。

（三）问卷设计

在定量调查中，问卷是所有调查方式中最为重要的调查工具。问卷（Questionnaire）形式上是一份精心设计的问题表格，主要测量人们的行为、态度和社会特征。作为一种测量工具，问卷须具备统一性、稳定性和实用性的特点。问卷设计的好坏直接影响所收集到的资料的有效性及可信度，从而影响问卷调查的结果。问卷设计一般应注意以下几个方面。

1. 明晰问卷结构

调查目的不同，问卷会有所不同，但一般问卷都包括以下部分：封面信、指导语、问题及答案、编码、结束语等。

（1）封面信是一封致调查对象的短信，其作用在于向调查对象介绍和说明调查者的身份、调查目的和意义、调查的大概内容、回收问卷的时间和方式及其他信息（如澄清本次调查的保密性、匿名性和感谢话语）等。封面信的语言要简明、中肯，篇幅不宜过长，一般以 200~300 字为宜。封面信是取得调查对象信任和合作的一个重要环节，一封好的封面信有利于调查对象接受调查及如实填写问卷。

（2）指导语是对填写问卷的各种解释和说明，即对如何回答问题或选择答案做出明确的说明，对问题中的一些概念和名词给予通俗易懂的解释，有时甚至可以举例说明答卷方法。总之，对问卷中可能引起疑问或多种理解的地方都要说清楚。指导语因问卷形式而异，自填式问卷是对调查对象的指导语，而访谈式问卷是对访谈者的指导语，所以在语气、方式等方面均有差异。

（3）问题和答案是问卷的主体。问卷中的封面信、指导语等都是为问题及答案服务的。问题是开放式还是封闭式，应依据调查目的和调查特点而定。

（4）编码是指用计算机能够识别的数码，通过编码对问题和答案进行转换，有助于用计算机进行统计处理和分析。编码工作既可以在调查进行前设计问卷时进行（称为预编码），也可以在调查完成后收回问卷时进行（称为后编码）。

（5）结束语一般是指放在问卷最后的对调查对象的合作表示感谢的语句。有时，调查者的姓名及单位、调查的时间以及对调查对象应答可信性评价和复核的人、复核时间等也可放在问卷末尾。

2. 了解问卷设计的步骤

（1）明确研究的目的和手段。在设计问卷之前，必须首先明确研究的目的是什么，采用问卷调查的方式能否提供研究所需的信息，或者问卷调查是否为最佳的或唯一的方式。问卷测量的目的是预测将来的结局还是辨别不同调查对象某些特征的差异，或是评价调查对象的现况？不同的测量目的对问卷提出的要求是不同的，大多数问卷通常只适用于一个目的。如果目的过多，势必要增加问卷的复杂性，对问卷设计提出更高的要求。

（2）建立问题库。问题的来源主要有两个途径：头脑风暴法和借用其他问卷的条目。头脑风暴法主要用于首次涉及的测量领域，或对已有的问卷进行修改以适用于测量人群或测量目的的改变的情况。可以由与调查有关的人员，如调查对象及其家属、医生、护士、社会学家等组成研究小组，让他们围绕研究目的和基本内容自由发表意见，提出各种可能相关的问题。不同的对象在提出问题时考虑的角度不同，调查对象依据的多是自己的亲身体验或感受，而医生、护士、社会学家等则主要依据理论、经验或研究发现，所以问题跨度很大，内容也很丰富，通常会形成一个庞大的问题库，其中有许多无关或重复的问题，需要进一步筛检。至于问题库是否全面，则要视所选择的提问人员的代表性和样本量而定，这方面的问题可参阅有关的统计学书籍。借用其他问卷的条目主要指从已有的问卷中筛选符合研究目的的条目，这是一种常用的方法。由于大多数问卷已经过反复应用和检验，借来的条目多有较好的信度和效度。尽管如此，新设计组合的问卷仍然要检验信度和效度，即使是把一个外文问卷完整翻译成本国文字亦需做此检验。在我国，引用外文问卷非常普遍，其最大的优点是便于与国外同类研究相比较，然而，译文的规范化及其信度和效度问题必须引起研究者的重视。一般要求译文至少包括翻译和回译两个步骤，而且翻译者和回译者应该是不同的人，这样才能保证译文的准确性。

（3）设计问卷初稿包括从问题库中筛选合适的条目，并进行适当的归类和合并处理；将问题的描述标准化、规范化；进行初步的量化处理；合理安排问题顺序；合理组合成结构完整的问卷等。

（4）试用和修改。问卷初稿完成后，要在调查对象中进行预调查，发现与研究目的关系不大或描述不清楚的问题以及遗漏的重要问题。预试是非常重要的一个环节。参加预试的人群不一定要通过随机抽样确定，但是，如果预试人群与调查对象差异过大，则可能达不到检验问卷质量的目的。预试结果也可以进行统计分析，以决定条目的取舍。

（5）信度与效度的检验。问卷的最终质量要通过信度和效度检验来评价，经过信度和效度检验后才能确定问卷的正式应用版本。

3. 重视问题和答案的编写

（1）在问题的设计过程中避免常见的错误。问题是问卷的重要部分，要求含义清晰、简单易懂。问卷设计中对问题的表达和提问的方式要避免以下错误：①双重装填，是指一个条目混杂了两个或者以上的问题，使调查对象难以做出回答，如"您父母患有慢性病吗？"②含糊不清，是指词义含糊不清或使用了专业术语、俗语或缩写语等，或者是表达不清楚，从而使调查对象不能理解，如"您最近是否患有病伤？""您是否经常熬夜？"③抽象的提问，涉及幸福、爱、正义等一类抽象概念的提问一般较难回答。许多回答者遇到这类提问时，可能发现自己从未思考过这类问题。如"您对该医院的印象如何？""您觉得幸福吗？"④诱导性提问，指容易人为增加某种应答的概率，从而产生信息偏倚的提问，如"大家都说吸烟不利于健康，您认为呢？"

（2）重视问卷答案类型的设计。答案的设计应考虑调查对象是否能方便地回答。问题答案的格式在一定程度上是由问题的特性决定的。例如，"您是否参加了医疗保险？"这样的问题只能有"是"或"否"两种答案；"您为什么参加医疗保险？"就不能用"是"或"否"来回答了。一般来说，常用的答案格式有五种。①填空式：这种形式常用于一些事实性的能定量的问题。例如："您的年龄？_____岁"。②二项选择式：在问题陈述后提供两个相互排斥的答案，这种答案格式称为二项选择式。它测量的是统计学中所说的零一型变量，由于这种答案格式对于研究者和调查对象双方而言均简便易行，故而应用非常广。③多项选择式：其答案格式与二项选择式类似，只是答案的种类超过两个，可认为是若干二项选择式组合成的一种答案格式。对于具有连续性特征的变量的测量可采用多项选择式的答案设计，但在这种情况下，常常要碰到这样的问题：到底设计几个答案供调查对象选择为宜？答案数量太少，信度便会下降，问卷测量的稳定度不佳；而答案数量太多，不仅造成问卷篇幅增加，而且调查对象可能不耐烦，从而不认真答卷。相关研究显示，答案数量为7个时，测量信度与答案数量为10个时没有太大差异，而答案数量减少到5个时，信度下降12%，但当采用二项选择式时，信度则降低35%。故一般认为，对于用多项选择式测量的连续性变量，给出5~7个答案是比较适宜的。当然，必要时增加答案的数量也是允许的，但不宜超过15个。④图表式：有的问题答案可以用图表的方式列出，调查对象在图表上表示自己的意见。常见的有脸谱、线性尺度、梯形、表格等，其中，表格与线性尺度用得最多。当要求调查对象对某些问题做出多次反复的填答，如多次患病、住院等，或多个问题具有相同的答案设置时，最好将这类问题排列在一起，并且以列表的方式为宜。如此不仅可以给调查对象留出回答的空间，而且可以节约问卷版面，表达也清楚明了。线性尺度的答案通常是绘出一条刻度线，线的两个端点分别表示某项特征的两个极端情况。调查对象根据自己的实际情况、看法或意见，在线上的适当地方做标记来回答。此种方式实际上将答案视为一种连续的频谱，研究者不必想出许多词来描述答案，而且所得结果是定量资料。但是线性尺度操作起来有相当难度，调查对象在确定选择哪一刻度来表示自己情况时可能有失误，而且极少有人选择线性尺度的极端。⑤排序式：有的提问是为了了解调查对象对某些事情重要性的看法，其答案是列出要考虑的有关事情，让调查对象排序。例如："您认为下列问题中哪些对社会影响最大？请按对社会影响的重要程度从1（最重要）排到5（最不重要）。_____环境污染问题，_____交通秩序问题，_____人口问题，_____治安问题，_____物价问题。"

4. 注意问题的排列

当研究的各个问题合并成一张问卷时，研究者必须要考虑这些问题在问卷中的排列顺序。在排列问题时可参考以下几点。

（1）先排列容易回答的、无威胁性的问题。对于反映客观事实的问题宜放在前面，如年龄、性别、职业等。一般情况下，敏感性问题如性行为、经济收入之类宜放在问卷的后面部分，以免引起调查对象的反感，影响对后面问题的回答。

（2）开放式问题宜放在后面。开放式问题需要时间考虑，回答不易，如将这类问题放在前面，容易导致拒答，影响问卷的回收率。

（3）问题要按一定的逻辑顺序排列。排列问题应考虑人们的思维方式，按事情发生或发展的先后顺序或者事物的内容和相互关系排列问题。内容和性质相同或相似的问题应集中在一起，问完一类问题之后再转向另一类问题，避免跳跃性的提问。对有时间关系的系列问题，应按顺时或逆时方向提问，不要随意更换问题的次序，否则可能扰乱调查对象的思维。但是，如果问卷的内容并不很复杂或不能很明显地分为若干部分，则不用分，有时为了防止调查对象厌倦或不假思索地随便答问，可随机使用各类形式的问题和让不同的排列次序相结合，增加问卷的多样性。

（4）对于可能跳答的问题，要有醒目的连接语或转折语，引导调查对象跳到其被要求回答的条目，以避免不必要的时间浪费和可能出现的漏答现象。

（5）检验信度的问题须分隔开来。在很多问卷中，研究者有意设置一些高度相关或内容完全相同而形式不同的问题。这些成对出现的问题的目的是检验问卷的信度，它们不能排在一起，否则调查对象很容易察觉并使回答无矛盾，达不到检验的目的。

5. 开展问卷的信度和效度评价

为了保证问卷的质量，必须要考虑对问卷进行信度和效度的评价。

（1）信度（Reliability）是指测量工具的稳定性或内部一致性，它表示测量工具（主要指问卷）所获资料的可靠程度或可信程度，用以反映相同条件下重复测定结果的一致程度。稳定性、内在一致性和等同性是信度的三个主要特征。目前反映信度最常用的评价方法包括重测信度、复本信度、折半信度和内部一致性等。

1）重测信度（Test-retest Method）是在一定时间间隔中运用同一量表对同一组调查对象进行重复测量所得的信度系数。重复测量要求对同一对象测定两次，在实施中有一定的困难。另外，调查对象的情况可能随时间发生变化，那么两次测量的差异就不单纯由随机误差造成。受前一次测定的影响，调查对象在接受第二次调查时会回忆前一次调查时填写的答案，因而第二次测定结果不一定能反映调查对象的真实情况。因此，重复测定的间隔时间不宜太长，也不宜太短，视具体研究情况而定。多数学者认为以1~2周为宜。

2）复本信度（Alternate-form Method）是指设计另外一种与研究问卷在测量内容、应答形式及统计方法等方面高度类似的问卷，同时测量调查对象。该方法最接近平行测试模型，且能避免重复测量的缺陷，但要设计真正的复本问卷是非常困难的。

3）折半信度（Split-half Method）的常用方法是将调查的条目分成两半，计算这两半得分的相关系数 r（又称折半信度系数），以此为标准来衡量整个问卷的信度。由于分拆的方法很多，不同分拆方法可能得出不同的信度系数。例如，一个 10 条目的问卷就有 126 种组合方法。实际操作中，最常用的折半法是将问卷分为奇数和偶数条目的问卷。

4）内部一致性（Internal Consistency Method）用来测量同一个概念的多个计量指标的一致性程度。目前普遍使用克朗巴赫 α 系数（Cronbach's α Coefficient）来检验问卷的内部一致性信度。克朗巴赫 α 系数是指问卷所有可能的条目划分方法所得到的折半信度系数的平均值。值得注意的是，许多问卷测量的内容包括几个领域，宜分别对其估算克朗巴赫 α 系数，否则整个问卷的内部一致性较低。由于内部一致性只需用问卷在人群中测量一次即可估算，非常简便，所以应用很广泛。一般要求问卷的克朗巴赫 α 系数大于 0.70。

（2）效度（Validity）是指问卷的测量结果与期望要达到的目标之间的接近程度。影响效度的因素多为系统误差，偏倚具有方向性。常用的效度评价方法包括表面效度、内容效度、准则效度、结构效度等。

1）表面效度（Face Validity）是指从表面上看，问卷的条目符合测量目的和要求。这是一个由专家评价的主观指标。实际上，绝大多数问卷条目从形式上看都与测量目的相关，但实测结果不一定能达到预期目的，对于有的敏感性问题的调查，研究者为了得到相对较真实的回答，故意采用一些表面效度不高的问题以掩盖其真正的目的，故该指标意义有限。

2）内容效度（Content Validity）是从内容上看测量条目能否反映调查目的，或评价问卷所涉及的内容能在多大程度上覆盖研究目的要求达到的各个方面和领域。对比事先对概念的定义和最终的测量工具，可以得到关于内容效度的评价。可采用专家评价的方法了解内容效度的大小。例如，对比生存质量的定义和用于测量的量表，可以得出该量表内容效度的好坏。缺乏内容效度的测量会歪曲对所关心概念的理解，就像利用不具有代表性的样本对总体进行推断会得到错误结论一样。内容效度与表面效度一样，同属主观指标。在医药卫生界，大多数概念很难做出详细具体的描述，因此在实际工作中只能由专家根据自己的经验抽象地判断问卷表达内容的完整性。

3）准则效度（Criteria Validity）以相对准确的测量手段或指标的测量结果作为"金标准"，考察待评测量手段或指标的测量结果是否一致。例如，评价新的影像学诊断工具的效度常以病理学检查结果作为"金标准"，考察两种诊断工具诊断结果的一致性。

4）结构效度（Construct Validity）是指测量条目的设置是否符合设计时的理论构想。常用的结构效度评价方法是因子分析。因子分析的主要功能是从问卷全部变量中提取一些公因子，各公因子分别与某一群特定变量高度关联。这些公因子即代表了问卷的基本结构。通过因子分析可以考察测量工具是否能够测量出研究者设计问卷时假设的某种结构。在因子分析的结果中，用于评价结构效度的指标主要有累计贡献率、共同度和因子负荷。累计贡献率反映公因子对问卷的累计有效程度，共同度反映由公因子解释原变量的有效程度，因子负荷反映原变量与某个公因子的相关程度。简言之，结构效度就是要看那些潜在的公因子是否概括了所要调查的主要内容。

三、定量研究和定性研究结合

（一）定量研究和定性研究的比较

1. 定量研究关注事物的结果，而定性研究关注事物的过程

定量研究中，人们按事先拟定好的程序去收集资料，通过对不同人群的比较，用统计分析的手段探讨各个因素与事物的联系，因此，其重点是了解事物的结果，即什么因素导致什么结果。而定性研究则不同，它注重由原因导致结果的中间过程，要了解事件发生过程中的许多细节。所以定量研究和定性研究的一个主要区别是研究的广度和深度的区别。

2. 定量研究结果可以推断总体，而定性研究是对少数人群的研究，其结果很难外推

定量研究通常采用概率抽样的方法选择研究人群，用统计分析得出对总体的推断结论。而定性研究是在少数人群中进行的，其样本量很小，一般用非概率抽样的方法选择研究对象，分析的是研究人群的特殊情况，如社区人群的信仰和风俗习惯等，其结果只适用于研究人群，一般不能外推。

3. 定量研究通常可在较短时间内完成，而定性研究需要与研究对象保持较长时间的密切接触

定量研究按照固定的程序，在较短的时间内即可获得所需的资料，研究者与研究对象之间只有短暂的接触。而大多数定性研究则要求研究者与研究对象有深入的接触，建立相互信任的关系，强调在一种轻松自然的环境中收集资料，了解人们在普通状况下的态度、信念、行为，因而收集资料的手段往往较灵活，缺乏固定的模式。这种研究对调查者有更高的要求。

4. 定量研究结果主要采用概率统计方法进行分析，而定性研究结果主要采用分类归纳法进行分析

定量研究收集的主要是数量化的资料，定性研究更多的是获得具体的、个别的实例，一般需要文字的描述来说明，或用分类的方法对收集的资料进行总结，如将人们对某件事物的态度分为几类、将人们的行为方式分为几种等，也可用流程图来表示某件事物的发生过程。这类研究很少应用概率统计的方法。

（二）结合应用

定性研究与定量研究各有长处，也各有短处，在研究中仅仅依靠定性研究结果有时不能完全说明问题。定性研究与定量研究结合，相互补充、相辅相成，才能更好地反映实际情况。定性研究何时、何地、以何内容、如何与定量研究结合，由研究项目的目的决定。通常定量研究与定性研究的结合主要体现在以下方面。

1. 定性研究可以是定量研究的先前步骤

通常在设计问卷时，由于研究者对一些问题的答案并不完全了解，需要通过定性研究去发现。问卷的有些内容不一定适合研究对象，有些提法可能是研究对象不感兴趣的或反感的，定性研究可以及时发现这些问题。一些概念也可以通过定性研究寻找适当的通俗语言予以描述。

此外，在健康与社会行为学研究中有些危险因素可能随时间发生变化，或者产生一些新的因素，这对于非纵向追踪性的定量研究有较大影响。定性研究可以为定量研究的设计提供必要的信息。

2. 定性研究可以帮助理解和解释定量研究的结果

定量研究确定的因果关系有时可能掩盖真正的原因，定性研究可以揭露这种虚假联系。定性研究还可以用来探讨因果关系发生的机制。此外，定量研究有时会发现人的知识和态度与其行为不一致，这到底是由报告行为与实际行为不一致所致，还是因为人们未按照所具备的知识和态度产生行为，可以用定性研究的方法加以识别。

第三节　调查研究资料的整理与分析

资料整理是研究者根据研究目的，应用科学的方法对收集资料的真实性、正确性、准确性进行审核，对不同类型、不同内容的资料进行分类，对数据及其他方面的信息进行汇总统计和再加工，使之系统化和条理化，并以集中、简明的方式反映研究对象总体情况的过程。由于资料一般分为定量资料和定性资料两大类，这两种资料的性质不同，因而所采取的整理方法和分析方法亦有所不同。

一、定量资料的整理与分析

（一）资料整理

定量资料是以数字形式表现出来的研究资料。定量资料整理既是资料收集工作的继续，又是资料分析的前提。数据资料整理的一般步骤如下。

1. 数据审核

定量资料的审核指判断收集到的数据是否真实可靠，一般从准确性、完整性两方面判断。数据审核的准确性是关键，主要检查数据是否存在差错、有无异常值。检查的方法有逻辑检查与计算检查。数据审核的完整性是检查问卷中的项目是否齐全、有无缺项等。不符合调查要求的数据应剔除。

2. 数据编码

数据编码是将问卷的问题及答案转化为计算机可以识别的数字或符号。针对封闭式问题，在设计问题时就给每一个变量和可能答案分配代码，称为事前编码；而针对开放式问题，则是在数据收集完成以后对调查问题的可能答案进行事后编码。

3. 数据分组

进行数据分组时，关键是明确分组标志和各组的界限。基本方法有两种：一是按属性标志分组，如对人口常按性别、职业、民族等分组。这类分组侧重对现象的本质类别特征进行分析。二是按数量标志分组，如按照年龄、收入等量化指标对某一群体进行分组。这类分组侧重对现象的数量特征及关系进行分析。

（二）资料分析

由于定量研究的分析主要是获得相应的量化指标，用指标表述结果，分析主要采用卫生统计与流行病学的方法。各种统计分析方法都具有特定的假设前提、应用范围以及功用。在进行资料分析时，必须根据研究目的和资料本身的特点选择适当的统计分析方法。具体的统计分析方法的原理和应用可参考相应的专业书籍。

二、定性资料的整理及分析

定性研究所获得的资料主要是以文字、图形、录音、录像等非数字形式表现出来的研究资料。由于此类资料很难用统计指标表达，其分析相对较为复杂，并且没有单一或最好的方法。分析方法应根据研究目的、研究理论架构、研究者对结果的需要、资料的来源等确定，在社会科学研究中针对具体的定性研究方法甚至还有一些特殊的分析技术。

（一）资料整理

在健康与社会学领域进行的定性研究主要采用访谈、观察等方法收集资料，收集的主要是语言、文字描述的资料。其资料整理的一般步骤如下。

1. 整理笔记与建立档案

在定性研究的过程中，通过较长时间的观察、访谈和参与，研究者会得到一堆凌乱、无结构、无顺序的现场笔记。与定量资料不同，定性资料整理的工作量更大，难度也更大。通常整理的首要步骤是将实地记录或现场笔记全部录入计算机。要求输入的内容应与实地记录完全一致，尽量保持"原始"文本的特点。

2. 资料编码

与定量资料分析不同，在定性研究中，编码不仅是资料整理的过程，同时也用于资料分析。定性研究的编码是在研究问题的指导下进行的，而其结果又会提出新的问题。它使得研究者摆脱了原始资料的细节，而在更高层次上来思考这些资料，并引导研究者走向概括和理论。施特劳斯（Strass）定义了三种定性资料的编码类型：开放性编码、主轴性编码、选择性编码。

3. 资料归类

对原始资料进行编码以后，研究者需要对所有的资料按照一定的标准进行归类。归类是指按照编码系统将相同或相近的资料合在一起，将相异的资料区别开来，找到资料之间的联系。在定性研究中，归类方式的选择不是绝对的、唯一的，存在很大的人为因素影响和相对性。归类方式的选择在很大程度上受到研究者本人所持理论假设的影响，其本身就是对研究现象的一种归纳分析。

（二）资料分析

定性资料分析的过程是一个对资料进行分类、描述、综合、归纳的过程。定性资料分析的基本方法是归纳法，即从具体的、个别的、经验的事例中逐步概括、抽象到概念和理论。其主要任务包括对信息的组织、归类和对信息内涵的提取。与定量资料分析的重要差别之一是定性资料的具体分析方法具有多样性。这种多样性与其在分析过程中主要依赖研究者的主观作用有很大关系。因此，无论采用什么样的分析方法，都应明确定性研究的分析过程是开放式的，如果初步建立的分析框架、类别，甚至所研究的问题不符合收集到的原始材料，研究者可以随时修改。目前常用的定性资料的分析方法包括连续接近法、举例说明法、比较分析法和流程图法等。具体的分析方法可参考相关的社会学调查方法书籍。

目前，越来越多地用于定性分析的计算机软件给研究者带来很多便利。例如，使资料分类更加容易，也可以抛弃很多纸质资料，节省了空间。但对于定性研究者而言，必须要了解电脑和软件包能做什么和不能做什么，计算机可以处理机械性的任务，可以进行资料分类，甚至进行归纳，但不能完成解释、综合和假设检验等关键性的任务。而且，目前大多数用于定性分析的电脑软件还没有中文版。

（高博）

第八章　行为与健康状况评价方法

第一节　行为评价的概念、方法及行为心理测验

一、行为评价的概念

人类的行为包括外显的行为和内在的心理活动，心理活动属于人的内在行为。行为评价是指对人类行为进行测量、量化和描述，是通过应用心理学的技术和方法来评价人的心理状态、心理差异和行为表现，以及确定其性质和程度。行为评价是对人的行为问题的客观、全面的观察与测量。评价的主要目的是对个体或群体行为的发生发展、转归形成假说，为选择行为的干预策略、制订行为的干预计划、评估行为干预的效果提供基础和依据。

斯金纳曾说："行为是一种很棘手的主体事件。这并不是因为它高深莫测，而是由于它极其复杂。既然行为是一种过程，而不是一种事物，所以我们不可轻易地把它固定下来进行观察。行为是不断变化的、转瞬即逝的。正是由于这一原因，在研究技能上它对科学家的机智和精力提出了严格的要求。"对人类行为进行评价本身也是评价者的行为，因此评价者因素如评价者的态度、动机、评价方法、经验等会对评价造成影响。因此，评价者对他人的行为进行评价时，必须秉持严格的客观态度，具备相关的理论知识、技术和操作技能。

二、行为评价的方法

行为评价包括收集相关行为信息、建立假设和验证假设。在收集行为信息的过程中，既重视引发行为的前因（Antecedent），又关注行为反应带来的后果（Consequence）。为便于评价分析，通常使用反映情境（A）、行为（B）、结果（C）的ABC行为观察表，这种方法又称为ABC行为分析法（Antecedent-behavior-consequence）。功能性行为评估（Functional Behavioral Assessment，FBA）除这三个基本环节外，还包括与行为干预有关的行为评价内容：①取代问题行为的替代行为评

估；②问题行为和替代行为的动机变量，如强化物、惩罚物的有效性；③具有强化功能的潜在强化物，如环境因素；④既往的行为干预对问题行为的效果。

近年来，行为评价发展迅速，陆续出现了许多评价方法，如行为访谈法、自我报告法、自我监控法、行为核对表法、行为模拟评估法、直接观察法等。行为访谈法是指通过访谈收集有关行为问题的信息资料，包括目前的行为及其发生前后的条件、过去的行为表现及控制情况等。自我报告法主要有两种作用：一是收集被评价者有关生理、行为反应的资料，二是收集被评价者关于行为反应的经验或体验。自我监控法是个体对自己的某些行为反应予以记录，进行直接观察和控制。行为核对表法是指采用行为核对表对需要评价的行为进行检查核对。行为核对表收集到的行为信息资料比自我报告更系统、更规范。行为模拟评估法指在模拟的"自然环境"中，被评价者进行角色扮演或操作。在自然环境中，评价效果受到许多变量的影响，而在模拟环境中，可以在一定程度上控制这些影响，从而更准确地评价行为反应。直接观察法是指评价者对被评价者的行为进行直接记录、监控、描述和分类。直接观察法除可在自然环境中使用外，也可在角色扮演中使用。行为的直接观察没有固定的评价工具，主要是评价者根据自己的经验，通过直接观察获得行为的评价信息资料。

三、行为心理测验

行为心理测验（Psychological Testing）是行为评价最常用的技术之一。行为心理测验作为一种评价技术，所使用的各种工具通常称为量表（Scale），一般是由能够反映人的心理行为特点的问题或任务以标准化的方法组合编制而成。行为心理测验即采用行为心理测验量表，一般以分数或等级等形式对人的心理行为及其变化进行定量描述与评价。要保证行为心理测验的有效性，首先要选择良好的测验量表。良好的测验量表必须达到编制过程标准化、常模匹配、信度高、效度好等基本要求。其次，评价者必须严格遵守行为心理测验的原则、程序。

（一）行为心理测验的种类

依据测验的目的、功能、对象及测验刺激等可以将行为心理测验分成不同的类别。该分类是相对的，同一个测验从不同的角度可以归为不同的类别。

1. 按测验目的分类

（1）描述性测验：目的在于对人的性格、兴趣、能力等进行描述分析。

（2）诊断性测验：目的在于对人的某种心理功能、行为特征及功能障碍进行评估和判断。

（3）预示性测验：目的在于依据测验的结果来预示被测验者未来可能出现的心理行为倾向。

2. 按测验功能分类

（1）智力测验（Intelligence Test）：主要功能在于测量人的一般智力水平。比纳-

西蒙智力量表（Binet-Simon Intelligence Scale）、韦克斯勒智力量表（Wechsler Intelligence Scale）、斯坦福－比纳智力量表（Stanford-Binet Intelligence Scale）等都是常用的智力测量工具。

（2）特殊能力测验（Special Ability Test）：主要功能在于测量人的各种特殊能力，如在音乐、美术、机械、飞行等方面的特殊能力。能力可分为实际能力和潜在能力。对潜在能力的测验又称为能力倾向测验或性向测验，如西肖尔音乐才能测验、明尼苏达文书测验。

（3）成就测验（Achievement Test）：主要功能在于测量人的学习和培训的效果，如对知识的理解、掌握和应用等的程度，又称学绩测验，如斯坦福成就测验（Stanford Achievement Test）、关键数学算术诊断测验（Key Math Diagnostic Arithmetic Test）、Wechsler 个人成就测验（Wechsler Individual Test，WIAT）等。

（4）人格测验（Personality Test）：主要功能在于测量人的人格特征，包括性格、气质、兴趣、品德、情绪、动机、信念、价值观等方面的特征。量表有艾森克人格问卷（Eysenck Personality Questionnaire，EPQ）、明尼苏达多相人格测查表（Minnesota Multiple Personality Inventory，MMPI）、卡特尔 16 项人格因素问卷（16 Personality Factor Questionnaire，16PF）等。

3．按测验对象分类

（1）个别测验：每次测验仅有一个测验对象，通常由测验者与被测者一对一、面对面进行。该类测验是临床行为心理测验中最常用的形式。优点在于测验者能对被测者的行为反应有较细致的观察或控制；缺点在于短时间内无法收集到大量的资料，且对测验者有更为严格的测验训练的要求，不易掌握。

（2）团体测验：由一个或多个测验者同时对多个被测者进行测验。该类测验的优点在于短时间内能收集到大量的资料；缺点在于被测者的行为不易控制，容易产生测量误差。

4．按测验刺激分类

（1）构造性测验：测验所呈现的刺激和被测者的任务是明确的，只需要被测者理解，不需要其发挥想象，又称有结构测验。

（2）投射性测验：测验的问题模糊，呈现的刺激没有明确意义，同时对被测者的反应没有明确的规定。因测验的刺激材料和任务没有严谨的结构或结构不严，又称为无结构测验。被测者在做出反应时，需要靠自己的想象来填补，从而使之有结构、有意义。主题统觉测验（TAT）、墨迹测验、填句测验、自由联想测验等属于无结构测验。

（二）行为心理测验的原则

（1）根据目的选择测验。每种行为心理测验都有其既定目的和适用范围，需要根据测验的目的来选择适宜的测验。

（2）测验者与被测者要建立友好、信任的关系。只有在一个良好、协调的环境中进行测验，才能够使被测者最好地表现出对测验的反应。

（3）测验者要严格按照测验的规定程序、方法步骤、注意事项等来实施操作，以控制测验的误差。

（4）正确解释测验结果。标准化的行为心理测验量表通常用分数来表示结果，该分数是一个相对的数值，其所代表的真实意义需要进行具体的分析和判断，并给予恰当的解释。

（5）遵守职业道德，注意保密。测验者应该经过专门的训练，主持公正，避免成见或刻板印象，并对测验的内容和结果保密。未经特殊许可，不能随意公布。

知识拓展

行为心理测验中的注意事项

在行为心理测验中应注意的事项主要包括：①测验场所明亮、柔和、安静、相对封闭，不宜过于空旷，四周和墙壁应尽量少放置装饰物等其他物品，同时在测验过程中避免他人进出测验场所；②严格按照标准进行测验，如指导语、时间控制、记分、观察记录等严格遵循相应的指导手册要求；③测验者对被测者不能有蔑视的态度，要对被测者表示关心、尊重、友好和耐心；④客观记录被测者的行为反应；⑤妥善处理被测者在测验中提出的问题。对被测者可能提出或暗示的"这样做对否""应该如何做"等问题，测验者应保持中立态度。

（三）行为心理测验的工具

行为心理测验发展至今，编制出版的行为心理测验工具（量表）已达数千种，广泛应用于教育、医学、军事、体育等众多领域。

1. 艾森克人格问卷

艾森克人格问卷（Eysenck Personality Questionnaire，EPQ）由英国伦敦大学心理系和精神病学研究所艾森克教授（Eysenck H J）及其夫人（Eysenck B G）于1952年编制而成，称为Maudsley强迫问卷，后经历多次修订，1975年的修订版正式命名为艾森克人格问卷。该问卷采用自我报告的形式，分成人问卷（16岁以上）和青少年问卷（7~15岁）两种。1985年，艾森克等编制了成人应用的修订版艾森克人格问卷简式量表（EPQ-R SHORT SCALE，EPQ-RS）。

艾森克人格问卷是国际上最具影响力的人格测验量表，广泛应用于教育、医学、心理咨询和司法等领域。它包括四个分量表，即E量表、N量表、P量表、L量表。

（1）E量表（Extraversion Scale）：测试性格的内外倾向。高分表示外向，低分表示内向。E分特高（典型外向）的人格特征是爱交际、朋友多、渴望兴奋的事、喜欢冒险、寻求刺激、热情、冲动、行动被一时冲动所左右、喜欢实际的工作、回答问题迅速、漫不经心、随和、乐观、喜欢谈笑、好动。E分特低（典型内向）的人格特征是好安静、离群、内省、不喜言谈、不喜欢交际、保守、思前顾后、倾向事前有计划、生活严谨有规律。

（2）N量表（Neuroticism Scale）：测试情绪的稳定性，又称神经质量表。N分特高（典型情绪不稳定）的人格特征是焦虑、紧张、易激动，常有抑郁、睡眠不好或心身不适的主诉，情绪常有过激的情况，对刺激的反应过于强烈，情绪激发后难以平复，由于有强烈的情绪反应，容易激动或进攻他人。N分特低（典型情绪稳定）的人格特征是情绪平静，情绪反应缓慢，即使情绪激动也会很快平复下来，生气也有节制。

（3）P量表（Psychoticism Scale）：测试心理状态是否正常，又称精神病质量表。P分高的成人常表现为独处，不关心他人，难以适应外部环境，可能残忍、不人道，缺乏同情心，感觉迟钝，对人抱有敌意等。P分高的青少年常表现为古怪、孤僻，不考虑安危，对同伴和动物缺乏感情，进攻、仇视他人，缺乏是非感，无同情心，无罪恶感。

（4）L量表（Lie Scale）：测定被测者掩饰、假托或自身隐蔽的程度，或者测定其社会性朴实水平。

2. 明尼苏达多相人格测查表

明尼苏达多相人格测查表（Minnesota Multiphasic Personality Inventory，MMPI）是目前世界上适用范围最广和使用频率最高的人格与临床心理学测验之一，由美国明尼苏达教授 Hathaway 和 McKinley 于 1940 年编制。1989 年，美国明尼苏达大学出版社正式出版了新修订的 MMPI，简称 MMPI-2。

明尼苏达多相人格测查表的编制初衷是帮助医生对精神疾病进行全面客观的检查和分类，后作为人格测验工具被广泛用于正常人的咨询、就业、医学、军事和法律等方面。MMPI 能对每个被测者的个性特点进行客观的评价，既可以描述一个人长期稳定的人格特征，也可以判断其在当前一段时间内的心理状态以及处于应激状态下的心理变化。

MMPI 有 566 个测验题目，其中 16 个为重复题目（主要用于检验被测者反映的一致性，看回答是否认真）。题目内容涉及范围很广，包括身体状况、精神状态以及对家庭、婚姻、政治、宗教、法律、社会等问题的态度，还有各种神经症和精神病的行为表现。MMPI 分为 10 个临床量表和 3 个效度量表。10 个临床量表为：①疑病（Hs），测查疑病或过分关注自身健康的倾向；②抑郁（D），测查抑郁心境的神经症性抑郁；③癔症（Hy），测查与经典的转换性癔症有关的症状；④精神病态（Pd），测查经典的病态人格特征；⑤男子气或女子气（Mf），测查男性或女性气质差异和同性恋倾向；⑥妄想（Pa），测查一组典型的类偏执症状；⑦精神衰竭（Pt），测查强迫症、焦虑症及恐怖症的症状；⑧精神分裂症（Sc），测查精神分裂症患者的怪异思想、情感淡漠及退缩等；⑨轻躁狂（Ma），测查过度兴奋、夸大等轻躁狂患者的特点；⑩社会内向（Si），测查内向和外向倾向。3 个效度量表分别是效度（F）、掩饰（L）和校正（K），测查被测者掩饰、伪装、随意等不真实回答的程度。

MMPI 的每个题目均为陈述句。测查时，要求被测者根据自己的实际情况，对每个题目表达的意思做出肯定或否定的回答。对于符合自己看法或实际情况的题目，在"真的"（是）这一格内画"√"；对于不符合的，在"假的"（否）这一格内画"√"；对于不能回答或说不清楚的题目，则画"?"。要求整个测查表的不答题目不得超过 30

条。测查结束后，根据被测者的回答情况进行统计分析，并绘制剖析图，提供解释的依据。

MMPI 得分采用标准分制，标准分的转换公式如下：

$$T = 50 + 10 \times (X - M) / SD$$

公式中 X 表示被测者在某一量表上所获得的原始分，M 表示被测者所在样本群在此量表上的原始分均数，SD 表示该样本群在此量表上的原始分标准差，50 是被确定的 M 的标准分数值，10 是被确定的 SD 的标准分数值。一般认为临床量表中某一量表 T 分达到或超过 70 分时即有临床意义，如某个被测者 D 量表 T 分≥70 分，便可解释该被测者有抑郁症状。但是，很多实际情况并非如此。在实际应用中，不能孤立地分析某个量表得分的高低，而应该结合各量表得分的特征来进行综合分析。

MMPI-2 作为 MMPI 的修订版，共包括 567 个题目，其中 394 个题目与 MMPI 完全相同，新增 107 个题目。MMPI 的 90 个题目（包括 16 个重复题目）在修订时被删除。1991 年，中国科学院心理研究所进行了 MMPI-2 中文版的修订工作，1992 年定稿。实践证明，MMPI-2 在临床方面的功能与 MMPI 完全等同，既可以帮助精神病医生及心理医生做出诊断，也有助于提出进一步的治疗建议和方案。

3. A 型行为类型量表

1950 年，美国著名心脏病专家弗里德曼（Friedman）和罗森曼（Roseman）发现冠心病患者中有一种特征性的行为模式，他们将之称为 A 型行为类型，与此同时，他们提出了 B 型行为的概念。1959 年，弗里德曼和罗森曼提出"A 型行为类型的人易患冠心病"的假说；1978 年，这一假说得到美国心肺血液研究所的确认，认为 A 型行为（Type A Behavior）是引起冠心病的危险因素之一，并且是独立于其他危险因素的一个主要危险因素。

A 型行为人群的主要特征：个性强，争强好胜，固执，好争辩，总想超过别人；急躁，做事匆忙，行动较快；常有时间紧迫感；容易紧张，好冲动，爱生气，常有敌意情绪，具有攻击性等。Friedman 指出"时间紧迫感、过分的竞争性和敌意"是 A 型行为的两个核心成分；面对激烈的竞争，"A 型行为类型的人反应为易恼火（Aggravation）、激动（Irritation）、愤怒（Anger）和急躁（Impatience）"。Friedman 称之为 AIAI，"这些 AIAI 反应形成了 A 型行为"。B 型行为人群与 A 型行为人群相反，他们的主要特征：安宁，松弛，不喜竞争；很少有时间紧迫感，节奏慢；一般不紧张，随和，容易相处。

由于量表的不同设计者对 A 型行为类型的认识不同，因此评估 A 型行为类型的量表在评估的内容和形式上都有所差异。弗里德曼和罗森曼开发了第一个 A 型行为类型量表（Type A Behavior Pattern Scale，TABP），称为 A 型行为"结构式会谈"（Structured Interview，SI）。SI 采用面对面的交谈式评估方法，根据 A 型行为的特点，设计了一套标准的问题条目和刺激情境。在评估时，测试者通过观察被测者的反应，分别对这些特定的反应打分。美国医学心理学家詹金斯（Jankins）编制了 TABP 自陈量表，称为詹金斯活动性量表（Jenkins Activity Survey，JAS）。该量表是一种自陈式问卷，由被测者根据列好的题目回答，在大规模研究中较常用。此外，还有弗雷明翰 A

型量表（Framinghan Type A Scale，FTAS）和得克萨斯 A－B 型行为测验（Texas A－B Index，AI）。

在我国，1984 年成立了全国 A 型行为与心脑血管病协作组，由我国医学心理学专家张伯源教授主持，参考国外量表，结合我国国情，编制修订了中文版"A 型行为问卷"，于 1985 年开始在全国范围内广泛使用。该问卷共有 60 题，包括 3 个分量表：①TH，有 25 题，测定时间匆忙感（Time Hurry）、时间紧迫感（Time Urgency）和做事忙节奏快（do Something Rapidly）等特点。②CH，有 25 题，测试竞争性（Competitive）、缺乏耐性（Impatience）和敌意情绪（Hostility）等特征。③L，有 10 题，用以考察被测者回答问题是否认真、诚实，即测谎题。得分的计算方法：每题的回答与标准答案相符者计 1 分。首先计算 L 分，如 L 分≥7 分，表示该次测试真实度不高、无效，应该被剔除。L 分<7 分，则进一步计算 TH 和 CH 这 2 个分量表的得分。A 型行为的判定是根据 TH 和 CH 的分数相加（TH+CH）来确定的，最高分为 50 分。从 A 型到 B 型是一个连续体，分为五个等级。根据全国协作组在我国北方几省和南方几省的两次调查统计结果，确定了中文版 A 型行为问卷的常模标准：50～37 分归为典型的 A 型，36～29 分归为中间偏 A 型（简称 A 型），28～27 分归为中间型（简称 M 型），26～19 分归为中间偏 B 型（简称 B 型），18～1 分归为典型的 B 型。

4. C 型行为量表

C 型行为（Type C Behavior）又称安定消极型，由 Baltrusch 于 1988 年首先提出。C 型行为的人被认为具有癌症易感性。C 型行为人群的主要特征：①童年形成压抑、内心痛苦不向外表达及克制的性格。这种心理压抑性格可使正常细胞原癌基因转变为癌基因，Baltrusch 称之为遗传性致癌因素。②行为特征有过分合作、协调；姑息，谦虚，不自信，过分忍耐；回避矛盾，调和行为，愤怒不向外发泄而压抑（生闷气）；屈服于外界权势，压抑自己的情绪，焦虑，应激反应较强。③伴有生理、免疫方面的某些改变，如压抑愤怒可导致体内细胞免疫和体液免疫能力降低，测定其自然杀伤细胞（Natural Killing Cell，NK 细胞）减少。NK 细胞是一种淋巴细胞，它产生的细胞毒可杀伤癌细胞和被细菌、病毒感染过的细胞。C 型行为人群的社会依从性高，可使交感神经活化，皮肤电位升高。内源性阿片肽能使神经活化，从而改变垂体功能，通过改变甲状腺、肾上腺、性腺的功能，使循环、呼吸、消化、免疫功能等发生变化。

C 型行为量表由特默索克（Temoshok）设计。我国的张瑶等学者将 C 型行为量表引入国内。中文版 C 型行为量表共 97 题，分量表有焦虑（A）、抑郁（D）、愤怒（Ang）、愤怒内向（Exin）、愤怒外向（Exont）、理智（Rat）、控制（Cont）、乐观（Opt）、社会支持（Sup）。

5. D 型人格量表

D 型人格（Distressed Personality）由荷兰学者 Denollet 在 1996 年首次提出。D 型人格又称为忧伤人格，它的主要特征：经常体验忧虑、烦躁、易怒、悲观等负性情绪，同时在社会交往中常常抑制自己表达这些负性情绪。D 型人格包含两个维度的特质，即负性情感（Negative Affectivity，NA）和社交抑制（Social Inhibition，SI）。不少研究证实具有 D 型人格的冠心病患者死亡率、再次心肌梗死发病率的危险性大大增加，D型人格是影响冠心病预后的危险因素。

Denollet 相继编制出了 16 个题目（DS16）、24 个题目（DS24）、14 个题目（DS14）的量表。DS14 为最新版本，7 个条目评定 NA，7 个条目评定 SI。计分采用 Likert 量表 5 级评分法，从 0 分（完全不符合）到 4 分（完全符合），NA 和 SI 的得分范围为 0~28。原量表以常模样本量表分数中位数为分界点，NA 和 SI 得分均高于分界点的被测者被认为具有 D 型人格倾向。D 型人格系列量表在荷兰、德国、丹麦、加拿大等十几个国家得到广泛应用，显示出良好的心理测量学特征。

2005 年，中国科学院心理研究所的于肖楠和张建新首次报告 DS14 中文版，由荷兰蒂尔堡大学、香港中文大学与中国科学院心理研究所合作完成。后来，中南大学精神卫生研究所的张勇和张亚林以及昆明医学院第一附属医院的白俊云等也相继报告了不同译本。但 DS14 中文版划界分以及应用的信度、效度还需要进一步验证。

6. 美国智力落后学会适应行为量表

适应是指个体应对和顺应自然环境、社会环境的有效性。个体适应的内容主要包括两个方面，一是个体独立生活和维持生活活动能力的程度，二是对个人和社会所提出的文化要求所能满足的程度。适应性行为（Adaptive Behavior）是指个体是否有能力来适应其所处的社会环境、满足文化的要求，或表现出符合环境、文化对其年龄所期待的行为。适应性行为具有动态性，受个体发展和环境要求两个因素的影响。在个体的不同发展时期，适应性行为表现不一样。在学龄前期一般以感觉运动协调、自理技能和语言成熟为标准；学龄期以基本的学习技能来评价；成人期则以社会的适应能力为指标，依据经济的维持和社会准则的符合等行为表现来评估。

适应性行为的评估一般包括适应行为水平和不良适应行为状况两个方面。自从道尔（Doll）于 20 世纪 30 年代编制出第一个标准化的适应行为量表（Adaptive Behavior Scale，ABS）以来，适应行为的评估已成为儿童心理评估的重要内容，被许多国家和地区广泛应用于智力落后儿童的诊断与评估。美国智力落后学会适应行为量表由美国智力落后学会（American Association on Mental Retardation，AAMR，旧称 American Association on Mental Deficiency，AAMD）于 1969 年主持编制而成。该量表分为两式，一式适用于 13 岁以下儿童，另一式适用于 13 岁及以上年龄的人。量表包括两个部分，将适应能力划分为 6 个水平。此后经过修订，称为 AAMD 适应性行为量表 1974 年修订本。现在流行的 AAMD 适应性行为量表学校版是 1981 年再次修订而成的。

AAMD 适应性行为量表学校版分为两大部分，共有 95 个条目，分属于 21 个领域。第一部分评定正常适应行为，包括第 1 领域至第 9 领域；第二部分评定适应不良行为，包括第 10 领域至第 21 领域。21 个领域的主题分别为独立能力、躯体发育、花钱、语言发育、计数和计时、就业前的活动、自我导向、责任性、社会化、攻击性、社会行为与反社会行为、对抗行为、可信任度、参与或退缩、装相、社交表现、发音习惯、习惯表现、活动度、症状性行为、药物使用。不同的领域和条目又组合成五个因子，分别是一因子"个人的自我满足"、二因子"社区的自我满足"、三因子"个人和社会的责任性"、四因子"社会调节"、五因子"个人调节"。一至三因子由第 1 领域至第 9 领域组成，测验正常适应行为；四至五因子由第 10 领域至第 21 领域组成，测验不良适应行为。

AAMD 提出的适应能力有 6 个水平。①水平 1：在低的竞争环境中有一定能力，但在个人事务管理上需要某些支持和监督；②水平 2：在部分竞争或竞争环境中具有有效的社会和经济功能；③水平 3：在无竞争或受保护的环境中具有有限的社会和经济功能；④水平 4：对有限的环境刺激和人际关系有反应，生活需要监督或在有帮助的情况下处理一般的生活事务；⑤水平 5：仅对最简单的环境刺激和人际关系有反应，生活和日常生活事务完全依赖他人监督；⑥水平 6：有全面的生理或姿势上的残缺，需要全面医学护理。

2000 年我国 AAMD 适应性行为量表全国协作研究组制定了中文版的我国儿童适应能力常模，可用于小学 1～6 年级学生适应能力的测量，也可用于低智儿童的诊断。

7. Achenbach 儿童行为系列量表

Achenbach 儿童行为量表（Child Behavior Checklist，CBCL）是目前国际上评定儿童行为或情绪问题最常用的系列测评工具。根据作答者，CBCL 分为家长报告、教师报告（Teacher Report Form，TRF）、青少年自评（Youth Self Report，YSR）和直接观察者用表（Direct Observation Form，DOF），主要用于筛查儿童的社交能力和行为问题。Achenbach 儿童行为系列量表主要有如下几种。

（1）CBCL/4－16。该量表包括三个部分：①一般项目，如姓名、性别、年龄、父母情况；②社会能力，如参加体育运动情况、课余爱好、参加团体（组织）情况、课余职业或劳动、交友情况、与家人及其他小孩相处情况、在校学习情况等；③行为问题共 113 条，其中 56 条包括 8 小项。第一部分的项目不计分。第二部分的项目按规定计分，归纳成 3 个因子，即活动能力（Ⅰ、Ⅱ、Ⅳ）、社交能力（Ⅲ、Ⅴ、Ⅵ）及学校能力（Ⅶ），得分越高，表明社会能力越强。可依据各因子分绘制儿童能力轮廓图进行分析。第三部分是 CBCL 的重点，按最近 6 个月内的情况评定，每一条行为问题都有一个分数（0、1 或 2），称为粗分，把 113 条粗分加起来，称为总粗分。分数越高，行为问题越严重。行为问题可归纳为 8 或 9 个因子，不同性别、年龄组的因子组成有差异。把每一因子所包括的项目的粗分累加，得该因子粗分，因子粗分可换算成标准转换分（T 分）。然后根据相应性别、年龄的常模界值确定其是否异常。也可依据各因子分绘制儿童行为问题轮廓图进行分析。Achenbach 推荐以标准化样本的行为问题总分第 90 百分位及各行为问题分量表的第 98 百分位作为划分临床范围与正常范围的界值。但我国有学者提出，行为问题总分第 80 百分位、TRF 第 75 百分位为最佳划界值，分量表以第 84 百分位为最佳划界值。

（2）CBCL/2－3（2～3 岁儿童行为检查表）。该量表包括两个部分：①一般资料，如姓名、性别、年龄、民族、出生日期、填表日期、填表人（与小儿关系）、父亲文化程度和职业、母亲文化程度和职业等。②行为问题共 100 条。每个条目按英语字母顺序排列。该量表由熟悉儿童的家长填答，可用于筛查婴幼儿的行为问题。

（3）Achenbach 青少年自评量表（Youth Self Report for Ages 11～18，YSR）。该量表适用于 11～18 岁的青少年，包括两个部分：①功能项目（Competence Items）；②问题部

分（Problem Items）。问题部分共有 112 个题目，其中第 56 题分为a~g，再加上开放性问题 h,共 119 个问题，由青少年评定自己最近 6 个月的情况。计分分为 3 个等级：①0 表示题目提到的情况没有发生过；②1 表示有轻度或有时有此项表现；③2 表示明显或经常有此项表现。评分时分为几个综合问题：Ⅰ退缩行为、Ⅱ躯体主诉、Ⅲ焦虑/抑郁、Ⅳ社交问题、Ⅴ思维问题、Ⅵ注意缺陷、Ⅶ违纪行为、Ⅷ攻击行为、Ⅸ其他问题。其中Ⅰ~Ⅲ的得分之和为内向因子，Ⅶ与Ⅷ得分之和为外向因子。

YSR 2001 年版（香港中文大学梁永亮中文版）包括能力量表和问题量表两部分。问题量表由 124 个条目构成，分析 106 个问题。分析因子包括焦虑/抑郁、退缩、身体不适、社会化问题、思想问题、注意力问题、过失行为、攻击性行为、其他问题。YSR 2001 年版扩大了适用年龄范围，可用于 6~18 岁儿童和青少年。

第二节 健康状况评价

一、健康状况评价的概念

健康状况评价（Evaluation of Health Status）是通过研究分析人群的健康水平及其发展变化来探讨人群中存在的主要健康问题，筛选影响人群的健康水平及其发展变化的主要因素，评估各种健康计划、方案、措施的效果。健康状况评价主要采用一些客观指标，如总和生育率、发病率、死亡率、吸毒率等。健康状况评价本身又可对卫生工作的成效进行衡量，在医学的各个领域得到广泛应用，如用于确定一个国家或地区的卫生工作重点，为制订卫生计划和采取卫生措施提供依据，用于反映临床治疗方法的效果以及患者的预后等。

随着医学模式的转变，反映群体健康状况的指标发生了很大变化。直至 19 世纪末，测量人群的健康状况一般是以生命统计为基础，把与死亡相关的指标作为其主要内容。到 20 世纪初，许多新的健康问题伴随着工业化的迅猛发展陆续出现，人群健康状况评价的指标从死亡扩展到疾病，但最初仅用于传染病，后来逐渐扩展到慢性病。以疾病、死亡为主要内容的群体健康评价被称为传统健康评价。

传统健康评价的内容无法满足现代医疗卫生事业发展的需要，且缺陷日益明显，因此学者提出了扩大疾病和整体健康的概念。扩大疾病考虑了疾病所产生的后果，如残疾，但是这并未脱离负向健康模式。整体健康（Integrative Health）打破了疾病与死亡的概念，把健康状况看成一个复杂现象，认为从完全健康到死亡为一个连续变化的过程，其评价内容包含正向指标和负向指标，测量健康的单位从例数扩展到时间和经济单位。表 8-1 为整体健康指标与传统健康指标的主要区别。

表 8-1　整体健康指标与传统健康指标的主要区别

	整体健康指标	传统健康指标
参考概念	整体健康	疾病或死亡
测量现象数	多种	一种
权重系数	使用	未使用
测量单位	功能、时间、经济单位	例数

二、健康状况评价的内容

根据整体健康的概念，一般来讲，群体健康评价主要包括以下几方面。

（一）人口学指标

人口学指标指反映群体的数量、结构及其变化与群体素质方面的指标，由静态人口、动态人口和人口素质构成。静态人口包括人口数量和人口构成，动态人口主要指出生、死亡所导致的自然变动以及迁入、迁出所导致的社会变动。较重要的人口学指标有人口数量、年龄及性别构成、出生率、总和生育率、人口自然增长率、成人识字率等。这些指标主要通过人口调查获得。

（二）生理学指标

生理学指标是指性别、年龄、生长发育、遗传和代谢等反映人的生物学特征的指标，它也是生物医学研究的主要内容，包括生长发育、行为发展和群体营养状况三个部分，以生长发育指标最为重要。其用于群体健康评价，比较重要的指标有年龄别低体重和低身高百分比、身高别低体重百分比、新生儿低体重百分比、每日平均摄入热量等。这些指标多由实验检查和人体测量获得。

（三）心理学指标

心理学指标指反映人们心理特征的指标，主要包括性格、智力和情绪三方面的内容。心理学指标应是评价群体健康的重要指标，但由于测量性格、智力和情绪的过程复杂，所以在群体健康评价中较少使用。有学者提议用相对容易获得的自杀率、青少年犯罪率、青少年吸烟（毒）率等指标来反映人群的心理健康状况。

（四）生存健康指标

生存健康指标是指反映人们在生存过程中健康水平低下（主要指患病）或直接受到损害的一些指标，包括疾病频率、疾病构成、疾病严重程度和伤残指标，它们也是生物医学研究的一类主要健康状况指标。其中较重要的指标有发病率、患病率、疾病构成比、因病（伤）休工（休学）人数、残疾率等。这些指标多通过疾病登记和健康调查获得。

（五）生命长度指标

生命长度指标是指反映人们生存时间长度或生命持久能力的指标，包括死亡率、死亡原因和期望寿命三部分，它们是传统的且研究较深入的指标。具代表性的指标包括总死亡率、年龄别死亡率、婴儿死亡率、死因构成比、平均期望寿命、减寿年数等。这些指标多通过死亡统计或死亡调查获得。

（六）社会学指标

社会学指标反映人群健康的社会方面，涉及人们在社会生活中所接触的与其身心健康发展有关的各个方面，主要包括社会经济发展、社会结构、生活模式等方面的指标。这些指标被认为是健康状况的相关或间接指标。其中具有代表性的指标包括 GNP、人均国民收入、职业构成、消费水平、消费结构、恩格尔系数、基尼系数等。社会学指标主要通过社会统计与人口调查获得。

知识拓展

中国的基尼系数

基尼系数（Gini Coefficient）是 20 世纪初意大利经济学家基尼根据劳伦茨曲线提出的用于判断居民收入分配公平程度的指标。其取值介于 0 到 1 之间，越接近 0，表明收入分配越趋于平等，反之，收入分配越趋于不平等。按照国际一般标准，基尼系数 0.4 以上表示收入差距较大，当达到 0.6 时，表示收入悬殊。

根据国家统计局给出的我国十年基尼系数官方数据显示：2003 年为 0.479，2006 年为 0.487，2008 年为 0.491，2009 年为 0.490，2012 年为 0.474，表明我国在 2003 年至 2012 年，基尼系数先是逐步扩大，后又略有缩小。

三、选择健康状况评价指标的原则

在具体进行人群健康状况评价时，不可能也没有必要把上述各方面的指标全部选入，选择健康状况评价指标的原则如下。

（一）目的原则

目的原则是指应针对具体问题选择相应的指标。如做群体评价时，可以在每一个方面选取有代表性的指标或设法把多方面的指标转换成一个或者少数几个综合指标；描述负向健康时，可以选择疾病指标和死亡指标。

（二）公认原则

公认原则是指一般应选择社会公认的指标，即那些有科学依据、常被权威机构或专家使用的指标。目前在不同地区、国家乃至世界范围内评价人群健康状况时常使用的指标有平均期望寿命、出生率、总死亡率、婴儿死亡率、传染病发病率、慢性病患病率、儿童营养状况、成人识字率、安全用水普及率等。

（三）可行性原则

可行性原则是指应选择容易获得的指标。许多健康指标，如慢性病发病率、人群的智力结构、人群的行为能力等的确很好，但很难获得，因此其使用范围有限。相反，人均国民收入、职业构成比、消费水平、消费结构等社会经济方面的指标以及与死亡有关的指标容易获得，应用相当广泛。

（四）敏感性原则

敏感性原则是指应选用对健康状况的变化具有一定敏感度的指标。如在死亡水平极低的情况下，选用死亡率作为群体健康状况评价指标就无法充分显示健康水平的变化，此时应考虑选用健康寿命年等其他指标。

第三节　评价健康状况的指标体系

一、人口学指标

（一）人口数量

人口数量指在一定时点与地理范围内，人口的绝对数量与相对数量。评价人口数量应以社会经济与卫生事业的发展为依据。人口数量过多，会导致社会资源相对不足，不利于提高人群的身体素质和文化素质。常用于评价人口数量的指标包括时点人口数（多用年初、年中和年末人口数）、时期人口数（多用年平均人口数）、人口密度。

（二）性别构成

性别构成主要反映群体中男女的构成状况，有两种表示方法：①性别百分比，指群体中的女性人口或男性人口所占的百分比。②性比例，指以女性人口数为 100 时的男性人口数。不同年龄的性比例不同。出生时的性比例在 105～106 之间，称为婴儿性比例稳定值。年龄越大，性比例越小。低年龄组男多于女，婚龄时的性比例一般在 100 左右，高年龄组女多于男。

（三）年龄构成

年龄构成是指各年龄组的人口数占总人口数的比重。一定时间断面上的人口年龄构成是过去一段长时间内人口出生、迁移和死亡的结果，是影响人口出生和生育水平的重要因素，是未来一段时间内人口出生和死亡的依据，它同时也是评价群体健康的经典指标。由于各年龄的生理、心理、疾病和社会功能等均不同，各年龄的健康状况也有所不同。常用于评价人群健康状况的年龄构成指标如下：

（1）老年（或少年儿童）人口系数：老年人口系数指 65 岁及以上的老年人口在总人口中所占的比例。少年儿童人口系数指 14 岁及以下的少年儿童人口在总人口中所占的比例。

（2）老少比例（老年少年儿童比例）：老少比例指 65 岁及以上的老年人口数与 14 岁及以下的少年儿童人口数之比。

（3）负担系数：负担系数指非劳动力人口数与劳动力人口数的比值。非劳动力人口一般指 14 岁及以下的少年儿童人口和 65 岁及以上的老年人口，劳动力人口指年龄在 15~64 岁的人口。负担系数包括总负担系数、少儿负担系数与老年负担系数。各种负担系数的计算公式如下：

$$总负担系数 = \frac{14\ 岁及以下少儿人口数 + 65\ 岁及以上老年人口数}{15 \sim 64\ 岁劳动力人口数} \times 100\%$$

$$少儿负担系数 = \frac{14\ 岁及以下少儿人口数}{15 \sim 64\ 岁劳动力人口数} \times 100\%$$

$$老年负担系数 = \frac{65\ 岁及以上老年人口数}{15 \sim 64\ 岁劳动力人口数} \times 100\%$$

（4）人口金字塔：人口金字塔用条形图来表示人口的性别和年龄结构。通过人口金字塔，可以看出各年龄组的男性人口数和女性人口数及其构成，可以分析出过去几十年人口出生和死亡情况以及将来几十年的人口发展趋势。根据塔形，人口金字塔主要包括以下三种类型：

1）增长型：塔形塔底宽、顶尖，表明年轻人口所占的比重大，人口出生率、死亡率非常高，平均期望寿命短，反映人群的健康状况较差。

2）稳定型：塔身和塔底的宽度基本接近，塔尖逐渐收缩。表明除老年组外，其他各年龄组的人数相差不大，反映人群的健康状况较好。

3）缩减型：塔形塔底窄、塔身宽，表明年轻人较少，中年人所占的比重大，反映人群的健康状况介于增长型与稳定型之间。

（四）社会构成

社会构成是指人群文化、职业、婚姻、经济等社会特征的构成。文化构成可反映一个国家或地区的文化教育状况，是影响人群健康状况的主要因素之一，常用的指标包括成年人文盲率、成人识字率、初等教育与高等教育就学率等。职业的划分通常是以在业人口的工作性质为依据，按照劳动性质又可分为脑力劳动和体力劳动两类。

（五）人口生产和再生产

人口生产和再生产的评价指标主要包括反映出生的出生率，反映生育水平的一般生育率、年龄别生育率、总和生育率和终生生育率，反映人口更替水平的净再生育率与粗再生育率等指标。

（六）人口自然增长率

人口自然增长率反映人口的自然增长情况，它表示一定时期内人口出生人数与死亡人数之差和年平均人口数之比，即人口出生率减人口死亡率。该指标能较好地说明由于出生和死亡的作用导致的人口数量变化，在一定程度上可反映人口健康水平的高低。社会发展到一定阶段，人口自然增长率会趋向稳定的低水平。人口自然增长率不同，其健康意义有所不同。一般而言，出生率上升、死亡率稳定、自然增长率上升时，表明人群的健康状况不佳。出生率稳定、死亡率上升、自然增长率下降时，表明人群的健康状况不佳。出生率上升、死亡率下降、自然增长率上升时，表明人群的健康状况一般。出生率稳定、死亡率下降、自然增长率上升时，表明人群的健康状况好。出生率下降、死亡率稳定、自然增长率下降时，表明人群的健康状况好。

（七）人口素质

人口素质的内容主要包括思想道德素质、文化素质和身体素质。可以用生命素质指数（Physical Quality of Life Index，PQLI）和美国社会健康协会指标（American Social Health Association，ASHA）等来评价人口素质。

二、生长发育指标

（一）生长发育指标体系

儿童青少年的生长发育水平和特征是人群健康状况的重要组成方面，同时它们也反映了一个国家的经济水平、文化教育、医疗卫生保健事业的发展状况。生长发育指标体系主要包括体格发育指标、体能发育指标和心理行为发育指标三方面。

（1）体格发育指标：身高、体重、胸围、腹围、坐高、体质指数等。

（2）体能发育指标：体能分为健康相关体能和运动相关体能，前者用生理功能指标反映，后者用运动能力指标反映。生理功能指标包括肺活量、握力、背肌力等。运动能力主要通过相应的运动成绩来体现，这些运动包括力量、耐力、速度、灵敏、柔韧、协调和平衡能力等方面的运动，如俯卧撑、引体向上、仰卧起坐、短跑、长跑、坐位体前屈等。

（3）心理行为发育指标：认知能力指标、情绪状态指标、个性发育指标和社会适应能力指标。认知能力指标主要包括感知能力、记忆能力、注意能力、思维能力和执行功能。情绪状态指标主要指不良情绪状态，如焦虑、抑郁、恐惧、偏执等。个性发育指标有兴趣、理想、性格、气质等。社会适应能力指标有社交能力、人际关系能力等。

（二）生长发育评价方法

生长发育评价既可针对个体也可针对群体，主要内容包括四个方面：生长发育水平、生长发育速度、发育匀称程度和体质综合评价。由此建立的评价方法非常多，主要包括离差评价法（等级评价法、曲线图法）、相关回归法、百分位数法、生长速度评价法、指数法和发育年龄评价法等。单独一种方法并不能够实现对生长发育的全面评价。实际运用中，需要针对具体的评价目的分别选择适宜的方法，必要时进行组合。

1. 离差评价法

离差评价法是以指标的均数为基准、标准差为离散距，制定划分有若干等级的生长发育评价标准。制定生长发育评价标准时需要的指标均数和标准差需要通过大规模的正常儿童青少年的横断面调查获得。评价时，将评价对象的指标实测值与该评价标准进行对比，从而评判其生长发育情况。

（1）等级评价法：评价时将评价对象的某指标实测值与发育评价标准中该指标的同年龄、同性别的发育等级标准进行比较，以评定其发育等级。评价群体时，先评定群体中每位个体的发育等级，再统计各发育等级的人数占总人数的百分比。常用的有年龄别低体重百分比、年龄别低身高百分比和身高别低体重百分比等。

1）年龄别低体重百分比：指年龄别低体重的儿童数在同年龄、同性别的儿童总数中所占的百分比。该指标可反映儿童自出生以来的营养情况。年龄别低体重一般指体重低于同年龄、同性别的标准体重（均值）减两倍标准差或中位数减两倍标准差。

2）年龄别低身高百分比：指年龄别低身高的儿童数在同年龄、同性别的儿童总数中所占的百分比。该指标可反映儿童生长发育是否迟缓（慢性营养不良）。年龄别低身高一般指身高低于同年龄、同性别的标准身高（均值）减两倍标准差或中位数减两倍标准差。

3）身高别低体重百分比：指身高别低体重的儿童数在同身高、同性别的儿童总数中所占的百分比。该指标可反映儿童是否消瘦（急性营养不良）。身高别低体重一般指体重低于同身高段、同性别的标准体重（均值）减两倍标准差或中位数减两倍标准差。

（2）曲线图法：该法是先将男女各个年龄组某发育指标的 $\bar{x}$、$\bar{x} \pm 1s$、$\bar{x} \pm 2s$ 的值分别标在坐标纸上，连成五条标准曲线（发育指标为纵轴，年龄为横轴）。标准曲线的绘制需要分男女。评价个体时，可将评价对象的指标实测值点在相应位置，将连续几年的测量值连成线，与标准曲线比较能反映该评价对象的生长现状和发育趋势。评价群体时，可将评价群体各年龄组的指标均值曲线与同年龄、同性别的标准均值曲线比较。

2. 百分位数法

百分位数法是以某指标的第 50 百分位数（P_{50}）为基准，以其余百分位数（包括 P_3、P_5、P_{10}、P_{25}、P_{75}、P_{90}、P_{95}、P_{97}）为离散距来制定生长发育标准。百分位数法有表、图两种形式。将年龄别身高曲线图与体重和 BMI 等相应图相结合，是目前国内外常用的生长发育评价标准制定方式。根据百分位数划分的发育等级：P_3 以下为下等，$P_3 \sim P_{25}$ 为中下等，$P_{25} \sim P_{75}$ 为中等，$P_{75} \sim P_{97}$ 为中上等，P_{97} 以上为上等。

评价个体时，将评价对象的指标实测值与发育评价标准中该指标的同年龄、同性别的相应指标进行比较，根据其所处的百分位数来评定发育情况。评价群体时，按上法在对群体中每个个体评价的基础上，统计各发育等级的人数及其所占的比例。

3. 相关回归法

相关回归法是利用回归方程式和估计标准差来评价生长发育情况的方法。该法先依据大量的儿童发育资料得到均值、标准差和相关系数，然后通常以身高为自变量，体重、胸围等指标为因变量，得出回归方程式，并计算出估计标准差，依据各个方程式计算出与身高相应的体重、胸围等指标的计算值，然后将这些计算值统一编制成相关回归表。

相关回归法主要用于评价生长发育水平和发育匀称程度。评价时，首先找到与评价对象的年龄、性别相对应的相关回归表，根据身高实测值可确定身高发育水平（参考等级评价法），再将评价对象的体重、胸围实测值（Y）与相关回归表中该身高组相应的估计体重、胸围（$\hat{Y}$）进行比较，从而可算出发育匀称度（R）。发育匀称度的计算公式如下：

$$R = \frac{Y - \hat{Y}}{S_{xy}}$$

$|R|<1$，发育匀称；$|R|\geqslant1$，发育不匀称。

4. 生长速度评价

常用身高年增长值与身高年增长率来反映生长速度。身高年增长值是由群体两个连续年龄组的身高均值相减得到，如将 10 岁组与 9 岁组的身高均值相减就得到 9 岁组的身高年增长值。身高年增长率是由身高年增长值除以身高基数（前一岁组的身高均值）得到的。身高年增长率的计算公式如下：

$$V_t(\%) = \frac{H_{t+1} - H_t}{H_t} \times 100\%$$

V_t（%）表示身高年增长率，H_t表示前一岁组的身高均值（身高基数），H_{t+1}表示后一岁组身高均值。

5. 指数法

指数法是根据身体各部分的比例关系，利用一定的数学公式，将两项或多项指标结合起来转化成指数进行评价。常用指数有三类：反映体型的指数、反映营养状况的指数和反映生理功能的指数。

（1）反映体型的指数。

1）身高体重指数：又称克托莱（Quetelet）指数，表示单位身高的体重，反映了人体的充实度。其计算公式为：

$$身高体重指数 = \frac{体重（kg）}{身高（cm）} \times 100\%$$

2）身高胸围指数：反映胸廓的发育状况，也可从横截面反映躯干体型。其计算公式为：

$$身高胸围指数 = \frac{胸围（cm）}{身高（cm）} \times 100\%$$

3）劳累尔（Rohrer）指数：是人体骨骼、肌肉、脂肪、内脏器官发育的综合体现，反映人体单位体积充实度。其计算公式为：

$$劳累尔指数 = \frac{体重（kg）}{身高（cm）^3} \times 10^7$$

其他反映体型的指数有身高坐高指数、腰臀围比、肩盆宽指数和腰围身高比等。

（2）反映营养状况的指数。反映体型的一些指数如身高体重指数、身高胸围指数、劳累尔指数等也是反映营养状况的指数。目前广泛应用的反映营养状况的指数为身体质量指数（Body Mass Index，BMI）。其计算公式为：

$$BMI = \frac{\text{体重（kg）}}{\text{身高（m）}^2}$$

知识拓展

BMI

2000 年国际肥胖特别工作组提出亚洲成年人 BMI 正常范围为 18.5～22.9，<18.5 为体重过轻，≥23.0 为超重，23.0～24.9 为肥胖前期，25.0～29.9 为Ⅰ度肥胖，≥30.0 为Ⅱ度肥胖。

2002 年我国卫生部《中国成人超重和肥胖症预防控制指南》给出了判断我国成人超重和肥胖的 BMI 推荐范围：24.0≤BMI<28.0 为超重，BMI≥28.0 为肥胖。

（3）反映生理功能的指数。反映生理功能的指数主要包括体重握力指数、体重背肌力指数、身高肺活量指数和体重肺活量指数。前两个指数是以单位体重方式显示（前臂）握力和（腰背部）背肌力，后两个指数反映肺通气能力的大小。它们的计算公式分别为：

$$\text{体重握力指数} = \frac{\text{左右手平均握力（kg）}}{\text{体重（kg）}}$$

$$\text{体重背肌力指数} = \frac{\text{背肌力（kg）}}{\text{体重（kg）}}$$

$$\text{身高肺活量指数} = \frac{\text{肺活量（ml）}}{\text{身高（cm）}}$$

$$\text{体重肺活量指数} = \frac{\text{肺活量（ml）}}{\text{体重（kg）}}$$

6. 发育年龄评价法

发育年龄评价法（Developmental Age Appraisal）是指依据某些身体形态与生理功能指标以及第二性征的发育水平及其正常变异来制成标准年龄，用以评价个体的发育状况。目前常使用四种发育年龄：形态年龄、第二性征年龄、齿龄与骨龄。

形态年龄指用某种形态指标制成标准年龄来反映个体的发育状况，最常用身高年龄与体重年龄。第二性征年龄常用的指标包括女孩的乳房、腋毛、阴毛，男孩的喉结、变声、腋毛、阴毛和睾丸容积等，它仅限于青春期少年的发育评价。齿龄是按照儿童牙齿的发育顺序制成标准年龄，用以反映个体发育状况。骨龄是通过儿童少年的骨骼钙化程度与骨发育标准的比较来进行评价，它能精确地反映出个体的发育水平与成熟程度，在发育年龄中应用最为广泛。

三、疾病与残疾

疾病是健康的负向状态，它直接反映人健康状况受到损害的情形。很多疾病虽然不会直接导致死亡，但在短期或长期内给患者的精神和身体带来痛苦，影响患者的正常生活和劳动。疾病危害人类健康的严重程度主要根据疾病的种类及其发生频度、患病的时间长短、影响劳动力的大小、防治效果以及因病死亡状况等几个方面来评价。

（一）疾病分类

疾病分类是按一定的分类标准把各种病伤先分成若干大类，再将大类分成小类，分类后各小类包括相应的病伤，且各小类之间不能相互重叠，不应出现某一种疾病无类可归或可归数类的现象。现代医学多以疾病的病理解剖为基础，根据病因、部位、病理改变和临床表现这四个主要特征对各种疾病进行命名与分类。目前多采用国际疾病分类（International Classification of Diseases，ICD）第 10 次修订本（ICD-10）对疾病进行分类。

（二）残疾的概念与残疾的分类

1. 残疾的概念

残疾是疾病的后果之一。1991 年的《保护残疾人法》中将残疾人定义为：因不正常或丧失了某种器官或功能，可以是生理上或心理上遭受痛苦，失去表现正常活动的全部或部分能力。残疾具体表现在以下几方面：

（1）慢性损害（Chronic Condition/Impairments）：为最常见的残疾标志，它主要表现为机体组织器官的缺陷或功能丧失，通常是机体长期的、慢性的、不可恢复的损害，如听力障碍、关节炎、消化不良等。

（2）功能受限（Function Limitation）：指与慢性病或残疾相关的行为，如糖尿病所导致的视力受损和行走障碍。感觉受限和行动受限是最常见的功能受限，感觉受限包括听力障碍、视觉障碍、语言障碍，行动受限包括行走、爬楼梯、举重物受限。

（3）角色受限（Activity Limitation）：一般指特定年龄人群的正常或主要角色活动受到限制，这些角色活动包括：①6 岁以下儿童的正常玩耍；②6~17 岁青少年的学习能力；③18~64 岁人群的工作、劳动或做家务的能力；④65 岁及以上老年人群的独立生活能力（如洗澡、穿衣、进食、购物以及其他自我照料的能力）。

2. 残疾的分类

2001 年 5 月 22 日，世界卫生组织出版了《国际功能、残疾和健康分类》（ICF），ICF是世界卫生组织在个体和人群水平上测量健康和残疾的框架结构，认为每个人都可能经历健康的递减，即经历残疾。残疾是对病损、活动受限和参与能力限制的概括性术语。病损是指身体功能和结构出现的问题，如一种显著的偏差或丧失；活动受限是指个体在进行活动（任务和行动）时可能存在困难；参与能力限制是指个体投入生活情境中可能经历的问题。例如，手指的断裂为病损，结果是精细运动功能障碍，此为活动受限，而所导致的参与能力限制与个体的特定社会生活环境有关，如一位钢琴家可能会因此面临失业。

（三）疾病和残疾指标

疾病和残疾常用指标：①反映疾病频度的指标，如发病率、患病率；②反映疾病严重程度的指标，如治愈率、某病死亡率、某病病死率、因病（伤）休工（休学、卧床）率；③疾病构成比，以及残疾患病率、残疾构成比等。

四、死亡指标

死亡标志着生命的结束，健康彻底消失，它既是一种生物学现象，又是一种社会现象。在不同的社会制度以及不同的生产力发展水平条件下，死亡的水平及原因有所差异。由于死亡容易判断，且较少受到技术条件的限制，因此死亡指标作为群体健康状况评价指标，使用最为广泛、最为悠久。目前大多数国家和地区都建立了死亡登记报告制度，因而死亡指标较易获得。

（一）死亡水平

1. 总死亡率

总死亡率是指每年每千人的死亡数，它是人群死亡水平的总度量，在一定程度上可反映人群的健康水平。总死亡率为低优指标，即其值越低，表示人群的健康状况越好，反之，则健康状况越差。总死亡率的计算公式如下：

$$总死亡率 = \frac{某年死亡总人数}{同年平均人口数} \times 1000‰$$

2. 年龄别死亡率

年龄别死亡率是指某年龄组每年每千人的死亡数，常用千分率来表示。死亡率随年龄不同而有所变化，一般来讲，从出生到儿童期，年龄越小，死亡率越高，儿童期以后则年龄越大，死亡率越高。由于低年龄组的死亡变化比高年龄组大得多，因此低年龄死亡率是较敏感的健康指标。不同年龄的死亡反映的人群健康意义有所不同。低年龄死亡占总死亡的比例高，表明群体的健康状况差，特别是婴儿死亡对平均期望寿命的影响较大。高年龄死亡，尤其是平均期望寿命以上的死亡占总死亡的比例高，则表明群体的健康状况好。年龄别死亡率的计算公式如下：

$$年龄别死亡率 = \frac{某年某年龄组的死亡人数}{同年该年龄组平均人口数} \times 1000‰$$

3. 婴儿死亡率

婴儿死亡率是指一年中不满周岁的婴儿死亡数占同年活产总数的千分比。该指标能较好地衡量人群的健康状况，对评价医疗卫生、妇幼保健和社会经济状况较为敏感。其计算公式如下：

$$婴儿死亡率 = \frac{某年不满周岁婴儿死亡数}{同年活产总数} \times 1000‰$$

4. 5 岁以下儿童死亡率

由于新生儿死亡占婴儿死亡的很大一部分（一般占 50% 以上），他们从出生到死亡的时间非常短，还没有机会享受到保健服务，因此婴儿死亡率在一定程度上不能反映儿童保健工作的状况，所以一般用 5 岁以下儿童死亡率来说明妇幼保健工作的情况。计算 5 岁以下儿童死亡率时，分母应该使用 5 岁以下儿童的总数，计算结果反映 5 岁以下儿童的死亡率。但由于在发达国家不易获得 5 岁以下儿童总数的准确数据，因此计算时分母改用较易得到的活产总数，计算结果反映儿童从出生到满 5 岁的死亡概率。5 岁以下儿童死亡率的计算公式如下：

$$5\ 岁以下儿童死亡率 = \frac{某年\ 5\ 岁以下儿童死亡数}{同年活产总数} \times 1000‰$$

5. 其他死亡率指标

其他死亡率指标包括孕产妇死亡率、围生儿死亡率、特殊人群死亡率等，也可用于评价人群的健康状况。

（二）死亡原因

在 ICD-10 推荐的死亡类目表中，死亡原因被分为数十种，并有与疾病三位数字分类表相对应的编码。如导致死亡的原因有多种，则应按根本死亡原因进行归类。根本死亡原因是指直接导致死亡的一系列病态事件中最早的那个疾病或损伤，或者是造成致命损伤的那个事故或暴力的情况。

根据居民某种或某类死亡原因导致的死亡数占死亡总数的百分比，可计算出居民死亡的死因构成，再按死因构成比的大小由高到低排出位次，即死因顺位。该死因顺位可反映居民死亡的主要原因，可为确定卫生保健工作的重点提供依据。2017 年我国部分地区城市居民与农村居民的死因统计表明，城市居民前五位死因分别是恶性肿瘤、心脏病、脑血管疾病、呼吸系统疾病、损伤和中毒，农村居民前五位死因分别是脑血管疾病、恶性肿瘤、心脏病、呼吸系统疾病、损伤和中毒（表 8-2）。

表 8-2 2017 年我国部分地区城乡居民前十位疾病死亡专率及死因构成

顺位	城市			农村		
	死亡原因	死亡专率(1/10 万)	死因构成(%)	死亡原因	死亡专率(1/10 万)	死因构成(%)
1	恶性肿瘤	160.04	25.97	脑血管疾病	157	23.18
2	心脏病	142.99	23.20	恶性肿瘤	156.22	23.06
3	脑血管疾病	126.48	20.52	心脏病	154.15	22.76
4	呼吸系统疾病	67.68	10.98	呼吸系统疾病	78.35	11.57
5	损伤和中毒	35.88	5.82	损伤和中毒	52.73	7.78
6	内分泌营养和代谢疾病	20.56	3.34	内分泌营养和代谢疾病	16.29	2.41
7	消化系统疾病	14.66	2.38	消化系统疾病	14.38	2.12
8	神经系统疾病	7.73	1.25	神经系统疾病	7.55	1.12
9	泌尿生殖系统疾病	6.74	1.09	泌尿生殖系统疾病	7.55	1.11

顺位	城市			农村		
	死亡原因	死亡专率 (1/10万)	死因构成 (%)	死亡原因	死亡专率 (1/10万)	死因构成 (%)
10	传染病	6.24	1.01	传染病	7.43	1.10
	合　计	—	95.56	合　计	—	96.21

第四节　健康状况综合评价

一、综合评价方法

健康状况评价应是多方面、全方位的整体评价。健康状况综合评价是用某种方法把一系列群体健康状况指标结合起来，以形成一个定量的、标准的、可以全面反映健康状况的新指标——健康状况指数。指标和指数是不同的，指标可以定性，也可以定量，但仅能描述健康的某个特定方面。指数是综合性的定量测量，是多个指标的结合，可以描述健康多方面的整体现象。用健康状况指数来描述复杂的健康状况要比用健康状况指标体系简单明了。

健康状况指数虽然可以综合描述健康状况，但并不代表健康水平的实际值，它只是多个健康指标综合的结果。计算健康状况指数的目的是比较不同地区或不同时期人群的综合健康状况。一个孤立的健康状况指标是没有多少价值的。假定甲地区 A 类健康指标较好，B 类健康指标较差，而乙地区 B 类健康指标较好，A 类健康指标较差，如直接用健康指标比较就很难说明哪个地区的健康状况好，但把 A、B 两类结合成一个简明的指数，就可以判明哪个地区的健康状况好。实际上这时的健康状况指数反映了两地区人群健康状况综合水平的相对位置（Relative Health Position，RHP）。

把健康各方面指标综合成指数的方法主要有以下几种。

（一）加权法

如果健康各指标的作用相互独立，不存在交互作用，可用加权法来计算健康状况指数。加权法中涉及各个指标在整体健康状况中的重要性，即权重问题。等量权重是假定各健康指标对健康状况的贡献是相等的，此时可先将各指标的度量单位统一，形成标准值（Conventional Value，CV），再进行简单相加或计算其算术平均数即为健康状况指数，如 PQLI 和秩和比。如果各指标的度量单位一致，则直接相加或计算其算术平均数即可。

大多数指标对健康状况的相对作用是不同的，这时的健康状况指数应结合权重系数。具体计算方法有两种：①如果各指标的测量单位相同，将各指标值乘以相应的权重系数，其结果相加再除以权重系数之和即得健康状况指数，如各种减寿年数；②如果各指标的测量单位不一致，应先将其测量单位统一，形成标准值，然后将各指标的标准值乘以相应的权重系数，其结果相加再除以权重系数之和即得健康状况指数，如 Z 分加法模式。

权重系数可以通过下列方法确定：召集有关专业人员或专家通过经验判断；采用他人曾使用过的权重值；用多元统计分析方法确定，如多元回归分析、因子分析等；采用一些测量方法来确定，如德尔菲法、标准概率法等。

计算标准值较常用的一种方法是将高优指标的最大值作为 100、最小值作为 0，低优指标则相反，采用下式来计算标准值：

$$CV_i = \frac{B_i - I_i}{(B_i - A_i)} \times 100 \text{ 或 } CV_i = \frac{I_i - A_i}{(B_i - A_i)} \times 100$$

CV_i 表示 i 指标的标准值，A_i 表示 i 指标最小值，I_i 表示 i 指标值，B_i 表示 i 指标最大值。

前式适用于低优指标，后式适用于高优指标。计算的结果是 CV 值在 0~100 间，值越大越好。最大值和最小值可以是被比较地区或人群中某指标的最大值和最小值，也可是全国或全世界的最大值和最小值。PQLI 使用此方法。

（二）相乘法

如果各健康指标存在协同作用，相互不独立，可用相乘法来计算健康状况指数。所谓协同作用，是指某个指标水平低下，整体健康状况也将下降，两个或两个以上指标水平同时降低时，整体健康水平下降程度比各指标的作用所致的下降程度还要大，这种情况不适用加权法。

相乘法有多种形式：可以把众多健康指标直接相乘，其结果即为健康状况指数。也可以把高优指标相乘作为分子，低优指标相乘作为分母，以便比较那些各指标差别不大的地区和人群，如 ASHA。如果把低优指标相乘作为分子，高优指标相乘作为分母，其值相对较小，可以用于比较那些各指标差别较大的地区和人群。有时可以把相对较重要的指标相乘作为分子，重要性稍差的指标相乘作为分母，以考虑权重在指数中的作用。

（三）统计方法

很多统计方法可用于群体健康状况综合评价。如多元统计方法中的多元线性回归、主成分分析、因子分析、聚类分析、判别分析等都是一些综合分析方法。其他一些统计方法，如秩和检验、等级相关、Ridit 分析等也可用于健康状况综合评价。

二、平均期望寿命和健康期望寿命

(一) 平均期望寿命

平均期望寿命简称为期望寿命，它代表在一定的年龄别死亡率条件下，各年龄尚存者今后还可存活的平均年数。该指标综合反映了一个国家或地区的社会经济、文化、医疗卫生水平与人群健康状况，且容易获得，因而是一个较常用的群体健康状况评价指标。平均期望寿命是一个正向指标，它是用生存时间长度来反映人群的健康水平。通常使用的是出生时平均期望寿命。发达国家的平均期望寿命高于不发达国家。中华人民共和国成立前，我国平均期望寿命估计仅为 35 岁，20 世纪 60 年代初估计达到 60 岁，1981 年人口普查为 67.9 岁，1990 年人口普查为 70.1 岁，2000 年为 71.4 岁，2010 年达到 74.8 岁。有专家预测，到 2020 年，我国居民的平均期望寿命有望达到 77 岁。

随着医学的发展和进步，疾病的发病率降低，残疾延迟发生，人们期望在良好的健康状态下生存更长时间。但是，平均期望寿命忽略了生存时间内的健康状况。如随着死亡率的下降，期望寿命延长，可能使健康状况较差的人群明显增加，即人们在较差健康状况下的期望寿命延长，而平均期望寿命无法反映这一情况。因此，人们在使用"缺损、伤残和残障国际疾病分类"（ICIDH）测量伤残和残障的基础上提出了健康期望寿命（Health Life Expectancy）。

(二) 健康期望寿命

健康期望寿命是一个综合评价人群死亡和残疾的健康指标，它分析在期望寿命延长的同时残疾的发生情况。换句话说，它反映增加的期望寿命是否是在不健康的状态、疾病状态或依赖他人的情况下度过的。健康期望寿命包括非缺损期望寿命（Impairment Free Life Expectancy）、非伤残期望寿命（Disability Free Life Expectancy）、非残障期望寿命（Handicap Free Life Expectancy）。在大多数发展中国家，由于伤残的现患资料较容易获得，因此健康期望寿命的重点放在了非伤残期望寿命方面。

非伤残期望寿命考虑了疾病导致的后果之一———伤残（能力丧失），它是把死亡与伤残结合起来，用平均期望寿命扣除在伤残状态下的平均生存年数来反映群体的健康状况。该指标的基本原理：用现时期望寿命减去在某些伤残或健康状况低下的状态下的生存年数，重新计算得到新的期望寿命，称为非伤残期望寿命。非伤残期望寿命是期望寿命的外延，它与平均期望寿命比较可反映出人群的伤残程度。

非伤残期望寿命可用于衡量残疾的流行水平及其严重程度。从它与期望寿命的关系来看，如果期望寿命的增加速度比它的增加速度快，提示残疾的现患率可能会变高。如果二者的增加速度相等，残疾的现患率可能没有发生改变。如果它的增加速度比期望寿命的增加速度快，提示残疾的流行可能得到抑制。

另外，还可用把导致死亡和能力丧失的各种疾病去除后非伤残期望寿命的增加年数来分析各种疾病对非伤残期望寿命的影响。当去除不同疾病后，根据期望寿命和健康期望寿命的增加程度进行排序，可以分析疾病的重要性位次。表 8-3 列出了美国 1974 年去除某些疾病后增加的期望寿命和非伤残期望寿命。可以看出：按照疾病对期望寿命的影响，前三位依次是心血管疾病、恶性肿瘤、意外；按照疾病对非伤残期望寿命的影响，前三位依次是运动系统失调、心血管疾病、呼吸系统疾病。消除心血管疾病可望增加人群的期望寿命 4.1 年，增加非伤残期望寿命 4.2 年。消除运动系统失调只能增加期望寿命 0.2 年，但可增加非伤残期望寿命 5.1 年。

表 8-3　美国 1974 年去除某些疾病后增加的期望寿命与非伤残期望寿命

疾病	期望寿命		非伤残期望寿命		合计	
	增加年数	顺位	增加年数	顺位	增加年数	顺位
心血管疾病	4.1	1	4.2	2	8.3	1
运动系统失调	0.2	7	5.1	1	5.3	2
呼吸系统疾病	0.5	5	2.2	3	2.7	3
恶性肿瘤	1.7	2	0.3	8	2.0	4
意外	1.5	3	0.4	7	1.9	5
视力与听力损害	—	—	1.1	4	1.1	6
精神失调	0.4	6	0.6	6	1.0	7
糖尿病	0.2	7	0.7	5	0.9	8
新生儿死亡	0.7	4	—	—	0.7	9
感染性疾病	0.1	9	0.2	9	0.3	10

三、减寿年数

（一）潜在减寿年数

潜在减寿年数（Potential Years of Life Lost，PYLL）是指一定年龄范围内某人群的死亡年龄与其目标生存年龄相差的寿命年数，是测量某种死因对一定年龄范围内某人群危害程度的指标。由于超过 70 岁的死亡往往伴随老化过程，因此减寿的年龄范围通常是 70 岁以下或期望寿命以内，将不足 70 岁或不足期望寿命而死亡者称作早死者。换句话讲，计算潜在减寿年数时，纳入计算的对象为早死者。潜在减寿年数的计算公式如下：

$$PYLL = \sum_{x=0}^{x=1} D_x(L-x)$$

X 表示死亡年龄，分组资料为年龄组中值；D_x 表示 x 岁时的死亡数；L 表示目标生存年龄，通常采用一个国家或地区的出生时期望寿命或 70 岁；$L-x$ 表示剩余年龄，为目标生存年龄与死亡年龄之差。

具体计算方法见表 8-4，该表中目标生存年龄为 70 岁。

结果显示，1982年该地男性因为肿瘤死亡导致的潜在减寿年数为3714.5人年。潜在减寿率是潜在减寿年数与该地区年平均人口数之比，1982年该地男性的平均人口数为234210人，所以潜在减寿年数率＝（3714.5÷234210）×1000‰＝15.86‰，表明1982年该地男性因为肿瘤死亡导致每千人寿命损失的人年数为15.86。

表8-4　1982年某地男性肿瘤潜在减寿年数和期间减寿年数的计算方法

年龄组(1)	组中值（x）(2)	剩余年龄(3)=70-(2)	死亡数（D_x）(4)	现时期望寿命（e_x）(5)	$D_x(L-x)$(6)=(3)×(4)	$D_x \times e_x$(7)=(4)×(5)
0～	3.00	67.00	1.00	72.27	67.00	72.27
5～	7.50	62.50	0.00	68.50	0.00	0.00
10～	12.50	57.50	2.00	63.62	115.00	127.24
15～	17.50	52.50	3.00	58.74	175.50	176.22
20～	22.50	47.50	0.00	54.05	0.00	0.00
25～	27.50	42.50	6.00	49.46	255.00	296.76
30～	37.50	35.00	8.00	44.79	280.00	358.32
40～	45.00	25.00	31.00	35.56	775.00	1102.36
50～	55.00	15.00	87.00	26.90	1305.00	2340.30
60～70	65.00	5.00	152.00	19.27	760.00	2929.04
合计			290.00		3714.50	7402.51

潜在减寿年数直接反映早死对寿命影响的实际水平，是研究某死因对人群影响的一种较好方法。该指标计算简便且具有可加性，即：

$$PYLL(A+B) = PYLL(A) + PYLL(B)$$

这样有利于死因分组而不用重新计算。但是，潜在减寿年数的大小和选择的目标生存年龄有关。由于年龄在目标生存年龄以上的老年人不是计算该指标时考虑的对象，因此它不能反映减少老年人的死亡后所增加的生存年数。

（二）期间减寿年数

期间（现时）期望寿命表反映按照一定的年龄别死亡率水平，某一个人群按年龄预期可能存活的平均年数。如果某人在某年龄死亡，那么其减寿年数即等于该年龄的期望寿命。各年龄的死亡数如用相应的年龄别期间期望寿命来加权计算，就得到了期间减寿年数（Period Expected Years of Life Lost，PEYLL）。与潜在减寿年数比较，期间减寿年数更真实地反映了减少死亡后寿命损失的降低年数，即所增加的生存年数。期间减寿年数的计算公式如下：

$$PEYLL = \sum_{x=0}^{x=l} D_x e_x$$

X表示死亡年龄，L表示出生时期望寿命，D_x表示x岁时的死亡数，e_x表示x岁时的期间期望寿命。

具体计算方法见表 8-4。结果显示，1982 年该地男性因为肿瘤死亡导致的期间减寿年数为 7402.51 人年。期间减寿年数率是期间减寿年数与该地区平均人口数之比，所以期间减寿年数率＝（7402.51÷234210）×1000‰＝31.61‰，表明 1982 年该地男性因为肿瘤死亡导致每千人寿命损失 31.61 人年。

（三）队列减寿年数

各年龄的死亡数如用相应的年龄别队列期望寿命来加权计算，即得到队列减寿年数（Cohort Expected Years of Life Lost，CEYLL）。队列期望寿命表反映按照实际的年龄别死亡率水平，某一人群在不同年龄存活的平均年数。由于队列期望寿命反映的是实际生存的平均年数，因此与期间减寿年数比较，它能更真实地反映因死亡导致的寿命损失。其计算公式如下：

$$CEYLL = \sum_{x=0}^{x=l} D_x e_x^c$$

x 表示死亡年龄，L 表示出生时期望寿命，D_x 表示 x 岁时的死亡数，e_x^c 表示 x 岁时的队列期望寿命。

（四）标准减寿年数

各年龄的死亡数如用相应的年龄别、性别别标准期望寿命来加权计算则得到标准减寿年数（Standard Period Expected Years of Life Lost，SEYLL）。标准减寿年数以"标准"或"理想"的年龄别、性别别期望寿命表为依据，克服了不同地区间同年龄死亡的减寿年数的差异，便于不同地区或人群之间直接进行比较。其计算公式如下：

$$SEYLL = \sum_{x=0}^{x=l} D_x e_x^*$$

x 表示死亡年龄，l 表示出生时期望寿命，D_x 表示 x 岁时的死亡数，e_x^* 表示 x 岁时的标准期望寿命。

（五）工作寿命损失年数

工作寿命损失年数（Work Years of Life Lost，WYLL）用于衡量早期死亡对人们工作时间的影响。一个人一生中具有劳动能力或可以为社会工作的时间，称为工作寿命年，一般是开始工作的年龄到退休年龄为止。在不同的国家或地区，工作寿命年有所不同。目前中国一般男性的工作寿命年是 15～60 岁，女性是 15～55 岁。如果一个人在这期间死亡，就意味着工作寿命的损失。其计算公式如下：

$$WYLL = \sum_{x=15}^{K} D_x (K - x)$$

x 表示死亡年龄，须大于或等于 15 岁；K 表示退休年龄，中国男性 K 是 60 岁，中国女性 K 是 55 岁；D_x 表示 x 岁时的死亡数。

四、生命素质指数

生命素质指数（Physical Quality of Life Index，PQLI）主要用于人口综合素质的评价，由婴儿死亡率、1 岁平均期望寿命、15 岁及以上人口识字率组成。婴儿死亡率是衡量一个国家或地区的医疗卫生水平和妇幼保健状况以及社会经济状况最为敏感的指标。1 岁平均期望寿命可综合反映除婴儿时期以外的年龄死亡变动情况。15 岁及以上人口识字率是现代科学技术对人口素质的最低要求。其计算公式如下：

$$PQLI = \frac{婴儿死亡率标准值 + 1 岁平均期望寿命标准值 + 15 岁及以上人口识字率标准值}{3}$$

计算标准值的目的在于将生命素质指数的结果转化成 0~100 的数值，其中以 0 表示最低水平，100 表示最高水平。

婴儿死亡率标准值：自 1950 年以来，在联合国的统计资料中，婴儿死亡率最高为加蓬（229‰），最低为瑞典（2‰）。其计算公式如下：

$$婴儿死亡率标准值 = \frac{229 - 婴儿死亡率}{2.27}$$

换算系数 2.27＝（229－2）÷100，目的是将婴儿死亡率的标准值控制在 0~100。

1 岁平均期望寿命标准值：第二次世界大战以后，平均期望寿命最短为 1950 年的越南（38 岁），其预计的上限值在该处为 77 岁。其计算公式如下：

$$1 岁平均期望寿命标准值 = \frac{1 岁平均期望寿命 - 38}{0.39}$$

换算系数 0.39＝（77－38）÷100，目的是将 1 岁平均期望寿命的标准值控制在 0~100。

15 岁及以上人口识字率标准值：指 15 岁及以上人口中识字者所占的百分比，实际上即为成人识字率，不需换算。

PQLI 的结果在 0~100 之间，0 表示最低水平的人口素质，PQLI 值越大，人口素质越高，100 表示最高水平的人口素质。将人口素质按 PQLI 的高低划分为低、中、高三个等级：①小于 60 为低素质人口；② 60~80 之间为中素质人口；③80 及以上为高素质人口。PQLI 对考察发展中国家的人口素质较为敏感，但用于发达国家不同地区进行比较时敏感性较差，因为发达国家的婴儿死亡率多降至极低水平，1 岁平均期望寿命相差不大，15 岁及以上人口识字率也均接近 100%。

五、美国社会健康协会指标

美国社会健康协会指标（American Social Health Association，ASHA）是评价人口健康状况的重要指标之一，可反映人口的社会状态、文化状态、人口变化状态以及身体素质状况等，也是衡量社会发展的综合指标。它由成人识字率、就业率、人均国民生产总值增长率、平均期望寿命、出生率与婴儿死亡率组成。其计算公式如下：

$$ASHA = \frac{成人识字率 \times 就业率 \times 人均国民生产总值增长率 \times 平均期望寿命}{出生率 \times 婴儿死亡率}$$

六、Z 分加法模式（Z-score Additive Model）

Z 分又称标准分，其定义为：

$$Z_j = \frac{X_j - X_{av}}{S}$$

Z_j 表示 j 地区的标准分（j 一般为县级），X_j 表示 j 地区健康指标值，X_{av} 表示健康指标平均值或更大地区平均水平（省或国家水平），S 表示健康指标的标准差。

Z 分可以是负数，因为某些地区的指标值可能比均数小。Z 分反映的是一个以 0 为均数、标准差为 1 的分布，即把正态分布转变为标准正态分布。给每个健康指标以权重，得 Z 分加法模式：

$$H_j = \sum_{i=1}^{k} W_i Z_{ji}$$

H_j 表示 j 地区健康状况测量值；W_i 表示 i 指标的权重，常用多元线性回归中的偏回归系数和因子分析中的因子得分系数；k 表示参与评价的指标数；Z_{ji} 表示 j 地区 i 指标的 Z 分值。

Z 分加法模式包含多个健康指标的综合和多个国家或地区的比较，因此通过 Z 分计算出的各地区的健康指数 H_j 并不表示该地区的实际水平，而只是说明该地区在被比较的地区中健康水平的相对位置。如 $H_j = 0$ 表示健康位置处于平均水平，$H_j > 0$ 则表示健康位置高于平均水平，$H_j < 0$ 则说明健康位置低于平均水平。H_j 值越大，健康状况越好。

七、秩和比（Rank Sum Ratio，RSR）

秩和比概括能力强、应用方便，可以判明健康状况的相对位置。RSR 的计算是把健康指标排序，用秩次 R 代替原指标值。排序的原则：低优指标（如出生率、死亡率和发病率等）以最大值排为 1，次大值排为 2，余类推；高优指标（如期望寿命、成人识字率等）以最小值排为 1，次小值排为 2，余类推。

$$RSR = \frac{\sum R}{m \times n}$$

m 表示健康指标数，n 表示参加排序的省、国家或地区数。

具体的计算方法举例见表 8-5。RSR 波动于 0~1 之间，其值越大，健康状况越好，其值越小，健康状况越差。

表 8-5　20 世纪 80 年代中期世界国家 RSR 及其顺位

国别	出生率		死产率		婴儿死亡率		总死亡率		结婚率		0 岁期望寿命		1 岁期望寿命		65 岁期望寿命		RSR	顺位
	‰	R1	‰	R2	‰	R3	‰	R4	‰	R5	岁	R6	岁	R7	岁	R8		
墨西哥	32.70	1.0	12.00	1.0	33.00	2.0	5.60	12.0	7.20	5.5	66.00	1.0	66.50	1.0	10.00	1.0	0.2552	12
苏联	19.40	4.0	6.40	5.0	27.70	3.0	10.80	4.0	9.60	3.0	70.00	4.0	70.50	4.0	12.00	2.0	0.3021	10
保加利亚	13.20	10.0	6.90	4.0	15.60	4.0	12.00	1.0	7.20	5.5	68.30	3.0	68.50	2.0	12.60	3.0	0.3385	9
中国	21.40	3.0	7.65	3.0	50.08	1.0	6.65	9.0	17.20	1.0	67.51	2.0	69.28	3.0	13.54	6.0	0.2917	11
新西兰	15.08	6.0	5.10	10.0	10.80	6.0	8.40	7.0	7.80	4.0	71.00	5.0	70.90	5.0	13.50	5.0	0.5000	8
联合王国	13.30	9.0	5.30	9.0	9.40	8.0	11.80	2.0	6.90	8.0	73.00	7.5	72.70	7.0	12.90	4.0	0.5781	7
美国	15.70	5.0	6.10	6.0	10.50	7.0	8.70	6.0	10.10	2.0	74.80	11.0	74.60	11.0	16.80	12.0	0.6250	5
法国	13.90	8.0	7.70	2.0	8.00	10.0	10.10	5.0	4.90	11.0	71.80	6.0	71.60	6.0	14.90	8.5	0.5885	6
以色列	23.40	2.0	5.60	8.0	12.30	5.0	6.60	10.0	6.60	9.0	73.60	9.0	73.60	9.0	15.10	10.0	0.6563	4
加拿大	15.00	7.0	4.90	11.0	9.00	9.0	7.00	8.0	7.10	7.0	73.00	7.5	72.60	7.0	14.90	8.5	0.6771	3
瑞典	11.80	12.0	3.80	12.0	6.70	11.0	11.30	3.0	4.20	12.0	73.80	9.0	73.60	9.0	14.70	7.0	0.7917	2
日本	12.50	11.0	5.90	7.0	6.00	12.0	6.20	11.0	6.20	10.0	75.50	12.0	74.90	12.0	16.10	11.0	0.8958	1

资料来源：李宁秀. 社会医学［M］. 第 2 版. 成都：四川大学出版社，2017。

$RSR = (R1+R2+R3+R4+R5+R6+R7+R8) \div (12 \times 8)$。

八、伤残调整生命年

疾病的预后有三种情况：①完全恢复正常；②死亡；③残疾。疾病负担（Disease Burden）指人群因患病所造成的各种损失，包括经济负担、健康低下、能力丧失等。从此概念出发：完全恢复正常的疾病负担主要是医疗费用的消耗和工作时间的损失；死亡的疾病负担主要是医疗费用的损失和劳动力的直接消失；残疾的疾病负担不仅包括医疗费用的损失，还包括身体功能、心理功能和社会适应能力的损失以及工作时间的丧失等，这是大多数慢性病疾病负担的特点。

伤残调整生命年（Disability Adjust Life Years，DALYs）是一种衡量疾病负担的指标，它是对疾病所导致的后果——死亡与残疾的疾病负担的综合评估。同时，DALYs 具有可加性，各种疾病的 DALYs 可直接相加，从而得到总疾病负担。在总疾病负担的基础上，可以计算出人均疾病负担，即人均 DALYs。人均 DALYs 可以全面、综合地反映一个国家或地区的社会卫生状况和居民健康水平。

DALYs 的计算是由早死 DALYs（Years of Life Lost，YLLs）与伤残 DALYs（Years Lived With Disability，YLDs）相加：

$$DALYs = YLLs + YLDs$$

（一）早死 DALYs ——YLLs

早死所致的 DALYs 是经过年龄权重调整以及进行了时间贴现的标准减寿年数。

1. 年龄权重

由于社会角色随着年龄增加发生变化，因此需用年龄权重来反映整个生命周期中不同社会角色的价值。某个年龄生存时间的高权重，本质上并不代表该年龄的生存时间对个人来说更为重要，而是表示其社会角色和社会价值可能更大。图8-1显示了不同年龄生命年的权重值。

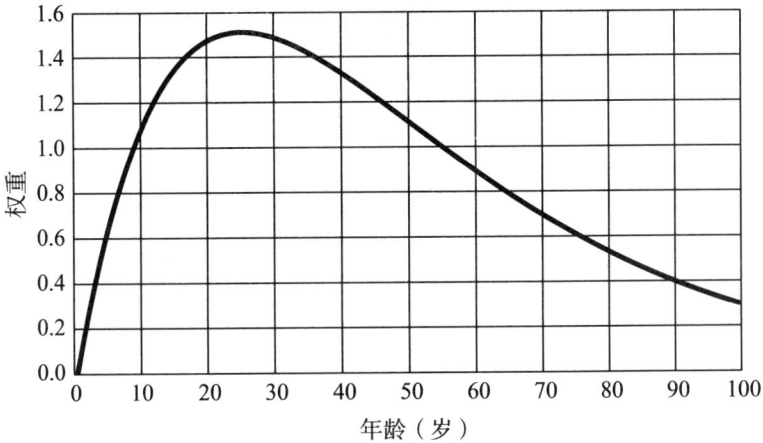

图8-1　不同年龄生命年的权重值

2. 时间贴现

由于现有的伤病对人体健康的作用可能长达数十年，因此计算DALYs需要给相对于现在的未来健康情形定值，即进行时间贴现。在计算DALYs时选择一个较低的贴现率（3%）。

3. 标准减寿年数

计算标准减寿年数所使用的标准期望寿命以西方模型期望寿命表（Model Life Table）为基础，男性出生时的期望寿命是80岁，女性是82.5岁。表8-6提供了经年龄权重调整和时间贴现的标准减寿年数，即早死DALYs（YLLs）。

表8-6　年龄别的标准期望寿命和早死DALYs

年龄（岁）	标准期望寿命（岁）		早死DALYs（岁）	
	男性	女性	男性	女性
0～	80.00	82.50	32.34	32.45
1～	79.36	81.84	33.26	33.37
5～	75.38	77.95	35.72	35.85
10～	70.40	72.99	36.71	36.86
15～	65.41	68.02	36.06	36.23
20～	60.40	63.08	34.31	34.52
25～	55.47	58.17	31.87	32.12
30～	50.51	53.27	29.02	29.31

年龄 (岁)	标准期望寿命（岁）		早死 DALYs（岁）	
	男性	女性	男性	女性
35~	45.48	48.38	25.97	26.31
40~	40.64	43.53	22.85	23.26
45~	35.37	36.72	19.76	20.24
50~	30.99	33.99	16.77	17.33
55~	26.32	29.37	13.92	14.47
60~	21.81	24.83	11.24	11.97
65~	17.50	20.44	8.72	9.55
70~	13.58	16.20	6.55	7.33
75~	10.47	12.28	4.68	5.35
80~	7.45	8.90	3.20	3.68

（二）伤残 DALYs——YLDs

计算伤残 DALYs 的过程如下。

1. 确定伤残级别及其权重

世界银行和世界卫生组织的专家以国际疾病分类第九版（ICD-9）为基础，将 109 类疾病的四百多种伤残归为六个等级。同一个级别内的伤残在类别上可能有差别，如失明与瘫痪，但它们对个体的影响程度被认为是相等的。表 8-7 是六个等级伤残的操作性定义。

表 8-7 伤残的六个等级分类及其权重

级别	描述	权重
I	在学习、职业、性功能和娱乐四方面活动中至少有一方面的一种活动受限	0.096
II	在学习、职业、性功能和娱乐四方面活动中有一方面的大多数活动受限	0.220
III	在学习、职业、性功能和娱乐四方面活动中有两方面或两方面以上的活动受限	0.400
IV	在学习、职业、性功能和娱乐四方面的大部分活动受限	0.600
V	在购物、做饭和做家务等日常活动方面需要机械性帮助	0.810
VI	在吃饭、上厕所和个人卫生等自我照料活动方面需要帮助	0.920

2. 建立伤残分布表，计算伤残平均权重

计算某种疾病的伤残 DALYs 时，需要统计各年龄组分性别的该种疾病在六级伤残上的分布比例，据此建立伤残分布表。该表中的年龄组有五个：0～4 岁、5～14 岁、15～44 岁、45～64 岁、65 岁及以上。根据各年龄组的伤残比例、六个级别伤残的权重和伤残分布来计算该种疾病五个年龄组的伤残平均权重（表 8－8）。

表 8－8　某种疾病的伤残分布和伤残平均权重的计算

年龄（岁）	伤残比例（%）	六级伤残分布比例（%）						伤残平均权重*
		I	II	III	IV	V	VI	
0～4	0.80	0.00	0.00	0.20	0.40	0.30	0.10	0.524*
5～14	0.80	0.00	0.00	0.60	0.25	0.15	0.00	0.409
15～44	0.80	0.00	0.00	0.60	0.25	0.15	0.00	0.409
45～64	0.80	0.00	0.10	0.50	0.25	0.15	0.00	0.396
65～	0.80	0.00	0.10	0.40	0.20	0.20	0.10	0.445

注：* 伤残平均权重 $M = D \times \sum W_i F_i$，其中 D 为伤残比例，W_i 为 i 级伤残的权重，F_i 为 i 级伤残的分布比例。

3. 计算伤残 DALYs

根据某病伤残比例、发病率、发病平均年龄、病程、伤残平均权重等，利用积分函数来计算伤残所致的疾病负担（表 8－9）。

表 8－9　某地某病伤残 DALYs 计算表

A	B	C	D	E	F	M	N*
年龄	1990 年人口	发病率（%）	残疾比例（%）	发病平均年龄（岁）	病程（年）	伤残平均权重	DALYs
0～4	8824	0.30	0.80	1.5	55	0.524	61.039
5～14	19432	0.40	0.80	12.5	48	0.409	122.080
15～44	82763	0.90	0.80	22.0	40	0.409	974.881
45～64	13769	0.60	0.80	60.0	16	0.396	41.878
65～	4867	0.35	0.80	75.0	3	0.445	18.191
合计							1218.069

注：* $N = (B \times D) \times \int_{X=E}^{X=E+F} M \times 0.16243 \times K \times e^{-0.04 \times X} \times X^e \times 0.03 \times (X - E)$。

4. 时间贴现

对伤残 DALYs 也可以进行时间贴现，时间的贴现率仍为 3%。

第五节　生命质量评价

一、生命质量与健康相关生命质量的概念

生命质量（Quality of Life）又被翻译为生存质量、生活质量、生活质素，是指基于社会经济、文化背景与价值取向，人们对自己的身体状态、心理功能、社会能力以及个人综合状况的感觉体验。

健康是生命质量的核心和主要决定因素。一个身心健康的人才有机会、有能力更好地生活，保障较高的生命质量；健康状况差或受到伤害的人很难有好的生命质量。为此，医学界有人将生命质量理论与世界卫生组织对健康的定义相结合，提出了健康相关生命质量的概念。健康相关生命质量（Health-related Quality of Life）是指在病伤、医疗干预、老化和社会环境改变影响下人们的健康状态，以及与其经济、文化背景和价值取向相联系的主观体验。健康相关生命质量的主要内容包括健康状态和主观体验。健康状态是从身体、心理和社会三方面来描述人们的功能状态，是生命质量中相对较客观的内容。主观体验指人们的需求和愿望得到满足时所产生的主观反应，反映人们对自己的现时健康、未来健康、社会生活诸方面以及自己整体情形等的认识与评判，这种认识与评判会受到其经济、文化背景和价值观念的影响，是生命质量中的主观成分。由于健康相关生命质量的评价内容与世界卫生组织的健康定义相吻合，因此健康相关生命质量也被认为是健康状况的一个综合评价指标，得到了日益广泛的应用。

二、健康相关生命质量评价的内容

健康相关生命质量评价通常包括生理状态、心理状态、社会功能状态、一般性感觉四个维度。此外，针对疾病的特异性量表通常还要增加疾病症状等内容。

（一）生理状态

生理状态是反映个人体能和活动能力的状态，即身体功能活动能力，是体现生命质量的最基础成分，通常包括活动受限、角色功能受限和体力适度性三个方面。

1. 活动受限

活动受限是指日常生活活动能力因为健康问题而受到限制，包括三个层次：一是躯体活动受限，如不能屈体、弯腰、伸腿、行走等；二是迁移受限，如卧床、室内活动受限、不能驱车、不能利用交通工具等；三是自我照顾能力下降，如不能自行梳洗、穿衣、进食等。通常所说的基本日常生活活动能力包括穿衣、进食、洗澡、上厕所、室内走动五项指标，这是康复评价中最常用的指标。活动受限在老年人和一些慢性病患者中

很容易表现出来。

2. 角色功能受限

角色（Role）是指由经济、职业、文化背景等因素决定的个人在社会关系中的位置，以及与其位置相适应的社会义务、责任和社会功能，如操持家务、工作等。健康问题常常引起角色功能受限，包括主要角色活动的种类和数量受到限制、角色紧张、角色冲突等。角色功能反映了躯体健康状况及对通常角色活动的需求，因此，不仅角色功能会受到生理状态的影响，而且心理状态和社会生活状态也能干扰角色功能。角色功能受限实际上是反映生命质量的一个综合性指标。

3. 体力适度性

体力适度性主要指个人在日常生活和工作中所表现出的疲劳感、无力感和虚弱感等。体力适度性是一个相对的概念，不同的社会角色在日常生活和工作中支付的体力不同，所以，在病中、病后表现出的体力适度性会不同。

（二）心理状态

几乎所有疾病和环境变化都会带来不同程度的心理状态变化。心理状态主要包括个性特征和情感反应两个方面。某些个性特征如性格、气质等与生命质量的关系不大。生命质量评价从心理测量中引用的主要评价内容是情绪和认知功能。

1. 情绪

情绪是指个体感知外界事物后所产生的一种体验，包括正向体验和负向体验，前者如兴奋、愉快、满足、自豪等，后者如焦虑、抑郁、恐惧、紧张等。情绪通常是生命质量测量中最敏感的部分，因为它不仅直接受疾病与治疗措施的影响，而且还间接反映个体的生理功能状态和社会功能状态。

2. 认知功能

认知功能包括时间与地点的定位、方向识别能力、理解力、抽象思维、注意力和记忆力等，它们是个体完成各种活动所需要的基本能力。认知功能障碍通常发生于特定的疾病、疾病的特定阶段和达到一定年龄段的老年人。疾病晚期通常都会伴有认知功能障碍，包括注意力、记忆力、思维的损失等。但是，认知功能的改变是渐进的，往往需要一定的时间，因此，认知功能在生命质量测量中并不总是一个敏感的指标。是否将认知功能的测量纳入生命质量评价量表中要依研究目的和对象而定。

（三）社会功能状态

生活在社会环境中的人必定要进行社会交往和活动。社会功能包括社会资源和社会接触两个方面。

1. 社会资源

在生命质量中，社会资源（Social Resource）指个人的社会网络和社会联系，包括网络的数量与质量。社会网络的数量是指可能与评价对象交往的亲属、朋友、邻居、同事等的数目。社会网络的质量指评价对象的各种人际关系的紧密程度，即其可能得到的社会支持的强度，这只能由评价对象自己来判断。社会资源的测量结果代表了个体对自己人际关系充足度的评判。

2. 社会接触

社会接触（Social Interaction）是指评价对象与他人实际交往的密度与强度，可分为三个层次：一是密切接触，如关系密切的朋友和亲属间的接触；二是一般性接触，如参加集体活动等；三是社会整合，指个人成为团体组织成员，并以成员的身份进行活动。在评价时，通常采用接触频率或参加活动次数等指标。但是，社会接触频率和参加活动次数并不一定总能准确反映社会支持的程度。人际关系的亲密度是一个不可忽略的因素。不同亲密度的人能够给予的支持存在差异，同时不同类型的接触所起的作用也可能各不相同。

（四）一般性感觉

一般性感觉（General Perception）是指评价对象对自身的健康状态、生活状况做出的自我评判，它属于生命质量的综合性指标。

1. 健康自评

健康自评既可以是评价对象对自己目前综合健康状态的自我评价，又可以是评价对象对自己将来健康状态的自我评判。它反映个体对自身现时健康的认识以及对未来健康的期望与选择。

2. 自我生活评价

自我生活评价是指评价对象对自己生活的某个领域或对生活诸方面综合状况的自我评价。它反映个体对生活的满意程度。对生活各方面的综合评价常采用生活满意度指数。

（五）其他内容

一些针对特殊人群或患有特定疾病患者的生命质量评价量表，常常包括反映特殊人群特征或特定疾病症状等的内容。这些内容与生命质量评价的其他维度一样，也都是评价对象自述的生理症状与身体方面存在的健康问题，如出血、疼痛、瘙痒、虚弱、视力下降、听力下降等，而不是传统的医务工作者所关心的组织或生化改变。生命质量评价一般不采用体检、组织生化检查等客观指标，其主要原因在于这些客观指标与生命质量测量的功能指标并不完全一致，如脑出血面积大，不一定代表患者活动受限严重。此外，不同疾病之间的比较不能采用这些客观指标。

在进行健康相关生命质量评价研究时，上述内容不一定要全部包括，选择评价内容时应考虑研究问题所涉及的目标，要体现出评价对象的特征及其所关注的问题，如对麻风病患者来说，心理状态的测定应着眼于社会歧视和自卑心理。此外，评价内容应具有敏感性，且可操作性强。

三、生命质量评价的程序

（一）确定评价目的、评价对象和评价内容

生命质量评价的目的主要包括：①鉴别（Discrimination），将评价对象按照其生命质量的不同特征进行区分，如将评价对象群体依照其生命质量得分的高低而划分成优、良、中、差等不同的类别；②预测（Prediction），如根据患者的生命质量特征来预测其所患疾病的预后结果；③评估（Evaluation），如评价某项干预措施对评价对象生命质量产生的影响。不同的评价目的决定了量表的不同特性，同时能达到多种目的的量表很少。

评价对象应该根据研究目的确定，可能是一般人群，也可能是某种特殊疾病患者，或可能是某种功能发生问题的人群等。如研究目的是评估某项干预措施对社区居民产生的效果，那么应该选择干预社区中有代表性的人群作为评价对象。

生命质量的评价内容要根据评价目的与评价对象的特征来选择。生命质量评价的主要特征之一是以评价对象为核心，因此，生命质量的评价内容应该包括评价对象所关切的问题，例如，测定肿瘤患者的心理状态不能忽略焦虑、恐惧、抑郁等不良情绪，测定麻风病患者的心理状态应强调社会歧视和自卑心理。

（二）选择或建立量表

生命质量评价的工具（量表）有两种来源：一是利用现成的量表，二是重新制定新的量表。一般而言，如果针对某项研究有现成的、适宜的量表，则首先应考虑选用适宜的现成量表。

1. 选择现成的量表

自世界第一个生命质量评价量表于1947年问世以来，目前全球已经有数百种的不同生命质量评价量表，同时还在不断出现新的量表。在进行生命质量评价时，应该对现有的生命质量评价量表进行评价和筛选，从中选出适用的高质量的量表。选择现成量表时必须对诸方面的情况进行全面的考察。这些方面包括：

（1）量表设计者的测量主题和评价目的。量表设计者是在自身对生命质量内涵理解的基础上来设计的。由于至今对生命质量的定义还未完全达成一致，因此，尽管现有的生命质量量表已经很多，但这些量表所包含的内容不尽相同。在选择现有量表时，首先应考虑量表设计者对生命质量内涵的认识是否科学，是否符合应用者的要求。其次，量表的设计与完善是按照一定的目的来进行的。同一个测量主题可能会因目的的差异而产生完全不同的量表。因此，我们在选择量表时必须对相应的量表进行检验，以明确其能否满足应用的相关要求。

（2）评价的层次。大多数生命质量评价量表针对生命质量的各个维度如生理状态、心理功能、社会功能状态等分别予以评价，以便了解评价对象生命质量各个维度的变化情况，从而采取有针对性的改进生命质量的措施。有的生命质量量表测量的是生命质量

的综合值，还有一些生命质量量表仅仅测量生命质量的一个方面，如日常生活自理能力、疼痛等。

（3）通用型量表与特异性量表。生命质量的评价对象可以是一般人群，也可以是特殊人群或特定疾病患者群。通用型量表主要反映人们生命质量中共同的特性，量表内容除了反映基本生活功能的内容外，常还有反映精力、活力、运动等功能的内容，适用对象是一般人群以及不同疾病或状况的人群。但是对于某种特殊疾病的患者而言，由于他们的许多功能因该特殊疾病受到严重限制，通用型量表的内容可能缺乏针对性，那么他们的评价结果都较差，且趋于一致，无法反映出患者间的差异，这种现象称为"地板效应"。相反，特异性量表则包含了很多与特殊人群特征或疾病密切相关的内容，能够将特定人群的生命质量差异反映出来，因此适用于特殊人群或特定疾病患者。如将特异性量表用于一般人群或不同疾病的比较，由于大多数人或某些病种的患者不具有那些特异症状，因此他们的评价结果都很好，这种现象称为"天花板效应"。针对不同的评价对象，应该选用不同类型的量表。

（4）量表的质量。信度、效度、灵敏度是量表质量评价的基本指标。在选择量表时，要根据应用目的检索量表相应的信度、效度、灵敏度。如生命质量评价的目的是评估患者在治疗前后生命质量的变化情况，那么量表应该具有较好的复测信度，如果量表本身就很不稳定，就很难解释测量结果变化值的意义。同时，一旦评价对象的实际情况发生了变化，量表就应该能够反映这种变化，即灵敏度要好。若评价目的是鉴别不同健康状态的人群，则要求量表不但稳定，而且要具有较高的区分能力，即较好的区分效度。量表的信度、效度、灵敏度不是绝对的，会随样本变化发生改变。应用人群发生变化时，需要重新评价。

（5）量表内容的文化适应性。现有的大多数生命质量量表都产生并应用于外国。但由于存在文化差异，因此从国外引进时要注意量表内容的文化适应性。必要时应进行适当的调整和修改，使之适合中国的文化背景，并要经过预试及性能测试后方能使用。即使是国内开发的量表，如应用于不同的亚文化人群时，也要考虑文化适应性。

2. 建立新的量表

如针对研究需要没有适宜的现成量表，就需要建立新的量表。

在明确了评价目的、评价对象与评价内容后，制定量表的基本步骤如下：

（1）建立问题库。通常选取一定数量的与生命质量主题有关的人，如医生、护士、心理学家、医学专家、卫生管理人员、患者与社区人群等组成研究工作组负责量表的制定，其中包括核心工作小组与议题小组。核心工作小组一般由专业人士组成，负责具体的研究工作；议题小组成员来源广泛，主要负责提出条目。议题小组成员根据核心工作小组确定的生命质量具体操作化定义及其领域构成，自由发表意见，提出所有与生命质量有关的各种具体问题，构成问题库。

（2）整理问题库。由议题小组提出的问题数量一般很大，且通常可能包括一些无关的或重复的问题。因此需要根据评价目的对问题库进行整理，包括归类、删除和合并等。

（3）形成初始量表。用简单、准确、通俗易懂的语言对选择出的每个问题进行描述。生命质量评价的最终结果通常用得分值来表示，因此，还需要根据评价目的和问题的特征来确定被择答案的格式以及测量结果的量化方式。通常人们先给问题的被择答案赋予一定的数值，然后给予问题相应的权重值，通过加权合计的方法计算出生命质量的得分值。

（4）预试与修改。在小样本评价对象中试用初始量表以发现初始量表中存在的不足，如与他们生命质量关系不大、描述不清楚、易产生混淆或具有诱导性的问题等，依此对初始量表进行修改和完善。

（5）量表性能评价。量表是否适用于待评价对象需要通过性能测试来判断，主要的评价指标有可行性、信度、效度、灵敏度等。信度和效度良好的量表可用于人群的鉴别，如用于评估，还需要量表具有较高的灵敏度。

（三）运用量表进行测量

生命质量的测量方法对评价结果的影响很大。生命质量是一种主观评价指标，因此无论是采用自填还是访谈方式进行调查，原则上应该是由评价对象根据自身的经历和体验来回答。但是，有时评价对象由于存在年老、病重或精神疾病等情况，可能不得不采用代答、观察等一些非自评的测量方法。这些测量方法的缺点很多，要尽量不用或少用。

（1）代答：代答者通常包括评价对象的家庭成员、亲戚、照料者、医生、护士等。代答者的回答通常与评价对象的自评之间存在一定差异，这与代答者与评价对象接触的密切程度及其文化背景、价值观念等有关。

（2）观察：观察无法对生命质量的全部内容进行评价。有关生理状态、心理状态和社会功能状态的部分问题也许可通过观察进行评价，但是，评价对象的一般性感觉难以通过观察得到答案。生命质量评价的许多问题询问的是评价对象的能力而非经历，所以，观察结果与评价对象的自评结果之间会存在较大的差异。

（四）统计和分析处理

生命质量的评价结果通常是用得分值来表示，因此，可以将结果视为计量资料来进行统计分析，如采用平均数、中位数、t检验和方差分析等统计分析方法。但是，对结果的解释要慎重。

由于生命质量分值是一个没有单位的相对数字，因此它所代表的意义应该根据正常人群的分值分布状态来解释。例如，0分代表死亡，100分代表完全健康，那么50分代表什么？如果已知得分低于50分的人占多数，那么50分可能就代表一种较良好的生命质量状态，如果得分低于50分的人只占少数，那么50分就代表一种较差的生命质量状态。同样的分值代表的意义可能不同，因此，不同量表的测量结果以及同一量表不同维度的得分值不能直接进行比较。在对分析结果进行解释时，除了考虑统计学检验结果外，还须综合考虑生命质量变化的临床意义、量表的信度与灵敏度。同时，生命质量水平的高低与评价对象的文化背景、价值观以及期望值关系密切，因此，在对结果进行解释时，不能忽视这些因素的作用。

四、生命质量量表

评价生命质量的工具通常为量表。根据量表的适用对象，一般可将生命质量评价量表分为通用型量表和特异性量表两大类。代表性的、常采用的量表包括 36 条目简明健康量表（the MOS 36-item Short Form Health Survey，SF-36）、世界卫生组织生存质量测定量表（the WHO Quality of Life Assessment Instrument，WHOQOL）、欧洲生存质量测定量表（EuroQol Five-dimension Questionnaire，EQ-5D）、癌症患者生命质量测定量表（EORTC QLQ）系列等。

（一）36 条目简明健康量表（SF-36）

SF-36 是目前全世界应用最广泛的生命质量评价量表之一，它由美国波士顿健康研究所在医疗结局研究调查表（Medical Outcomes Study，MOS）的基础上研制而成。该量表为通用型生命质量评价量表，适用于一般人群的生命质量评价、卫生政策评价与临床试验研究等。目前该量表已被多国翻译，有 50 多个不同的语言版本，并建立了不同的 SF-36 常模。

SF-36 的 36 个条目中有一个条目是评价过去一年的健康状况变化（Health Transition，HT）。剩下的 35 个条目分属生命质量的 8 个维度（表 8-10）。8 个维度的得分分别为各维度内的每个条目得分之和，然后经线性转换为 0~100 分范围。得分越高，表示维度的状态越好。后有研究者从 SF-36 中选出 12 个条目构成 SF-36 的简化版，称为 SF-12。SF-12 可计算躯体健康总评（Physical Component Summary，PCS）和精神健康总评（Mental Component Summary，MCS）两个得分。

表 8-10　SF-36 的维度组成

维度	条目数	含义
生理功能（Physical Functioning，PF）	10	因健康原因生理活动受限
社会功能（Social Functioning，SF）	2	因生理或情绪原因社会活动受限
生理职能（Role-physical Health，RP）	4	因生理健康问题角色功能受限
躯体疼痛（Bodily Pain，BP）	2	疼痛情况及其对日常活动的影响
精神健康（Mental Health，MH）	5	心理压抑和良好适应
情感职能（Role-emotional Problems，RE）	3	因情感问题角色功能受限
生命活力（Vitality，VT）	4	个体对自身精力和疲乏程度的主观感受
总体健康感受（General Health Perceptions，GH）	5	个体对自身健康与发展趋势的评价

（二）世界卫生组织生存质量测定量表（WHOQOL）

世界卫生组织生存质量测定量表（WHOQOL）是由世界卫生组织组织 20 余个不同文化背景、经济发展水平国家和地区的专家共同参与研制的跨国家、跨文化的生命质量评价量表。目前，已经研制出的量表有 WHOQOL-100、WHOQOL-BREF。

WHOQOL-100 共计 100 个条目，由覆盖生命质量 6 个领域的 24 个方面的 96 个条目（每个方面各包含 4 个条目）外加总体生命质量和健康状况的 4 个条目组成。在 24 个方面中，每个方面均分别从强度、频度、能力、评价来测量。6 个领域及其 24 个方面见表 8-11。后来有研究结果显示，生理领域与独立性领域、心理领域与精神支柱/宗教/个人信仰可以分别合并成一个大领域，因此也有学者采用 4 个领域的结构和计分。4 个领域分别为生理领域、心理领域、社会关系领域、环境领域，并在跨文化研究中得到应用。

表 8-11　WHOQOL-100 的领域及其方面组成

1. 生理领域（Physical Health） 　（1）疼痛与不适 　（2）精力与疲倦 　（3）睡眠与休息	4. 社会关系领域（Social Relations） 　（13）个人关系 　（14）所需社会支持的满足程度 　（15）性生活
2. 心理领域（Psychological Health） 　（4）积极感受 　（5）思想、学习、记忆和注意力 　（6）自尊 　（7）身材和相貌 　（8）消极感受	5. 环境领域（Environment） 　（16）社会安全保障 　（17）住房环境 　（18）经济来源 　（19）医疗服务和社会保障：获取途径和质量 　（20）获取新信息、知识、技能的机会 　（21）休息娱乐活动的参与机会与参与程度 　（22）环境条件（污染、噪声、交通、气候） 　（23）交通条件
3. 独立性领域（Level of Independence） 　（9）行动能力 　（10）日常生活能力 　（11）对药物及医疗手段的依赖性 　（12）工作能力	6. 精神支柱/宗教/个人信仰（Spirituality/Religion/Personal Beliefs） 　（24）精神支柱/宗教/个人信仰

量表 WHOQOL-BREF 是 WHOQOL-100 的简化版，是从 WHOQOL-100 的 24 个方面中各选出 1 个条目外加总体生命质量和健康状况条目（包含 2 个条目），共计 26 个条目组成。WHOQOL-BRIEF 保留了 WHOQOL-100 的全面性，经检验信度和效度较好，可以代替 WHOQOL-100 用于评价生命质量。

（三）欧洲生存质量测定量表（EQ-5D）

EQ-5D 是由欧洲生命质量组织研制而成的简易通用型生命质量评价量表。量表包含两部分：一部分由 5 个条目构成，5 个条目分别是行动（Mobility）、自我照顾（Self-care）、日常活动（Usual Activities）、疼痛/不舒服（Pain/Discomfort）、焦虑/沮丧（Anxiety/Depression），询问测量对象在这 5 个方面存在问题的程度。另一部分为一个视类模拟尺度（EQ-VAS），是一条被分为 100 个刻度的线段，类似温度计。要求测量对象在该线段上标出自己当天的健康状况，用以评价其总体健康感觉。其中，0 代表最差的健康状况，100 代表最好的健康状况。

（四）癌症患者生命质量测定量表（EORTC QLQ 系列）

EORTC QLQ 系列由欧洲癌症研究与治疗组织（the European Organization for Research and Treatment of Cancer，EORTC）研制而成。它是由针对所有癌症患者的生命质量核心量表（共性模块）（EORTC QLQ-C30）以及针对不同癌症的特异性条目（特异性模块）构成的系列量表。其中，评价癌症患者生命质量的共性模块（EORTC QLQ-C30）包括 30 个条目，分为 5 个功能子量表（躯体、角色、认知、情绪、社会功能）和 3 个症状子量表（疲劳、疼痛、恶心呕吐），外加一个总体健康状况子量表和 6 个单一条目。在 EORTC QLQ-C30 的基础上增加针对不同癌症的特异性条目（特异性模块）即构成不同癌症的特异性评价量表。目前，该系列量表已被翻译成多种语言，并应用于肿瘤临床试验等方面。

五、质量调整生存年

出生期望寿命把人们在不正常（不健康）功能状态下的生存时间与健康状态下的生存时间等同看待，非伤残期望寿命把期望寿命中疾病状态或健康状态低下的生存年数完全扣除，而未考虑其中有效的成分，显然它们都有不合理的地方。生命质量评价提供了合理的综合衡量生存时间与质量的方法，即计算质量调整生存年。质量调整生存年（Quality Adjusted Life Years，QALYs）是用生命质量来调整期望寿命或生存年数而得到的一个新指标，它将生命质量与生命数量进行有机统一，是一个综合反映人群生命质量和生命数量的指标。该指标通过生命质量评价把不正常功能状态下或疾病与伤残状态下的生存年数换算成等同于健康人的生存年数，可用于评价各种因素对健康的综合影响。

质量调整生存年的计算：首先用生命质量评价方法得出各种功能状态或不健康状态的生命质量得分（参考尺度 0~1，0 表示死亡，1 表示完全健康），用该生命质量得分作为效用值，即权重值（W_i），再与各种状态下的生存年数（Y_i）分别相乘，最后的合计值就是质量调整生存年。质量调整生存年的计算公式如下：

$$QALYs = \sum_{i=1}^{n} W_i Y_i$$

式中，n 表示功能状态数。

表 8-12 为 QALYs 的计算。某地男性的平均寿命是 70.24 岁，其中，健康状态下生活 59.04 年，暂时活动受限生活 2.70 年（生命质量权重值为 0.88），长期活动受限生活 7.70 年（生命质量权重值为 0.57），住院 0.80 年（生命质量权重值为 0.33），计算出 QALYs 为 66.14 年，说明该地男性因活动受限导致平均健康寿命损失 4.10 年。

表 8-12　某地男性质量调整生存年的计算

功能状态	效用（W_i）	生存年数（Y_i）	W_iY_i
完好	1.000	59.040	59.040
暂时活动受限	0.880	2.700	2.438
长期活动受限	0.570	7.700	4.898
住院	0.330	0.800	0.264
合计	—	70.240	66.140

（刘丹萍）

第九章 社会行为与健康项目管理

第一节 社会行为与健康项目诊断

社会行为与健康项目诊断是为设计科学的社会行为与健康项目计划、实施有效的健康相关行为干预活动所开展的调查研究。从事社会行为与健康项目诊断工作的基础是要形成清晰的诊断基本思路，进而思考将该诊断思路与健康相关行为的基本理论相结合，应用于社会行为与健康项目诊断中。同时需要在基本理论和社会行为与健康项目诊断实践过程中科学地应用公共卫生与预防医学的调查研究和数据资料分析方法，以及社会学、心理学和人类学的有关方法。本章将对社会行为与健康项目诊断的基本思路、诊断的基本步骤以及诊断资料收集与分析进行详细的阐述。

一、项目诊断的概念

项目诊断也常被称作项目需求评估、行为危险因素评估，是指针对人群的某个或多个健康问题，通过系统地对目标人群进行调查与测量来收集各种事实资料，并对这些资料进行归纳、分析与判断，推测或确定与此健康问题有关的社会行为及社会行为的影响因素，从而确定项目的干预目标、策略和措施，进而实现改善人们行为、提高健康水平的目的。同时，社会行为与健康项目诊断中获取的资料也能为社会行为与健康项目干预效果的评价提供基线信息。

社会行为与健康项目诊断的核心是确定影响目标健康问题的主要社会行为，并且确定目标社会行为发生发展的主要影响因素，所以社会行为与健康项目工作的第一个步骤为诊断，此概念类似于临床医学的诊断，即判断患者所患疾病及影响该疾病发生发展的内外部原因。

人们社会行为产生的根本原因是对社会生活的需要。人们的社会生活需要是多方面、多层次的，人的社会行为同样是多方面、多层次的，其发生发展会在一定程度上受到多种因素的影响。因此，社会行为与健康项目诊断的研究设计和资料收集工作需要运用多学科方法，包括各种流行病学、统计学方法及计算机技术等。

二、项目诊断的基本思路

（一）格林模式

在当代社会行为与健康项目领域使用最为广泛、最具代表性的项目诊断基本思路是美国著名的健康教育学家格林（Green）在 20 世纪 70 年代提出的 PRECEDE-PROCEED 模式，又称格林模式（图 9-1）。

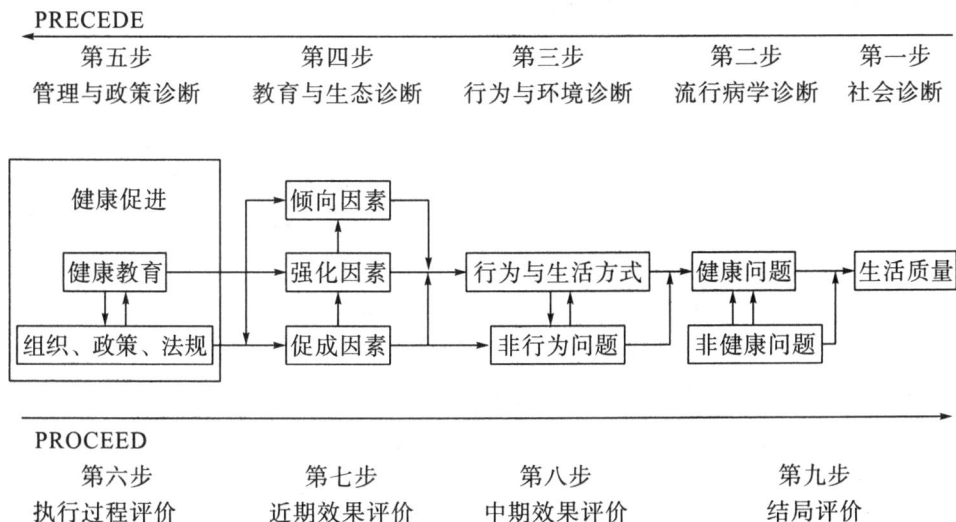

图 9-1 PRECEDE-PROCEED 模式

资料来源：马骁 . 健康教育学［M］. 第 2 版 . 北京：人民卫生出版社，2012。

这一模式的 PRECEDE 部分（Predisposing，Reinforcing and Enabling Constructs in Educational/Environmental Diagnosis and Evaluation）指"在教育和环境诊断与评价中的倾向因素、促成因素和强化因素"，侧重对目标人群的诊断；PROCEED 部分（Policy，Regulatory and Organizational Constructions in Educational and Environmental Development）意为"在教育和环境发展中的政策、调控和组织构架"，侧重对目标人群实施干预及干预的效果评价。因此，在社会行为与健康项目诊断中普遍采用格林模式的 PRECEDE 部分，也称为健康教育诊断思路。

在社会行为与健康项目诊断的调查研究中运用格林模式，是以人群的生活质量和健康问题为出发点，通过系统地调查和收集所需信息，进行多层次、多维度、多因素分析，从而逐步明确以下问题：

（1）影响人群生活质量的健康问题。通过分析确定何种健康问题对人群的生活质量产生最大或较大的影响，便于公共卫生和预防医学工作者明确应以某个或某些健康问题作为社会行为与健康项目的工作目标。

（2）影响目标健康问题的社会行为因素。通过分析哪些社会行为因素对目标健康问题产生最大或较大的影响，便于公共卫生和医学工作者明确今后社会行为与健康项目工作中的某个或某些目标行为。

（3）目标社会行为的影响因素。行为有多种影响因素，格林模式的 PRECEDE 部分将其归为倾向因素、促成因素和强化因素。倾向因素为个体的社会人口学特征，以及知识、态度、信念和价值观，相当于心理因素；促成因素是指实现或形成某行为所必需的资源、技能和社会条件，相当于微观环境因素；强化因素为影响行为持续或重复的因素，相当于宏观环境因素。通过分析三大类因素中的某个或某些具体因素与目标行为的联系，可以帮助公共卫生和医学工作者明确应以哪些具体因素为干预重点，由此考虑采取何种行为干预策略和措施，指导干预工作的组织计划与实施。

（4）社会行为与健康项目干预的主要策略。在社会行为与健康项目干预中，需要对倾向因素、促成因素以及强化因素这三大类因素分别采取不同的干预策略。基于以上三步调查研究的诊断结果，明确影响人们生活质量的健康问题、影响健康问题的社会行为因素以及社会行为的影响因素，为制订有效的行为干预计划提出基本策略。

通过以上四步得到的诊断结果能够为社会行为与健康项目干预工作提供基本逻辑思路，即采取多种社会行为与健康项目干预措施，改变影响目标社会行为的主要因素，包括倾向因素、促成因素和强化因素，从而改善目标社会行为，控制目标疾病的发生或减少其造成的危害，最终实现防治疾病、提高人群健康水平的目的。

在图 9-1 中的社会行为与健康项目诊断 PRECEDE 阶段，格林模式指出工作的方向是由右向左。首先，该模式是一个可以实践操作的概念框架和一种立足于实际的调查研究思路，为社会行为与健康项目工作中运用多种行为科学理论和方法提供了平台。其次，该模式强调在实施项目干预之前，应该对目标健康问题进行系统的调查研究，并在此基础上制订干预计划。再次，格林模式从目标终点着手开始分析问题，而在解决问题时则是由原因到目标。最后，格林模式应用多层次、多维度的生态学观点和思辨与实证相结合的方法看待健康问题和健康相关行为的影响因素，并将影响健康相关行为的因素分为倾向因素、促成因素和强化因素三类。此外，相比罗列问题式或纯思辨式的方法，格林模式作为一种系统方法有利于提高社会行为与健康项目干预的效果和效率。

联合国儿童基金会（United Nations International Children's Emergency Fund, UNICEF）将社会行为与健康项目诊断分为问题与政策分析、形势分析及目标人群分析三个步骤，UNICEF 侧重于从健康促进和社会动员的角度考虑问题。由此可见，在实际工作中，特别是在社区层面的社会行为与健康项目工作中，若将 UNICEF 的这一思路同格林模式结合应用，将进一步完善社会行为与健康项目诊断工作。

（二）PATCH

20 世纪 80 年代，美国疾病控制中心在格林模式的基础上，提出了一种以社区为基础的社会行为与健康项目的诊断和干预思路：PATCH（Planned Approach To Community Health）。PATCH 将社会行为与健康项目诊断和干预分为社区动员、社区情况调查、明确主要健康问题及其行为影响因素、制订干预计划并实施以及效果评价五个步骤。

（1）社区动员：社会行为与健康项目研究人员首先在目标社区开展与项目有关的宣

传工作，阐明项目目标与社区发展的关系，动员社区领导和人群；进而在社区建立各种开展项目所需的社区组织，如社区工作组、指导委员会、居民小组等，并建立社区各部门间的工作机制、合作网络和信息系统；同时争取社区资源的投入和社区普通居民的参与。

（2）社区情况调查：在社区成员的参与下，采用定量和定性方法收集、分析社区的行为与健康问题的信息，以及社区环境、资源和政策信息等。

（3）明确主要健康问题及其行为影响因素：在社区情况调查的基础上，分析并确定该社区存在的主要健康问题、影响该健康问题的行为与生活方式以及影响行为与生活方式的经济、政策及文化因素等。

（4）制订干预计划并实施：在第二个步骤和第三个步骤提供信息的基础上，根据社区的实际情况确定改善目标人群健康相关行为的干预策略，设计干预方案并组织实施。

（5）效果评价：监测和评估工作进展，调整干预方案；评价干预效果，并向社区成员及时反馈结果。

PATCH 的第一个步骤是为开展社会行为与健康项目诊断和随后的项目干预做舆论和组织准备，第二个步骤和第三个步骤适合应用格林模式进行具体的社会行为与健康项目诊断活动。

综上所述，格林模式和 UNICEF、PATCH 的社会行为与健康项目诊断步骤各有侧重和特点。格林模式的科学思路特征突出，UNICEF 的诊断步骤则更注重分析政策和目标人群，PATCH 在格林模式的基础上从实际操作角度强调社会行为与健康项目诊断前期的社区动员工作。因此，在实际的社会行为与健康项目工作中，公共卫生和医学工作者应该综合运用上述诊断思想、相关理论和方法。

三、项目诊断的基本步骤

（一）社会诊断

社会诊断的目的主要包括生活质量评估、社会环境诊断以及社会动员三个方面。首先，评估目标社区或人群的生活质量并明确影响其生活质量的健康问题；其次，了解目标社区或人群的社会、经济及文化等环境；最后，动员目标社区或人群参与社会行为与健康项目，同时建立能够保证诊断工作顺利进行的社区组织。

1. 生活质量评估

生活质量的测量指标包括反映目标社区和人群生活环境的经济、文化和疾病等状况的客观指标，其范围从地理环境到社会服务和社会政策，如居住条件、交通、空气质量、饮水质量、食品供应、教育、卫生服务等。但社会行为与健康项目最关心的是影响生活质量的疾病或健康问题的指标，如发病率顺位、患病率顺位、疾病经济负担顺位、死因顺位、孕产妇死亡率、期望寿命等。客观指标的数据主要通过查阅政府及卫生机构统计资料和文献复习、专家咨询等方式获取，或通过现场的实地调查了解某些特殊情况。生活质量的测量指标也包括反映目标人群对生活质量满意程度的主观指标，即人群对生存状态的主观感受，包括对社会服务、个人生活质量、健康状况等的满意程度。主观指标的数据主要通过问卷调查或访谈、座谈会、小组讨论等半定量和定性方法获取。

2. 社会环境诊断

社会环境是指人类生存及活动范围内的社会物质、精神条件的总和。在社会行为与健康项目诊断过程中，收集社会环境资料的主要目的包括四个方面：其一，明确影响人们生活质量的健康问题；其二，分析影响健康问题和社会行为发生发展的主要因素；其三，了解可供社会行为与健康项目利用的社区资源；其四，为设计社会行为与健康项目干预策略提供基本信息。

（1）社会环境包括多个方面，本部分着重阐述社会经济、社会文化、社会服务、社会政策及社区资源五个方面。

1）社会经济：人均国内生产总值、人均年收入水平、失业率、消费品零售总额、人均道路、人均住房以及人均绿化面积等，以及各指标历年变化情况。

2）社会文化：反映社会文化的指标包括入学率、文盲率、宗教种类、信仰宗教人数比例、特殊风俗习惯、大众传播媒介种类及覆盖和利用情况等。

3）社会服务：卫生服务机构分布、三级卫生保健网运行状况、每千人医院床位数及利用情况、每千人预防保健工作人员数等。

4）社会政策：卫生法规与政策执行情况、社区卫生制度建立和实施情况、领导对社会行为与健康项目的态度、社区各部门间的协作情况等。

5）社区资源：主要指社会行为与健康项目可利用的社区资源，包括社区对社会行为与健康项目的经费投入、社会行为与健康项目专业人员构成及设备条件、现有信息传播媒介或渠道、社区居民的参与意识和意愿、志愿者队伍等。

（2）以对偏远农村地区孕产妇的社会行为与健康项目诊断为例，其生活质量和社会环境的评估内容如下。

1）反映健康问题的指标：孕产妇死亡率、出生缺陷发生率、5岁以下儿童死亡率、婴幼儿死亡率、疾病负担等。

2）社会经济发展水平：孕产妇人口数、人均年收入、道路交通情况、教育水平等。

3）卫生服务相关问题：妇幼保健服务可及性、妇幼保健服务需求及利用情况、妇幼保健服务质量和水平等。

4）当地卫生政策：卫生投入力度、妇幼卫生资源配置、相关医疗保障政策等。

5）社区资源现状：妇幼卫生服务机构分布、妇幼卫生服务人员资质及构成、设备条件等。

在以上社会行为与健康项目诊断工作中，主要采用的资料收集方法有两类。一是客观指标的数据主要通过文献复习、专家咨询等方法获取；二是主观指标的获取主要运用现场调查或访谈、座谈会、小组讨论等定量或定性方法。此外，实践经验提示现场观察在社会行为与健康项目工作中非常重要，能够真实有效地收集到其他方法无法获取的资料，因此某些资料需要通过现场实地观察来获取。

3. 社会动员

要了解社区的实际情况，制订下一步行为干预计划并组织实施，没有目标社区组织和人群的参与是无法成功的。因此，在社会行为与健康项目工作中，进行社会动员并建立社区组织的过程应被视为一个重要部分。在开展社区诊断时，应对当地领导和居民进行充分的宣传并说服，使其充分理解诊断工作的目的及意义，邀请社区各层次的成员参与诊断，从而使社会行为与健康项目工作人员与社区成员共同制订行为干预计划并组织实施，同时建立与项目有关的社区组织。

即使社会行为与健康项目的调查研究工作不是以社区诊断为起点，比如从流行病学诊断开始，社会动员和社区组织的建立也是必不可少的重要步骤。

（二）流行病学诊断

流行病学诊断的主要任务是明确哪个或哪些健康问题对目标社区或人群的生活质量有最大或较大的不利影响，以及目标健康问题的分布特征及其原因。

流行病学诊断的预期结果主要包括 6 个方面：

（1）社区中主要存在的健康问题的三间分布（时间、空间和人群间）特征。

（2）对目标社区或人群的生活质量产生影响最大的某个或某些健康问题，或是目标社区或人群最关注的健康问题。

（3）社区中的目标健康问题累及的人群，其中受影响最大的一类人群有何特征，即社会人口学特征。

（4）在影响目标健康问题发生发展的因素中，找出哪个或哪些因素产生的影响最大，并且哪个或哪些因素是可能被改变的。

（5）若要改变影响目标健康问题的关键因素，需要具备哪些资源和条件。

（6）社会行为与健康项目对控制目标健康问题或改变目标健康问题的影响因素能够发挥什么样的作用。

通过流行病学诊断，找出影响目标社区或人群生活质量最主要的健康问题，这充分体现了将有限资源应用于解决对人群生活质量有重要影响的健康问题的思想。

在流行病学诊断中，可以将现有的政府部门和卫生机构统计资料作为二手数据进行分析，如疾病统计资料、健康调查资料、医学管理记录等。对于这些统计资料，最好既包括人群发病率和死亡率的内容，又能够体现亚人群特别是高危人群的情况，如年龄、性别、种族、职业、教育、收入、家庭结构、地理位置等社会人口学信息。流行病学诊断的数据资料应该为确定可测量的并为之后干预提供可靠有效信息的指标。用全国的统计资料来推断局部地区的情况或者缺乏流行病学诊断所必需的资料都是不合理的。例如，全国范围的家庭抽样调查，在某个地区可能缺乏足够样本量或应答率，从而难以收集到可靠、稳定的数据资料。因此，在这种情况下有必要在当地开展有针对性的流行病学调查，收集当地原始数据资料。此外，向熟悉目标社区或人群的医学专家进行咨询，收集到的专家咨询资料对流行病学诊断工作也很有借鉴及参考价值。

社会行为与健康项目工作者应该利用目标社区或人群健康问题的资料，把重点放在对健康有严重影响，具有可行性的社会行为与健康项目干预方法，但在尚未进行干预或以往干预不成功的健康问题上，应着手找出需要优先解决的健康问题，并确定社会行为与健康项目干预计划的目标。虽然有些健康问题不是最重要的死亡或致残原因，但如果社区居民高度关切，就应该给予特别重视。因此，应以社区居民的需求为导向做出社会行为与健康项目干预决定。

（三）社会行为与环境诊断

社会行为与环境诊断是在流行病学诊断阶段明确主要的健康问题之后进行的工作，通常采用文献复习、专家咨询及现场调查等多种方式。社会行为危险因素是导致目标健康问题发生发展的行为生活方式。环境因素包括社会与物质因素，既是影响人们健康的重要因素，也是影响行为生活方式的重要因素。虽然环境因素常常超出个体的控制，但可以采取健康促进措施使之改善。例如，在中国农村安全供水与环境卫生的项目中提倡儿童喝开水，但通过现场调研发现，某贫困山区的学校没有提供喝开水的条件，所以在该地区上学的儿童存在喝生水的生活习惯。由此可见，导致儿童不喝开水行为的最主要原因是学校环境中缺乏喝开水的条件，所以需要采取促进学校提供喝开水条件的社会行为与健康项目干预措施。儿童所处的环境影响了其健康相关行为，这充分体现了环境因素的重要性。

由于行为与健康问题的关系最为密切，环境因素通过影响行为因素，最终对健康问题产生影响，因此在明确目标健康问题后，行为诊断至关重要。该阶段有以下四项任务。

（1）区分引起健康问题的行为与非行为因素：对引起目标健康问题的原因进行分析，区分行为因素和非行为因素，从而确定引起目标社区或人群健康问题的行为危险因素。在社会行为与健康项目中，可以通过干预活动影响这些行为因素。

（2）区别重要行为与相对不重要行为：很多情况下，引起疾病或健康问题的行为危险因素较多，因此在众多因素中找到重要且可改变的行为危险因素，更加有利于疾病预防和健康问题的改善。

在社会行为与健康项目中，区分重要行为与相对不重要行为有两条标准：第一，行为与健康问题密切相关，即研究证明两者有明确的因果关系；第二，该行为发生频率高，即该行为经常发生。同时符合以上两条标准则为重要行为。相对不重要行为则指行为与健康的关系不甚密切或者它们之间的关系仅仅是间接的，并且该行为发生频率低。

（3）区别高可变性行为与低可变性行为：可变性是指通过健康干预，目标行为发生定向改变的难易程度，即评估目标行为的预期干预效果。理想的目标健康相关行为是重要的高可变性行为。

（4）阐明行为改变目标：一旦确定具体目标行为，就应对其进行明确和具体的限定。即何时对何人的何种行为进行干预，以及希望这种行为改变到何种程度。

（四）教育与生态诊断

在社会行为与环境诊断的基础上，明确影响目标健康问题的主要行为因素后，进行教育与生态诊断。该阶段的目的是调查和分析健康相关行为发生发展的影响因素，为制定社会行为与健康项目干预策略与措施提供基本依据。因为这一诊断步骤涉及众多的行为环境因素，所以被称作教育与生态诊断。

众多因素会影响行为的发生发展，可能来自行为者自身，如遗传因素、心理因素，也可能来自行为者日常生活所接触的环境，如微观环境因素（亲属、邻里、老师、同学、同事等）和宏观环境因素，即社会环境（地理和气候、食物供应、交通运输、法律法规、卫生服务、大众媒介、宗教团体等）。在格林模式中，这些因素分为三类：倾向因素（Predisposing Factors）、促成因素（Reinforcing Factors）和强化因素（Enabling Factors），大致分别相当于上述的个体因素、宏观环境因素和微观环境因素。

（1）倾向因素指个体发生某种目标行为的理由，是目标行为发生发展的主要内在基础，包括个人的知识、态度、信念、价值观念、自我效能认识、行为动机和意向以及人口学特征。在社会行为与健康项目中，倾向因素可能出现在一个人或一组人身上，可以看作"个人"的偏爱，这种偏爱趋向某种或某些健康相关行为，包括促进健康的行为及危害健康的行为。例如，分析成年人的吸烟行为后发现性别（男性高于女性）、知识（对吸烟的危害知晓度较低）及态度（吸烟者觉得吸烟是个人自由）等为倾向因素。

（2）促成因素指有助于行为动机和意愿实现的因素，即实现或形成某行为所必需的资源、技能和社会条件，可直接影响目标行为或间接地通过环境影响目标行为。它包括医疗卫生服务、促使健康相关行为改变所需的有关信息和新技术、行政部门的立法与支持、交通运输客观条件等。对促成因素的确认包含环境因素评估。在多数情况下，对促成因素的诊断可以结合社会诊断的调查结果。

（3）强化因素指在行为发生之后提供持续的回报或为行为的维持和重复提供的激励，即影响行为持续或重复的因素，包括父母、同伴、保健人员和领导的赞扬、劝告等社会支持，也包括自己对行为后果的感受，如生理、心理以及经济效益和社会收益等。仍以成年人戒烟者为例，生理效益（戒烟者能够感受到身体健康状况得以改善）、社会支持（家人或朋友赞赏自己的戒烟成果）、经济效益（减少烟草部分的开支）均为强化因素。

任何一种健康相关行为都会受到倾向因素、促成因素及强化因素的影响，但每类因素产生的影响有所不同。任何旨在改变健康相关行为的社会行为与健康项目计划都必须考虑多种影响因素而不只是一种因素。如果计划仅考虑健康信息传播措施而未同时考虑促成因素和强化因素，那么社会行为与健康项目工作很可能对目标行为毫无影响，无法有效地实现社会行为与健康项目的目标。

需要指出的是，提出影响健康相关行为的三类因素并不是要包罗万象，而是根据每类影响因素不同的特征，应用不同的策略和措施进行社会行为与健康项目干预，提升干预效果。

如何进行教育与生态诊断是社会行为与健康项目诊断的关键。这一步骤主要采用在目标人群中开展定性和定量调查，同时辅以查阅资料、专家咨询、现场观察等方法获取资料，再进行深入细致的数据分析得出结论。这样为下一阶段确定社会行为与健康项目干预策略和措施提供尽可能丰富和适当的依据，应根据流行病学和统计学知识进行全面的调查设计，且最好运用健康相关行为理论如健康信念模式、理性行为、行为改变阶段理论等设计调查提纲及调查问卷。

（五）管理与政策诊断

管理诊断是指根据前四个阶段确定的影响因素找出合适的策略，并考虑计划执行所需的资源、设备等，即核心内容是资源评估和组织评估，如社区有哪些可用的资源、社区的组织机构是否健全。政策诊断的依据与管理诊断相同，但核心内容是审视现有政策状况，包括有无项目计划的支持性政策、该政策是否完善等。管理与政策诊断主要通过查阅资料、专家咨询、定性调查等方式进行。

四、项目诊断资料的收集与分析

社会行为与健康项目诊断是一项针对健康相关行为的调查研究工作。本部分将对社会行为与健康项目诊断中资料收集和分析工作的主要特点进行介绍。

（一）诊断资料的收集需要应用多方面的知识和技术

1. 需灵活掌握并运用社会行为与健康项目诊断的五个步骤

在实际工作中，社会行为与健康项目诊断常常并不是从社会诊断开始，即不是以确定目标健康问题为起点，而是从流行病学诊断开始，在已明确目标健康问题的情况下进行诊断，甚至会从行为与环境诊断开始。但无论是从哪项诊断步骤开始，都必须进行社会行为有关资料的收集和分析。此外，多数情况下，项目诊断调查所获取的内容可以作为社会行为与健康项目干预效果评价的基线资料。虽然格林模式将社会行为与健康项目诊断过程分为五个步骤，但在实际工作中并不一定要组织五轮调查。对此，美国疾病预防控制中心（CDC）提出的 PATCH 有指导意义。如果一个社会行为与健康项目需要采用现场调查方式完成诊断，通常首先做充分的文献复习准备及专家咨询等，尽可能利用现有信息了解目标社区、对象人群、目标健康问题和相关行为等情况。其次是现场进行社会诊断，了解社区相关情况并动员社区，为下一步现场调查做准备。最后，在以上工作的基础上，设计全面综合的调查，尽可能在一轮现场调查中收集到流行病学诊断、行为与环境诊断、教育与生态诊断所需资料，以减少调查成本和对社区的干扰。

2. 项目诊断中方法学的重要性

格林模式为社会行为与健康项目诊断提供了逻辑思路，但从思路转化为实践还需要有方法学媒介。社会行为与健康项目诊断需收集的资料比较复杂，内容涉及面广，因此需要心理学、社会学、人类学调查方法及流行病学和统计学方法等。

3. 掌握调查研究的理论与方法

（1）社会行为与健康项目诊断调查需要完成前述格林模式各步骤所提出的任务。在这些任务中，有一部分需要开展现场调查工作，因此研究者在调查研究的全过程都必须熟练掌握并充分应用已学习的流行病学和统计学的理论与方法，包括调查研究类型和设计研究方案的选择、明确研究对象、确定样本量和抽样方法、资料收集方法的选择、调查员招募与培训、现场组织与调查质量控制、资料核查及整理、数据分析等方面。

（2）在社会行为与健康项目诊断的调查中还需要充分应用心理学、社会学等资料收集方法，以及各种适当的医学检验或监测方法。例如一项针对大学生吸烟行为的社会行为与健康项目诊断调查，应用流行病学和统计学的调查设计方法设计调查方案，调查内容既包括社会人口学特征、关于吸烟危害的知识、亲属和同伴吸烟及相关认知情况、吸烟和戒烟行为和根据健康信念模式各部分设计的专门问题，也包括心理学人格量表，此外还包括测定头发中尼古丁含量的指标。

（3）社会行为与健康项目诊断调查应注意定性调查和定量调查相结合。社会行为与健康项目诊断大多都需要进行定量调查，在获得足够符合条件的数据资料后，再有选择地进行较深入的定性调查，以进一步探明健康问题发生发展的原因。

（4）现场调查中常用的方法有利用已有文献或资料进行分析、面对面访谈、电话调查及网络调查等。这些方法在适用对象、花费时间和经费、取得结果等方面各有不同，因此应根据实际需要和可行性慎重选择资料收集方法。

4. 循证医学的出现开启了医学科学发展的新阶段

循证医学的思想是在确定问题及干预方案的实践中，不只依靠个别研究的结果，而且以全球范围的对照试验证据为基础。因此，循证思想可同样用于指导社会行为与健康项目实践。

5. 目前在常规监测中已包括对一些重大疾病的行为监测

这些行为监测资料可用于社会行为与健康项目。这是一种连续的、跨时段的健康相关行为资料收集方法，无论对社会行为与健康项目诊断还是对社会行为与健康项目效果评价都有重要价值。

（二）项目诊断资料涉及多方面变量

在社会行为与健康项目诊断调查中，由于行为问题及其影响因素的复杂程度高、涉及范围广，而且调查研究中除了对情况进行描述，还要对变量间的关系进行推断，所以应用的指标有一定特殊性。根据前述各诊断步骤的目的和健康相关行为理论的内容，社会行为与健康项目诊断调查常涉及的变量如下。

（1）针对个体情况的变量：①社会人口学特征，如年龄、性别、职业、宗教信仰、受教育程度等；②生理学变量，如身高、体重、血红蛋白等；③心理学变量，如知识、态度、信念、行为意向等；④行为变量，如吸烟、饮食、睡眠、体育锻炼等。

（2）针对人群情况的变量：疾病或健康问题、社会关系、社会网络等。

（3）针对社区情况的变量：经济、教育、卫生服务、商业服务、社区组织、大众传媒等。

（三）项目诊断资料的分析思路

（1）初步判断目标疾病或健康问题与若干种行为存在因果关系的可能性。

（2）目标行为与若干倾向因素、促成因素和强化因素间存在因果关系的可能性。

（3）对健康相关行为和社会行为与健康项目干预可有效控制或减少目标疾病、健康问题危害的假设基础。

（4）上述的数据结果为社会行为与健康项目干预效果的评价提供客观信息。

（四）项目诊断调查中的伦理道德问题

社会行为与健康项目主要的调查对象为人群。为了切实保护调查对象的利益，在诊断调查中，研究人员必须严格遵守医学伦理学的基本原则。具体如下：

1. 尊重

（1）知情同意和知情选择。获得调查对象的知情同意，这是调查对象自主权的最重要的体现形式。这不仅是为了争取合作，而且还体现了对调查对象的尊重。在社会行为与健康项目诊断调查时，首先需要征得调查对象的同意并使其在知情同意书上签字，尤其是调查内容涉及调查对象的健康问题，甚至某种健康相关行为问题时。调查对象同意并签字的前提是知晓并了解调查目的、内容及意义。在获知情同意后，尊重调查对象的选择权。

（2）隐私权是指自然人享有的私人生活安宁与私人信息秘密依法受到保护，不被他人非法侵扰、知悉、收集、利用和公开的一种人格权。对调查对象而言，某些信息属于敏感信息，如个人收入、家庭财产、性关系等，如果敏感信息被扩散，可能带来某种损害。调查对象同意告诉调查员某些敏感信息，并不意味着调查员有权利将此类信息扩散。同时，现场观察的事物可以是公开的，也可以是"不宜"或调查对象不愿公开的。并且没有主人允许，不能进入其居所，这也属于调查对象的隐私。

（3）匿名和保密。在现场调查中匿名和保密为两种常用的保护隐私的方法。匿名是把调查对象的姓名与其提供的信息分离，即任何人无法把具体信息与具体调查对象进行匹配。然而，现场访谈无法做到匿名，此时可以在访谈问卷中对调查对象进行编码，只有调查员本人清楚该编码的含义，其他人无法识别。保密指调查员和调查机构将调查对象的信息进行妥善处理和利用，严格限制信息的可接触者范围，保证范围之外者无法了解这些信息。

2. 不伤害

避免对调查对象身体的伤害，调查对象及其家属的心理伤害和精神伤害以及调查对象及其家属的经济损害。

研究人员在进行相关资料收集时，收集资料的方法应对调查对象无伤害或伤害最小。如在进行问卷调查或访谈时，应注意时间，不扰乱调查对象的正常工作或学习，不过多占用调查对象的休息时间；需要采集某些生理指标时，健康教育工作者应尽量避免有创检查，采集尿液、粪便、毛发等进行检测；如需进行有创检查（采集调查对象的血样等），应招募专业护士统一培训后再进行，并在检查过程中严格遵守无菌操作规范，尽量减小对调查对象的伤害，保证他们的安全与健康。

3. 受益

社会行为与健康项目应该将调查对象的利益和健康放在首位，使调查对象能够从项目中受到近期或远期的利益。

4. 公平

每一个人都具有平等合理享受卫生资源或公平分配的权利，享有参与分配和使用卫生资源的权利。在提供健康服务时，不能要求目标人群在情感、性、经济或其他方面予以回报，操纵或侵犯他人的权利。

第二节　社会行为与健康项目的计划与实施

通过项目诊断确定或推测与所研究问题有关的行为和行为影响因素及项目资源情况，为确定项目干预目标、策略和方法提供基本依据。社会行为与健康项目是一个复杂的社会系统工程，必须科学地设计计划、实施计划和评价，三者之间是相互联系、相互制约的。

一、项目的计划

计划是指依照项目目标与需求，通过科学的预测和研究对未来一定时期内的事情做出有条理的决策。计划设计即制订项目计划，基于项目诊断调查确定特定区域内居民的主要健康问题、与此健康问题有关的行为、导致行为发生发展的因素（倾向因素、强化因素、促成因素），以及目标人群的基本情况、可获得的资源等，通过分析研究形成理论假设，提出解决该问题的目标以及为实现该目标所采取的策略和一系列具体的方法、步骤，为计划实施奠定基础，为科学评价提供量化指标。计划设计是社会行为与健康项目的关键环节。

（一）计划制订的任务

社会行为与健康项目的计划是科学管理社会行为与健康项目的重要指南与体现，项目计划的任务就是在众多的健康问题和有限的人力、物力、财力资源的矛盾中，根据目标人群和/或目标社区的需要和主客观条件，选择优先项目，制定明确的目标和具体的量化指标，从一系列可行的策略和措施中做出最优抉择，有效提高资源的利用率，为项目管理工作制订具体可行的方案，指导和协调各部门和人员共同行动，避免工作的盲目性和无序性，科学有效地指导项目工作，及时纠正偏差。社会行为与健康项目的计划是实现社会行为与健康项目目标的行动纲领，也是检查、监督计划进程，开展质量控制的标尺和效果评价的依据。

（二）制订计划的原则

计划设计是根据实际问题需要，通过科学的预测和决策，提出在未来一定时期内所要达到的目标及实现这一目标的方法、途径等所有活动的过程，包括计划、实施和评价的全过程。社会行为与健康项目计划的制订过程就是计划设计，应当遵循以下原则。

1. 目标原则

社会行为与健康项目的计划必须坚持以正确的目标为导向，做到目标明确、重点突出。计划干预活动紧紧围绕目标开展，使有限的资源得以有效使用。应当有明确的总体目标和切实可行的具体目标，从而体现计划的整体性和可行性，以最小的投入取得最大的产出和效益。

2. 参与性原则

目标人群的积极参与是社会行为与健康项目成功的基础。把计划目标和目标人群所关心的健康问题紧密结合起来，吸引广大群众参与。制订计划之前，应进行深入的健康需求分析，确定优先项目和目标。社区政府和居民共同参与社区卫生行为与健康决策、卫生行为与健康计划和行动、评估和管理，是保证社会行为与健康项目成功的重要原则。

3. 整体性原则

制订社会行为与健康项目的计划要立足大卫生观念，以健康为中心，明确居民健康需求，解决居民健康问题。社会行为与健康项目的计划要体现出整体性和全局性，目标要体现出长远性和先进性，计划的制订者要具有全局观念、预测和把握未来的能力。

4. 可行性原则

制订计划要从实际出发，因地制宜地进行计划设计。尽可能地预见到在实施计划过程中可能发生的情况，清晰地掌握目标人群的健康问题、知识水平、经济状况、风俗民情、生活习惯等一系列主客观资料，提出符合实际、易为目标人群接受且切实可行的干预计划。使用客观的评价指标和效果测定方法，有利于长期观察和随访。

5. 灵活性原则

计划设计要留有余地，尽可能考虑到计划实施过程中可能发生的其他变化，并制定基于过程评价和反馈问题的应变对策、计划修订指证和原则，以确保计划的顺利实施。

（三）制订社会行为与健康项目计划的基本步骤

社会行为与健康项目的计划制订是在社会行为与健康项目诊断的基础上对计划干预活动本身的具体内容、干预方式和步骤进行研究设计的过程。主要步骤包括确立优先项目、确定项目的目标、确定目标人群、干预策略和干预框架的确定、干预活动组织网络与人员队伍建设、确定监测与评价计划、确定项目预算。

1. 确立优先项目

社区目标人群的健康需求具有多方面、多层次的特点，社会行为与健康项目必须选择一个优先项目，用最少的投入获得最佳的效益。优先项目是该社区最重要、目标人群最关心、预期干预效果最好、所用人力和资金相对较少的健康问题。

确立优先项目的基本原则如下：

（1）重要性原则：选择涉及面广，发生频率高，对目标人群健康威胁严重，对社会经济发展、社区稳定影响较大，发病率、致残率、致死率高，群众最关心的健康问题。

（2）有效性原则：选择通过社会行为与健康项目干预能有效地使健康问题发生可预期的改变、干预措施简便且具有可行性、易为目标人群接受、有明确的客观评价指标的健康问题。

（3）可行性原则：社会行为与健康项目的干预策略、措施和方法以及各种干预活动能否开展和实施，主要取决于目标社区对疾病和健康问题干预的支持力度和条件，包括社区领导的支持，社会相关部门的配合，人力、物力、财力、技术资源等支持条件的配备等。

（4）成本－效益原则：按成本－效益估计排序，优先选择代价小、成本效益较好、能用最低成本达到最大经济效益和社会效益的健康问题。

2. 确定项目的目标

确定优先项目后，就需要制定计划目标。确定计划目标是将社会行为与健康项目的诊断结果转换成具体计划目标的过程。社会行为与健康项目计划必须有明确且具体的指标，它是计划实施与效果评价的重要依据。

（1）总体目标：总体目标指预期达到的计划的最终理想结果，指明努力方向，具有宏观性、远期性的特性。

（2）具体目标：具体目标是为实现总体目标设计的、具体的、量化的具体结果指标，是项目目的的具体体现。具体目标一般可分为教育目标、行为目标和健康目标。教育目标是为实现行为的转变而开展的，社会行为与健康项目计划应考虑到目标人群达到行为转变所必需的知识、信念、态度和技能等；行为目标是该计划执行一定时间后有关行为的转化率，教育目标和行为目标一般称为近中期目标；健康目标指在计划执行期内产生的健康效益，既可以是某些客观（生理生化）指标的改变，也可以是疾病发生率或死亡率的变化。具体目标形成目标体系，反映出社会行为与健康项目作为一个系统其各部分之间的结构关系。以降低农村孕产妇死亡率的社会行为与健康项目为例。教育目标：提高孕产妇和家庭成员对住院分娩的认识；行为目标：改善农村孕产妇的遵医行为，提高住院分娩率；健康目标：改善农村孕产妇的健康状况，降低孕产妇死亡率。

3. 确定目标人群

目标人群是指社会行为与健康项目计划干预的对象或特定群体。基于社会行为与健康项目诊断的结果，确定优先解决的健康问题，并明确特定疾病或健康问题在社区人群中的分布及分布特点。受疾病和健康问题影响最大、问题最严重、处在最危险状态的群体，一般确定为社会行为与健康项目干预的目标人群。根据与行为的关系，目标人群可分为一级目标人群、二级目标人群和三级目标人群。

（1）一级目标人群：计划直接接受社会行为与健康项目干预活动的人群。如大学生控烟项目中，大学生为一级目标人群；婴幼儿保健项目中，一级目标人群是婴幼儿的监护人。

（2）二级目标人群：对一级目标人群有重要影响的人，如卫生保健人员、有关行政领导、亲属、朋友等。

（3）三级目标人群：对项目有支持作用或有重要影响的人，如行政决策者、经济资助者等。

在此基础上，还可根据各类目标人群内部的一些重要特征分出亚组，以利于制定策略和开展工作。

4. 干预策略和干预框架的确定

社会行为与健康项目的目的在于帮助人们掌握卫生保健知识，树立健康观念，形成有利于健康的行为和生活方式。因此社会行为与健康的干预策略和方法应该围绕实现上述目的来选择和设计。

一个社会行为与健康项目通常是若干社会行为与健康干预策略和一系列具体的干预活动的有机组合。社会行为与健康干预策略的确定是整个干预过程的灵魂，合理、可行的策略设计从根本上保障预期结果的实现。社会行为与健康干预策略应把目标人群的特点、当地具体情况和工作条件与充分运用社会行为与健康理论相结合，实事求是地确定干预策略，并创造性地设计干预措施和工作方法，共同为实现项目目标服务。

社会行为与健康干预必须针对一个明确的项目目标（健康问题），综合应用各类干预策略和方法。将社会行为与健康干预策略与目标人群、目标行为、行为影响因素及干预场所相结合来综合考虑形成的社会行为与健康干预大体方案即为社会行为与健康干预框架。在社会行为与健康项目计划制订过程中一般将干预策略按教育策略、社会策略、环境策略及资源策略等分类来建立社会行为与健康干预框架。通常有计划设计的、可供选择的多个社会行为与健康干预框架方案，对干预方案及其每一部分的确定也需要分析和优选。

5. 干预活动组织网络与人员队伍建设

社会行为与健康项目是一项社会性的活动，因其涉及面广，必须形成多层次、多部门参与的网络组织。除各级社会行为与健康专业机构外，网络中应包括有关政府部门、大众传播部门、教育部门、社区基层单位、医疗卫生部门等。各部门间的统一目标和协调配合对社会行为与健康项目的开展至关重要。人员队伍应以专业人员为主体，吸收网络组织中其他部门人员参加。参与执行计划的各类人员应根据工作需要分别进行培训，各类人员必须明确其职责与权利。

6. 确定监测与评价计划

监测与评价贯穿项目的全过程，是控制项目进展状态、保证实现项目目标的质量控制措施。建立系统、完善的质量控制与监测体系，及时发现干预计划、材料、策略及实施中的问题并进行调整，是保证项目向目标顺利发展、衡量计划实施效果的重要措施。在计划设计阶段应当同时完成监测与评价方案的设计，对指标内容、测量方法与工具、监测时间与执行人员（监测人、评价人、负责人）等做出明确规定。

7. 确定项目预算

项目预算是干预经费资源的汇总与分配方案。确定项目预算的原则：科学合理、细致认真、厉行节约、留有余地。根据社会行为与健康项目的目标人群、计划时间、项目内容、方法和规模，分别计算出每项活动的开支类别及所需费用，汇总即可得出整个项目的预算。预算应切合实际，合理利用当地一切可以利用的社会资源，包括政策资源、人力资源、物资设备资源、交通资源等，同时遵循低投入成本、高效益产出的原则。

二、项目的实施

社会行为与健康项目应以必要的诊断调查为基础，通过调查可以明确与社会行为与健康项目目标相关联的关键行为和影响关键行为发生发展的因素，明确目标人群的特点、目标区域的社会环境和可利用资源等情况后，根据设计的社会行为与健康项目计划，实施有效的干预活动，实现计划的目标。在健康教育整个过程中，实施计划的干预活动是社会行为与健康项目的主体工作，也是工作的重点和关键。

社会行为与健康项目的主要实施步骤如下。

（一）干预实施进度表的制定

社会行为与健康项目的实施指按照计划要求组织实施各种干预活动，以有序和有效的工作去实现计划目标、获得预期效果的过程。实施进度表根据计划进度，对各项具体工作的时间、地点、内容、责任人及其他事项进行具体的安排。干预实施进度表是各项干预活动和措施在时间和空间上的整合，各项干预活动的实施工作应以进度表为指引，逐步实现阶段目标和总体目标。同时检查各项工作的进展和完成数量，科学的进度表是整个计划实施的核心，是进行项目过程评估的主要依据，也是目标管理的体现。

社会行为与健康项目实施进度表是以时间为引线，整合、排列出各项干预活动的内容、工作日数量、工作目标与监测指标、工作地点、经费预算、分项目负责人、特殊需求等内容的一个综合计划执行表。应考虑实际操作程序、运作过程、可能遇到的困难等因素，根据实际人力、物力条件，结合以往工作经验科学安排干预活动（表9-1）。

表9-1 项目实施进度表样式

（社区高血压干预2018年半年实施安排进度表）

2018 年						工作项目	负责人	参与者	地点	材料设备	经费（元）	备注
4	5	6	7	8	9							
√						组建领导与执行机构，召开第一次领导机构会议	×××	×××	卫生中心会议室	组织机构成立文件等	100	
	√					项目启动大会、骨干培训会	×××	×××	居委会会议室	培训材料、会标、音响等	1000	
		√	√	√		社区诊断与确定优先解决的健康问题	×××	×××	调查现场	体检设备、电脑等	3000	
				√		高血压患者建档	×××	×××	卫生中心会议室	电脑及办公用品等	3000	

（二）社会动员和组织管理机构的建立

1. 社会动员

社会动员（Social Mobilization）是采取一系列综合高效的策略和方法，动员社会各阶层广泛参与，把社会行为与健康项目的目标转化为满足广大社区居民健康需求的社会目标，并转变为社区成员广泛参与的社会行动，进而实现这一健康目标的过程。充分的社会动员是实现社区成员积极参与的前提。

社会动员可提高目标人群参与社区社会行为与健康项目的积极性，把社会行为与健康项目的观念融入社区实际工作中，影响整个社区的行为，从而动员社区资源、强化政策的支持、规划社区社会行为与健康行动、改变社会环境危险因素、改善社区居民的行为和生活方式，依靠社区自身力量去实现健康目标。

2. 组织管理机构的建立

社会行为与健康项目的实施需要多部门的合作，做好各部门间的协调与合作是计划顺利实施的重要措施之一。社会行为与健康项目的组织管理机构应能发挥组织、动员及管理作用，并能满足社会行为与健康项目现场动员的组织管理工作需要，组织结构要适用于社区干预项目内容。建立领导工作的领导机构和具体执行任务的执行机构以及确立有关的协作单位都是首要任务。应促进社区成员相互信任，加强合作并增加工作成员的相互了解，从而保证社会行为与健康项目的顺利开展。

（1）领导机构。一个办事效力高、具有影响力和决策能力的领导机构是顺利实施社会行为与健康项目的基础。领导机构（如社区社会行为与健康项目领导小组）应包括与该计划实施直接相关的部门领导和主持实施工作的业务负责人。领导机构成员应熟悉计划目的、内容，要有执行计划的决心和信心，并提供政策支持。领导机构可由原行政机构兼任、替代或另行成立。领导机构成员需根据干预活动所涉及的范围和部门来确定。领导机构要为社会行为与健康项目提供政策支持，解决社会行为与健康项目中的困难和问题，有利于动员更多当地资源的投入，开创多部门协调合作的局面，影响当地群众的参与态度，创建有利于社会行为与健康项目实施的社区环境。

（2）执行机构。执行机构的职责是落实和实施社会行为与健康项目，分解项目中的每项活动，开展干预活动，将社会行为与健康项目计划付诸行动，实现干预计划目标。执行机构往往设置在某一相关业务部门内，如省、市或地区的疾病预防与控制中心、妇幼保健院（所）等，其成员大多以一个部门为主体，吸收相关部门的专业人员参加。通常执行机构的确定或组成取决于社会行为与健康项目申请单位和经费来源。特殊情况下可另成立专门项目机构。执行机构人员的数量和专业组成应根据社会行为与健康项目计划的内容确定，既要适应工作需要，又要避免人员庞杂。社会行为与健康项目一般实施时间较长，要求工作人员稳定，能够自始至终以该项工作为主。

（3）协作单位。社会行为与健康项目是一项社会工程，需要社区多个部门的协调与合作。建立社会多部门联合的组织网络是实施社会行为与健康项目的基础，通过协作单位组织网络建设可以把社会有关组织、机构、团体联合起来参与到社会行为与健康项目中，协调行动并提供支持。协调社会有关部门的关系并建立起多部门联合的组织网络是社会行为与健康项目成功的保证和重要标志。

（三）项目骨干培训

项目骨干培训是对承担社会行为与健康项目的工作人员进行专业化知识和技能培训的过程，是干预项目顺利实施并取得成功的必要保障。它使项目参与人员明确项目的目的、意义、内容、方法及要求等，统一认识，统一技术，统一步调，统一标准。

1. 培训内容

项目管理人员的培训内容如下。①项目计划：如何开展社会行为与健康需求评估，并能根据评估结果、资源情况和项目要求制订项目计划、实施方案等。②质量控制：包括质量控制的目的、内容和方法，能依据项目目标和各项干预活动的技术指标进行项目监测与质量控制。③人员管理：在项目管理中合理分配人力资源，并能运用领导艺术与激励理论等鼓励项目参与者努力工作。④财务与设备管理：了解基本的财务管理和设备管理知识和方法，包括经费的预算和审计、项目可用资源的合理分配等，并能合理运用。⑤项目评价与总结：运用项目评价指标与评价方法，组织实施项目评价，汇总资料，能完成项目的阶段性报告和总报告。

项目干预技术人员培训内容如下。①专业知识：应根据干预项目的目标和干预内容确定专业知识的培训内容。②传播材料制作：健康信息需求评估方法、传播材料设计、制作流程和预试验等。③人际交流技巧：倾听、表达、提问、反馈等技巧。④人员培训方法：培训班组织、基本教学技巧、参与式培训方法等。⑤干预方法：干预活动可用到的各类干预方法的内容和应用技巧。培训工作要有培训计划、培训组织，并进行培训评价。

2. 组织培训

培训时间不宜太长，可根据项目实施的技术难度确定，一般培训 1 或 2 次或 3~6 学时。应做到及时沟通，掌握培训进度，密切联系学员，发现培训中存在的问题及时解决，保障培训顺利完成，达到预期效果。

3. 培训方法

社会行为与健康项目的培训通常以参与式教学方法为主。常用的参与式教学方法有头脑风暴法、角色扮演、小组讨论、案例分析等。

（四）干预活动实施

实施社会行为与健康项目干预活动，应以社区人群的卫生需求为导向，广泛动员社区人员参与，调动社区各方面的积极性。干预活动应该精心策划、组织、安排和实施。干预对象应突出重点，如某病患者、高危人群等。干预活动的形式应灵活多样，可根据目标人群的性别、年龄、职业、受教育程度和干预内容等，选择适宜形式。干预活动的场所包括社区、医院、学校、工作场所等，在不同的干预项目中，干预场所有所不同。

（五）质量控制

质量控制是与干预相伴而行的监督与技术保障，是了解干预计划实施的运行过程和结果、及时发现和妥善解决实施工作中存在的问题、保证社会行为与健康项目顺利进行和取得计划预期效果的重要环节。

在实施干预活动时，通常按照时间先后顺序将各项活动排列，并确定各项活动的具体质量要求。质量控制通常是伴随着干预活动的实施而进行的，主要体现在干预活动开始前技术、资源的保障，干预活动按照计划中的质量要求进行，以及干预活动后对活动进展和资源消耗回顾三方面。质量控制体系的建立是项目质量控制的必要保障。

质量控制一般以常规的双向信息流通和阶段性质量检查相结合的方式进行。自上而下的质量控制：发布质量标准，明确考核要求，建立定期逐级上报项目监测数据制度和定期反馈制度，使质量控制有据可依、有章可循；干预活动的组织者能够按照质量标准实施干预活动，并及时收集体现各项干预活动质量的第一手资料，汇总后逐级上报，发现问题及时提出。阶段性质量控制是一些阶段性的评估、考核，如季度考核、年度考核、中期评估、终末评估等，一般由项目内部管理者和实施者联合进行，也可聘请项目外部的独立评估专家。

1. 质量控制的内容

质量控制的内容：①反映各项活动是否按预定时间进行的工作进度监测；②反映实际开展活动在内容、数量上是否与计划要求一致的活动内容监测；③反映实施人员工作状况、目标人群参与状况、相关部门配合状况的活动开展状况监测；④反映项目活动有效性的知识、态度、行为及影响因素的效果监测；⑤反映实际开支与预算符合程度的经费开支监测等。

2. 质量控制的方法

质量控制的方法：①要求各分项目负责人做好实施记录，建立记录与报告制度；②有计划、有记录的现场考察和参与方法；③用于监测财务经费的管理和使用的项目审计方法；④定量、半定量、定性的抽样调查方法等。

3. 质量控制的注意事项

（1）公平：确保参与者公平地获得服务或受益于服务。

（2）效益：服务能达到预期目的。

（3）效率：服务能以最低成本实现最大效益。

（4）可及性：参与者在任何时间、距离都易获得服务。

（5）适当性：服务是目标人群所需要的。

（6）可接受性：服务能满足目标人群的合理期望。

（7）反应性：服务能满足目标人群表达的需求。

第三节　社会行为与健康项目评价

评价是社会行为与健康项目的客观实际与预期目标进行的比较。社会行为与健康项目的质量以及干预效果必须经过科学、客观、公正、严谨的评价来获得。社会行为与健康项目评价是一个系统地收集、分析、表达信息的过程，旨在确定项目规划的价值，为项目的进一步实施和后续的项目决策提供依据。项目评价贯穿整个社会行为与健康项目管理过程，科学系统的项目评价不仅有助于了解项目的效果，还有助于全面监测、控制，以便最大限度地保障项目的先进性和实施的质量。

一、项目评价的性质

社会行为与健康项目评价具有以下几个方面的性质。

（一）评价是项目管理的重要组成部分

社会行为与健康项目的全过程包括项目诊断、计划设计、实施计划和评价项目产出。项目评价在项目的各阶段有着不同的作用，在计划设计阶段的作用是评估计划的科学性和可行性，在项目执行阶段的作用是评估计划实施的进度和质量，在评价项目产出阶段的作用是进行现实结果与预期目标的比较。

（二）评价的基本原理和核心是比较

评价的实质是不断地进行比较，包括项目的客观结果与预期目标的比较、实际实施情况与干预活动计划的比较等。通过比较差异、分析存在差异的原因，修正项目计划，完善项目实施，使项目取得更好的效果。

（三）确定价值标准是评价的前提

比较的前提条件是有一个清晰明确的评价标准，科学、合理、明确的评价标准是项目取得成功的重要条件。评价标准体现评价者的价值取向，这种价值取向可以是公认标准或自身的基线水平，也可以是他人的成功事实。

（四）测量是评价的重要手段

测量是运用一定的标准和工具，按照一定的方法获取反映客观事物某种状态或特征的信息的手段。准确的信息是评价成功的保障，只有通过应用评价指标对评价对象进行定量、定性测量，才能得出准确的评价结论。因此，需要有一套科学实用的评价指标体系及各项指标的测量标准与方法。

二、项目评价的目的

项目评价的目的主要可以归纳为三个方面：

（1）在计划设计阶段进行评价的目的是保证社会行为与健康项目计划的先进性与合理性。

（2）在项目执行阶段进行评价的目的是明确项目实施情况，包括活动的数量与质量以及各项计划执行的进度和资源利用情况，以判断该社会行为与健康项目是否适合目标人群。

（3）在项目产出阶段进行评价的目的是明确社会行为与健康项目是否达到预期目标，判断其可持续性如何；向公众和投资者说明项目结果，扩大项目影响，取得目标人群、社区、投资者等更广泛的支持与合作；总结项目的成功经验与不足之处，提出新的社会行为与健康项目计划和活动方向。

三、项目评价的意义

（1）评价是社会行为与健康项目取得成功的必要保障。在项目计划制订的过程中，需评估目标人群的健康状况、健康教育需求及资源情况，以确定干预内容和方法的可行性和有效性；在计划执行阶段，及时评估项目的执行情况，可以保证计划执行的质量和进度。

（2）评价可以科学地说明社会行为与健康项目的价值。社会行为与健康项目旨在通过有针对性的干预措施改变人们的健康相关行为，进而改善人群健康状况。在项目实施过程中，除干预因素外，人群的健康相关行为及健康状况还可能受到多种因素的影响，通过评价可以科学地说明社会行为与健康项目对健康相关行为及健康状况的影响程度，明确项目价值。

（3）评价是一种改善计划，通过评价可对计划进行及时修正和完善，使之更适合目标人群的需要。

（4）评价可以科学地向公众阐述项目效果，扩大项目影响力，争取更广泛的支持与合作。

（5）评价可以提升社会行为与健康专业人员的理论与实践水平，使其更好地将理论与实践相结合，并在实践中不断丰富和发展理论，完善社会行为与健康项目。

（6）评价可以为决策者提供对项目进行科学管理的依据。评价的资料是基于实践的第一手资料，对数据分析结果进行科学的评价，可为决策提供强有力的事实证据，更有利于提高决策的科学性与合理性。

四、项目评价的种类

根据社会行为与健康项目的内容、指标和研究方法，项目评价可以分为以下几种类型。

（一）形成评价

形成评价（Formative Evaluation）是对社会行为与健康项目科学性和可行性的评价，在项目计划实施之前进行，对目标人群的健康需求、行为与生活方式、影响行为与生活方式的微观环境因素和宏观环境因素、实施干预所需要的政策资源和物质资源等进行调查研究，进而得出诊断结论，制订干预计划。形成评价可以评估计划目标是否明确合理、指标是否恰当、资源的种类和数量是否充足、资料收集方法是否可行等，能最大限度地降低风险，避免资源浪费，为项目的正确实施和取得良好效果奠定基础。

（二）过程评价

过程评价（Process Evaluation）开展于社会行为与健康项目实施之初，贯穿项目执行的全过程。进行过程评价的目的是确保项目目标成功实现。过程评价着重关注项目是否按计划的数量和质量执行，并且通过修正项目计划使之更符合实际情况的功能，有效地监督和保障计划的顺利实施。同时，完整的过程评价资料还可以为解释项目结果提供丰富的信息。

（三）效应评价

社会行为与健康项目的最终目的是改善目标人群的健康相关行为，提高人群健康状况和生活质量。效应评价（Impact Evaluation）指在项目实施后评估干预活动导致的目标人群健康相关行为及其影响因素（如知识、态度、信念等）的变化。健康相关行为及其影响因素与健康结局相比更早发生改变，故效应评价又称为近中期效果评价。

（四）结局评价

结局评价（Outcome Evaluation）是社会行为与健康项目实施后对目标人群健康状况乃至生活质量的变化进行评价。对于不同的健康问题，从行为改变到出现健康结局所需的时间不同，但均在行为改变后出现，故结局评价也常被称为远期效果评价。评价内容包括目标人群的健康状况，如生理和心理健康指标；疾病发病率、患病率、死亡率等指标；目标人群的生活质量，如生活质量指数、日常活动量表、生活满意度指数等。

（五）总结评价

总结评价（Summative Evaluation）指综合形成评价、过程评价、效应评价和结局评价的结果以及对各方面资料做出总结性的概括，能全面反映社会行为与健康项目的成功与不足，为今后的计划制订和项目决策提供依据。

五、项目评价指标与方法

（一）形成评价的内容、指标与方法

1. 形成评价的内容

（1）干预计划的目标是否明确；目标的程度是否适宜。

（2）干预策略是否正确，是否具有针对性和逻辑性；干预措施是否可行；干预措施对于对象人群是否可及。

（3）干预计划所涉及的人力、组织、资源等是否合理。

（4）干预实施所需要的信息反馈渠道是否畅通。

2. 形成评价的指标

形成评价的指标一般包括项目计划的科学性、技术上的适宜性、政策的支持性、目标人群对策略和活动的接受程度、项目的可靠性及创新性等。

3. 形成评价的方法

可采用多种技术来解决上述问题，以对计划本身进行评价。常用的方法有专家评价、预实验等。

（二）过程评价的内容、指标与方法

1. 过程评价的内容

（1）针对目标人群的评价：①参与社会行为与健康项目的具体人群；②在项目中运用的干预策略、开展的项目活动；③活动是否是按项目计划进行；④目标人群对项目干预活动的反应，是否满意并接受这些活动；⑤目标人群对各项项目干预活动的参与情况。

（2）针对项目组织方面的评价：①项目涉及的组织；②各组织间的沟通方式、参与项目的程度；③是否需要对参与组织进行调整、如何调整；④是否建立完整的信息反馈机制，评价项目资料的完整性、准确性；⑤项目资源的消耗情况是否与预计相一致，以及不一致的原因。

（3）针对项目相关的政策和环境的评价：①项目涉及的政府层级、具体的政府相关部门；②在项目执行过程中是否发生政策环境方面的变化、变化对项目的影响；③在项目进展方面是否与决策者保持良好沟通。

2. 过程评价的指标

（1）项目活动执行率：

$$项目活动执行率 = \frac{某时段已执行项目活动数}{某时段应执行项目活动数} \times 100\%$$

（2）干预活动覆盖率：

$$干预活动覆盖率 = \frac{参与某种干预活动人数}{目标人群总人数} \times 100\%$$

（3）干预活动暴露率：

$$干预活动暴露率 = \frac{实际参与项目干预活动人数}{应参与项目干预活动的人数} \times 100\%$$

（4）有效指数（Effectiveness Index，EI）：

$$有效指数 = \frac{干预活动暴露率}{预期达到的参与百分比} \times 100\%$$

在计算每项社会行为与健康项目干预活动的有效指数的基础上，还可以求出项目的总有效指数（Program Effectiveness Index，PEI），即各项干预活动有效指数的算术平均数。

$$PEI = \frac{\sum_{i=1}^{n}(EI)}{n}$$

（5）目标人群满意度。目标人群对社会行为与健康项目实施情况的满意度一般可以从以下四个方面进行评估：①对干预活动内容的满意度；②对干预活动形式的满意度；③对干预活动组织的满意度，如在时间安排、服务设施、健康教育材料的发放途径等方面的满意度等；④对人际关系的满意度，如对项目工作人员态度、与其他参与者相处、参与干预活动心情等方面的满意度。

（6）资源使用进度指标。

1）活动费用使用率：

$$活动费用使用率 = \frac{某项干预活动的实际费用}{某项干预活动的预算费用} \times 100\%$$

2）年度费用使用率：

$$年度费用使用率 = \frac{某年度项目活动实际费用}{某年度项目活动预算费用} \times 100\%$$

3. 过程评价的方法

（1）查阅档案资料：项目活动进度、目标人群参与情况、费用使用情况等可以通过查阅项目的档案资料获得。

（2）目标人群抽样调查：目标人群参加项目活动的情况以及项目活动的满意度可以通过对目标人群的定性、定量调查获得。

（3）现场观察：可以通过现场观察了解项目执行情况、目标人群参与情况等。

（三）效应评价的内容、指标与方法

1. 效应评价的内容

（1）倾向因素/与行为改变相关的认知：在项目实施前后目标人群的卫生保健知识、健康价值观、对健康相关行为的态度、对疾病易感性和严重性的信念等发生的变化。

（2）促成因素/与行为改变相关的技能与资源：目标人群实现促进健康行为所需要

的个人保健技能、环境条件、卫生保健资源、服务、技术等方面的变化。如在农村孕妇增补叶酸的社会行为与健康项目中，叶酸是否能在村卫生室获得。

（3）强化因素/与行为改变相关的重要人群的支持：对目标人群行为改变起重要作用的人群对采纳和维持促进健康行为的支持和鼓励的程度，如同伴的评价、家人的理解、学校老师的鼓励等。

（4）健康相关行为：项目实施前后目标人群健康相关行为发生的改变，如孕妇叶酸服用率、儿童坚持运动锻炼的流行率等。

2. 效应评价的指标

（1）健康相关知识均分：

$$健康相关知识均分 = \frac{目标人群知识总得分}{目标人群总人数}$$

（2）健康相关知识合格率：

$$健康相关知识合格率 = \frac{健康相关知识合格的人数}{目标人群总人数} \times 100\%$$

（3）健康相关知识知晓率：

$$知识知晓率（正确率） = \frac{知晓（正确回答）某健康知识的人数}{目标人群总人数} \times 100\%$$

$$健康知识总知晓率 = \frac{目标人群共知晓健康知识题数}{目标人群总人数 \times 每人回答问题数} \times 100\%$$

（4）信念持有率：

$$信念持有率 = \frac{持有某种健康信念的人数}{目标人群总人数} \times 100\%$$

（5）行为流行率：

$$行为流行率 = \frac{有特定行为的人数}{目标人群总人数} \times 100\%$$

（6）行为改变率：

$$行为改变率 = \frac{在一定时期内改变该行为的人数}{观察期开始时有该行为的人数} \times 100\%$$

（7）环境、服务、资源等方面的改变，如学校安全饮用水普及率：

$$学校安全饮用水普及率 = \frac{某地使用安全饮用水的学校数}{当地总学校数} \times 100\%$$

（8）重要人群态度的改变，如某地婆婆对孕产妇去医院分娩的支持率：

$$婆婆对孕产妇去医院分娩的支持率 = \frac{某地支持孕产妇去医院分娩的婆婆人数}{某地孕产妇婆婆的总人数} \times 100\%$$

3. 效应评价的方法

社会行为与健康项目效应评价的方法主要是对目标人群进行现场调查，包括定性访谈和定量调查。例如，可以针对上述效应评价指标所涉及的问题设计问卷调查表，通过对目标人群的现场调查，获得相关的数据并进行分析评价。

（四）结局评价的内容、指标与方法

1. 结局评价的内容

结局评价的内容主要包括：①目标人群的健康状况，如身高、体重、血压等生理和心理健康指标；②某种疾病的发病率、患病率、死亡率等疾病与死亡指标；③目标人群的生活质量，如生活质量指数、日常活动量表、生活满意度指数等。

2. 结局评价的指标

（1）生理和心理健康指标：生理指标有目标人群身高、体重、体质指数、血压、血色素等，心理健康指标有人格、抑郁等。

（2）疾病与死亡指标：如目标人群某种疾病的发病率、患病率、死亡率，婴儿死亡率，5岁以下儿童死亡率，孕产妇死亡率等。

$$两周患病率 = \frac{两周患病者人数}{目标人群人数} \times 1000‰$$

（3）生活满意度指数（Life Satisfaction Index）：由生活满意度量表（Life Satisfaction Scales）获得，由一个他评量表——生活满意度评定量表（LSR）和两个自评量表——生活满意度指数A问卷（LSIA）和生活满意度指数B问卷（LSIB）构成。

3. 结局评价的方法

采用上节所描述的评价方案，通过抽样调查，获得目标人群的相关资料，分析社会行为与健康项目对目标人群的健康状况及生活质量的影响效果。

六、项目评价方案设计

在社会行为与健康项目的效果评价中，根据项目不同的评价目的以及项目的具体情况（如项目的周期、资源等），有多种不同的评价方案可供选择。下面介绍几种常用的评价方案。

（一）不设对照组的前后测试方案

不设对照组的前后测试方案（One Group Before/After Design）是常用评价方案中设计最为简单的一种（图9-2）。在该方案中不设对照组，只有干预组，即接受社会行为与健康项目干预活动的人群。在项目进行前以及项目实施后分别对目标人群进行观察、测量以及收集与评价指标相关的资料，通过比较社会行为与健康项目实施前后目标人群自身相关指标的变化情况，反映项目的效应或结局。

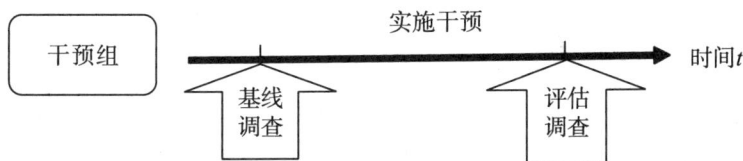

图9-2　不设对照组的前后测试方案

该方案设计与实际操作相对简单，节省人力、物力。如对农村育龄妇女进行"怀孕前期坚持服用叶酸减少出生缺陷"的培训，为了评价该培训项目的效果，进行不设对照的前后比较，即对参加培训的妇女在培训前和培训后进行相关知识的测试，然后比较分析培训前后妇女叶酸相关知识的变化，从而反映叶酸健康教育培训对育龄妇女知识改善的效果。然而，社会行为与健康项目的目标人群在干预实施前后不仅受到干预因素的影响，还受环境因素、时间因素、样本选择因素、测试或观察因素等的影响。不设对照组的前后测试方案无法控制这些因素的影响，会影响效果评价的准确性，从而影响评价社会行为与健康项目对健康相关行为、健康结局效果评价的准确性。故该方案适用于周期较短或人力、物力有限的社会行为与健康项目的评价。

（二）简单时间系列方案

简单时间系列方案（Simple Time Series Design）的基本思想是不设对照组，对目标人群在干预实施前后连续进行多次观察（图9-3），以获得目标人群相关指标的变化情况。比较实施前后目标人群的相关知识、行为及健康状况的变化情况，从而反映社会行为与健康项目的效应或结局。

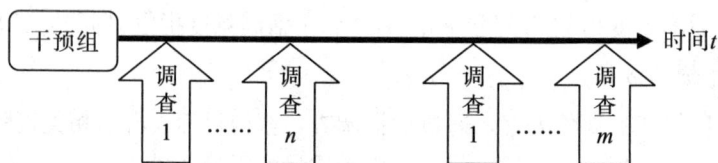

图9-3　简单时间系列方案

简单时间系列方案可以了解目标人群在没有实施干预时的健康相关行为等的自然变化规律，并了解干预后目标人群各项指标的变化规律，有可能揭示干预与行为改变之间的剂量-反应关系。在干预实施前后进行多个观察点的测试，有学者认为至少需要50个时间点，因而时间跨度较大，对观察测试的稳定性、可靠性要求很高，其结果易受到失访、拒访或观察测试水准不一致等因素的影响。同时由于观察测试的次数多，故需要大量的人力、物力支持。

例如，在改善学龄儿童增强体育锻炼、减少肥胖的社会行为与健康项目评估设计中，可以在启动系列活动之前，连续一周每天记录目标人群（学龄儿童）进行体育锻炼的活动类型及时间，每月记录一周，连续记录两个月。在项目实施后，再对学龄儿童以同样的方式连续记录六个月，比较分析儿童在不同时期参加体育锻炼的活动类型、时间、运动量的变化，同时还可以比较在不同时期，学龄儿童体重及体质指数的变化，从而反映该项目增强学生体育锻炼的效果。

（三）非等同比较组方案

非等同比较组方案（Nonequivalent Control Group Design）是类实验设计的一种，其基本思想是设置与接受干预的目标人群（干预组）相匹配的对照组（图9-4），对干预组、对照组在项目实施前后的变化进行比较，评价社会行为与健康项目的效应和结局。

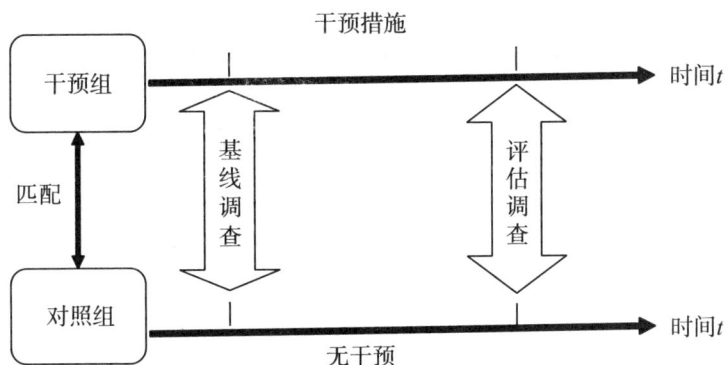

图 9-4　非等同比较组方案

　　在非等同比较组方案设计时，干预组与对照组的人群特征不可能完全一致，但是为了在最小误差范围内准确反映社会行为与健康项目的效果，应选择主要特征与接受干预项目人群相匹配的对照组，以保证干预组与对照组的人群在干预实施前的可比性，即差异无统计学意义。在项目实施前后对干预组人群进行观察与测试时，应同时采用完全相同的方法和指标对对照组人群进行观察与测试，并保持观察时间一致。例如，为倡导边远农村妇女住院分娩，拟开展"倡导住院分娩健康教育"项目。欲评估此项目的效果，可以选择没有开展"倡导住院分娩健康教育"项目，且经济、文化习俗、地理环境等主要特征与开展项目的地区基本一致的边远农村地区为对照组，以保证所选择的对照组与干预组之间的可比性。在干预组与对照组的样本地区分别以同样的方法收集项目实施前后妇女对住院分娩的认知和态度、孕产妇的分娩行为以及样本地区住院分娩率的变化情况。

　　非等同比较组方案的优点在于通过设置对照组，在一定程度上可消除时间、测量与观察因素以及客观环境变化等混杂因素对项目效果和结局的影响，从而更科学、准确地确定干预对人群卫生保健知识、行为、健康状况乃至生活质量的影响。在非等同比较组方案设计中，对照组的选择会在很大程度上影响方案的精确性。选择各主要特征十分接近干预组的人群作为对照组，保证两组的可比性，能有效避免选择偏倚对项目效果评价的影响。

（四）复合时间系列方案

　　复合时间系列方案（Multiple Time Series Design）在设计思想上融合了简单时间系列方案与非等同比较组方案，既设立对照组，又进行多点观察，通过观测对照组和干预组的主要特征在社会行为与健康项目实施前后的多时点相关资料（图 9-5），比较干预组与对照组在项目实施前后的变化情况，从而反映项目随时间变化的效应和结局。

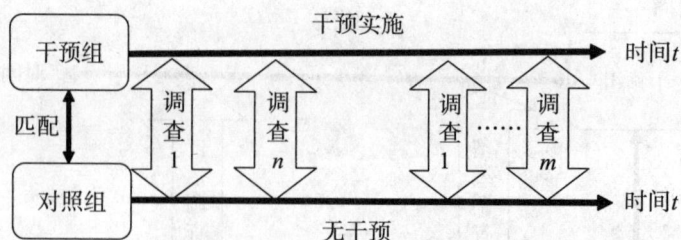

图9-5 复合时间系列方案

例如，拟在贫困农村地区开展婴幼儿营养改善的社会行为与健康项目，即针对贫困农村婴幼儿贫血状况，指导婴幼儿看护人正确及时添加辅食。评价该项目的效果：可以在同一乡镇选择经济、文化和地理环境相似的村，随机分配为干预村和对照村，在辅食添加干预项目实施前，分别对干预村和对照村的6~12个月婴幼儿的辅食喂养情况进行相关调查并测试婴幼儿的血红蛋白。在干预村启动辅食添加干预项目3个月、6个月后，分别再次对干预村和对照村所有的婴幼儿看护人进行辅食喂养行为调查并检测婴幼儿的血红蛋白。

复合时间系列方案同时兼具简单时间系列方案和非等同比较组方案的优势，可在一定程度上排除混杂因素的影响，也可获得社会行为与健康项目干预与行为改变的剂量-反应关系。但由于观察点多，特别是需要在没有干预的情况下对对照组进行多点观察，不仅增加资源的消耗，而且会增加对照组研究对象失访的可能性。

（五）随机对照实验方案

随机对照实验方案（Randomly Experimental Design）的基本思想是引入随机化原则，研究对象被随机分为干预组和对照组（图9-6），通过比较干预组和对照组在社会行为与健康项目实施前后相关指标的变化情况来评价项目的效应和结局。

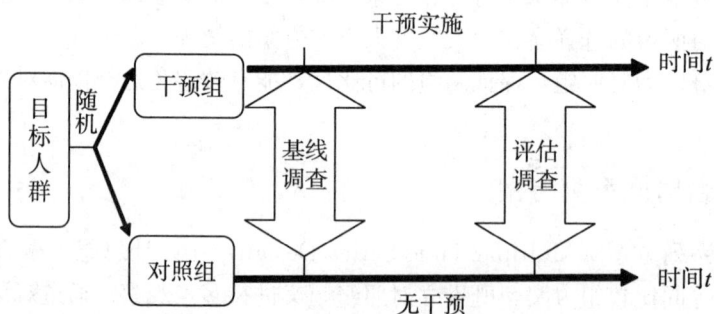

图9-6 随机对照实验方案

例如，在上述的贫困农村地区婴幼儿营养改善项目中，按随机对照实验方案进行设计，需将所有研究对象纳入抽样框，将研究对象随机分到干预组和对照组，然后对干预组的婴幼儿研究对象的看护人进行正确添加辅食方法的指导。在干预实施前后分别对干预组和对照组的研究对象进行相关测试，评价婴幼儿营养改善项目的效果。

在随机对照实验方案中，随机化原则能充分保证干预组和对照组间的一致性，避免选择因素的影响，同时也克服测试或观察因素、历史因素及回归因素的影响。从理论上讲，随机对照实验方案是最为理想的设计方案。但在实际的社会行为与健康项目中操作难度大，特别是在社区、学校和工作场所中较难实现真正的随机化。

七、影响评价结果的因素

确定社会行为与健康项目实施后对目标人群的改变在多大程度上归因于项目的干预时，要特别注意防止混杂因素对项目产出的影响。常见的影响评价结果的因素有五个。

（一）时间因素

时间因素又称为历史因素，指在计划执行或评价期间发生的重大的、可能对目标人群健康相关行为及其影响因素产生影响的因素，如与健康相关的公共政策的出台、重大生活条件的改变、自然灾害等。历史因素不属于干预活动，但却可以对目标人群的行为、健康状况等产生积极或消极影响，加强或减弱项目本身的效果。此外，人群的行为、健康状况也会随着社会的发展，经济、文化等因素的变化而发生相应的改变。当项目周期长时，这些历史事件也会作为时间因素影响对项目真实效果的确认。

（二）测量或观察因素

在评价过程中，需要对项目实施情况、目标人群健康相关行为、健康状况等进行观察和测量。测量与观察的真实性、准确性取决于测量（观察）者、测量工具、测量对象（目标人群）三个方面。

1. 测量者

（1）暗示效应：暗示效应是指测量者（或评价者）的言谈、态度、行为等使目标人群受到暗示，并按照测量者的意愿而表现的现象。尽管测量到的是测量对象当时的表现，但其知识、态度、行为等表现并非干预所致，而是接受暗示的结果。

（2）测量者的熟练程度：随着项目的进展，测量者及其他项目工作人员能越来越熟练地开展项目活动，运用测量工具和技术，从而出现测量偏倚，表现为即使用同样的工具测量同样的内容，早期的测试结果也不同于后期的测试结果。

（3）评定错误：社会行为与健康项目实施后，测量者存在对项目取得预期效果、达到预定目标的主观愿望，可能导致测量者在效果评价中有意或无意地放松对评价标准的把控，这可能使其所呈现的项目效果偏离真实情况。

2. 测量工具

社会行为与健康项目评价中的测量工具包括问卷、仪器、试剂等，其有效性和准确性会直接影响对项目结果的准确评价。在进行测量前，应选择适宜的测量方法和工具，并检验工具的可靠性，进行有效性测量。

3. 测量对象

（1）测量对象的成熟性：在项目进行过程中，目标人群也在不断成熟，更加了解并关注项目内容，这可能使测量结果好于项目干预的真实结果。

（2）霍桑效应：测量对象在得知自己正在被研究或被观察而表现出异乎寻常行为的现象称为霍桑效应。此现象可能影响对项目效果的客观反映。

（三）回归因素

回归因素指的是由于偶然因素，个别测量对象的某特征水平过高或过低，在之后又回复到实际水平的现象。回归因素的影响相比其他因素较难被识别，可采用重复测量的方法来减少回归因素对项目效果的影响。

（四）选择因素

设立对照组的目的在于克服时间因素、测量因素、回归因素等对项目效果的影响。但如果对照组的主要特征与干预组不一致，则不能有效发挥对照组的作用。这种因选择对照组而产生的偏差称为选择偏倚。

（五）失访

失访是指在社会行为与健康项目计划执行或评价过程中，目标人群由于各种原因不能被干预或评价。当目标人群失访比例高（超过 10%）或是非随机失访，即只是其中有某种特征的人失访时，会影响评价结果。应尽量降低失访率，并对应答者和失访者的主要特征进行比较，判断是否为非随机失访，从而估计失访引起的偏倚。

（周欢）

参考文献

[1] 李鲁. 社会医学 [M]. 第 5 版. 北京：人民卫生出版社，2017.

[2] 李鲁. 社会医学 [M]. 第 4 版. 北京：人民卫生出版社，2014.

[3] 李宁秀. 社会医学 [M]. 第 2 版. 成都：四川大学出版社，2017.

[4] 王增珍，张述林. 社会行为医学 [M]. 北京：科学出版社，2004.

[5] 理查德·格里格，菲利普·津巴多. 心理学与生活 [M]. 第 19 版. 王垒，译. 北京：人民邮电出版社，2016.

[6] 简·奥格登. 健康心理学 [M]. 第 3 版. 严建雯，译. 北京：人民邮电出版社，2007.

[7] 马骁. 健康教育学 [M]. 第 2 版. 北京：人民卫生出版社，2012.

[8] 姜乾金. 医学心理学 [M]. 北京：人民卫生出版社，2005.

[9] 胡俊峰，侯培森. 当代健康教育与健康促进 [M]. 北京：人民卫生出版社，2005.

[10] 田本淳. 健康教育与健康促进实用方法 [M]. 北京：北京大学医学出版社，2005.

[11] 傅华. 健康教育学 [M]. 第 3 版. 北京：人民卫生出版社，2017.

[12] 杨廷忠. 社会行为理论与方法 [M]. 第 2 版. 北京：人民卫生出版社，2018.

[13] 陈文. 卫生经济学 [M]. 第 4 版. 北京：人民卫生出版社，2017.

[14] 陈定湾. 社会分层视角下卫生公平性研究——基于浙江省的实证调查 [M]. 杭州：浙江大学出版社，2015.

[15] 世界卫生组织宏观经济与卫生专家委员会. 宏观经济与卫生 [M]. 世界卫生组织驻京办事处，译. 北京：人民卫生出版社，2002.

[16] 马赛尔·德吕勒，王鲲. 健康与社会 [M]. 南京：凤凰出版传媒集团，译林出版社，2009.

[17] 李兴民，王明旭. 现代行为医学 [M]. 北京：军事医学科学出版社，2000.

[18] 刘克俭，顾瑜琦. 行为医学 [M]. 北京：科学出版社，2003.

[19] 杨志寅. 行为医学 [M]. 北京：高等教育出版社，2008.

[20] 季成叶. 儿童少年卫生学 [M]. 第 7 版. 北京：人民卫生出版社，2012.

[21] 卢祖洵，姜润生. 社会医学 [M]. 北京：人民卫生出版社，2013.

[22] 风笑天. 社会医学研究方法 [M]. 第 2 版. 北京：中国人民大学出版社，2005.

［23］李晓松．医学统计学［M］．第 3 版．北京：高等教育出版社，2014.

［24］威廉·劳伦斯·纽曼．社会研究方法：定性研究与定量研究（英文版）［M］．第 6 版．北京：人民邮电出版社，2010.

［25］罗家有．妇幼健康教育学［M］．北京：人民卫生出版社，2014.

［26］GLANZ K，RIMER B K，VISWANATH K. Health Behavior：Theory，Research，and Practice［M］．5th edition. San Francisco，CA：Jossey-Bass，2015.

［27］GLANZ K，RIMER B K，VISWANATH K. Health Behavior：Theory，Research，and Practice［M］．4th Edition. San Francisco：Jossey-Bass，2008.

［28］GLANZ K，RIMER B K，VISWANATH K. Health Behavior and Health Education［M］．5th edition. San Francisco：Jossey-Bass，2015.

［29］FERTMAN C I，ALLENSWORTH D D，FERTMAN C I，et al. Health promotion programs：from theory to practice［M］．San Francisco：Jossey-Bass，2010.

［30］BRUCE S，KENNETH R M，MONICA L W. Behavior theory in Health Promotion Practice and Research［M］．Burlington：Jones & Bartlett Learning，2012.

［31］王芸，肖霞，郑频频，等．保护动机理论在个体行为改变中的应用和发展［J］．中国健康教育，2009，25（11）：853－855.

［32］白文飞．体育锻炼行为阶段改变模式理论的综述［J］．首都体育学院学报，2006，18（3）：46－48.

［33］杜鹃．关于社会认知理论在健康促进领域应用中的若干思考［J］．健康教育与健康促进，2018，13（5）：386－389.

［34］郑频频，符英英，杨顺英，等．基于社会认知理论的小组戒烟研究［J］．复旦学报（医学版），2006，33（2）：187－191.

［35］刘敏．社会发展理论的演变走向及其特征［J］．甘肃社会科学，1999（3）：53－57.

［36］高清海，刘少杰．社会发展理论的演化趋向及其面临的问题［J］．哲学动态，1994（8）：35.

［37］杨立新，屠凤娜．社会发展战略要素及其策略选择［J］．中共天津市委党校学报，2007，9（2）：77－82.

［38］吴玉珊．关于社会发展评价体系的研究综述［J］．赤峰学院学报（汉文哲学社会科学版），2014（4）：45－48.

［39］联合国．可持续发展目标［EB/OL］．https：//www. un. org/sustainabledevelopment/zh/sustainable－development－goals/.

［40］课题组．经济社会发展测度评价理论研究的历史、现状与前沿［J］．统计与信息论坛，2016，31（8）：3－8.

［41］李晓西，刘一萌，宋涛．人类绿色发展指数的测算［J］．中国社会科学，2014（6）：69－95.

［42］司月秀．国民幸福指数的研究价值及对策分析［J］．北方工业大学学报，2008，20（2）：21－26.

［43］李启维．国民幸福指数研究综述［J］．财会研究，2017（2）：69－74．

［44］李刚，王斌，刘筱慧．国民幸福指数测算方法研究［J］．东北大学学报（社会科学版），2015，17（4）：376－383．

［45］罗建文，赵嫦娥．论居民幸福指数的评价指标体系及测算［J］．湖南科技大学学报（社会科学版），2012，15（1）：43－51．

［46］郭云南，张晋华，黄夏岚．社会网络的概念、测度及其影响：一个文献综述［J］．浙江社会科学，2015（2）：122－132．

［47］赵凤．社会支持与健康：一个系统性回顾［J］．西北人口，2018，39（5）：21－29．

［48］黄飞，徐玉波．世界粮食不安全现状、影响因素及趋势分析［J］．农学学报，2018，8（10）：97－100．

［49］任强，郑晓瑛，曹桂英．近20年来中国人口死亡的性别差异研究［J］．中国人口科学，2005（1）：2－13．

［50］程明梅，杨朦子．城镇化对中国居民健康状况的影响——基于省级面板数据的实证分析［J］．中国人口·资源与环境，2015，25（7）：89－96．

［51］何平，倪苹．中国城镇化质量研究［J］．统计研究，2013，30（6）：11－18．

［52］纪爱华．1982—2010年中国流动人口时空变化及趋势研究［J］．青岛理工大学学报，2017，38（3）：38－43．

［53］段成荣，刘涛，吕利丹．当前我国人口流动形势及其影响研究［J］．山东社会科学，2017（9）：65－71．

［54］陈雅丽．我国流动儿童心理健康现状研究综述［J］．江苏第二师范学院学报，2012（1）：69－71．

［55］黄颖．我国流动儿童教育现状分析——基于原国家人口和计划生育委员会流动人口监测调查［J］．人口与社会，2015，31（4）：89－96．

［56］武俊青．中国流动人口的性与生殖健康现况［J］．国际生殖健康/计划生育杂志，2010，29（6）：414－417．

［57］乔文娟．当代医学技术的人文取向［J］．山西师大学报（社会科学版），2012（5）：43－45．

［58］李海燕．高新医学技术发展对医德产生的影响及应遵循的伦理原则［J］．医学与社会，2002（6）：53－55．

［59］徐萍，王玥，许丽，等．人口健康领域科技进展与趋势分析［J］．世界科技研究与发展，2018，40（4）：333－342．

［60］王良铭．医疗高新技术应用的伦理学思考［J］．中国医学伦理学，2001（5）：52－53．

［61］王弟海，龚六堂，李宏毅．健康人力资本、健康投资和经济增长——以中国跨省数据为例［J］．管理世界，2008（3）：27－39．

［62］封岩，柴志宏．健康人力资本对经济增长的影响［J］．经济与管理研究，2016，37（2）：21－27．

［63］李亚慧，刘华．健康人力资本研究文献综述［J］．生产力研究，2009（20）：189－192.

［64］吕娜．健康投资对经济增长的影响与政策启示［J］．人民论坛，2015（5）：79－81.

［65］梁鸿．论健康投资［J］．中国卫生经济，1994（5）：10－12.

［66］梁君林．试论健康投资［J］．中国卫生事业管理，2005，21（7）：388－389.

［67］符永鑫．经济发展方式转变的国内外相关研究述评［J］．中国乡镇企业会计，2013（12）：18－19.

［68］杨圣明．关于我国国民总收入分配的几个问题［J］．中国社会科学院研究生院学报，2009（3）：37－42.

［69］胡振鹏．江西绿色崛起的基石：山江湖工程20年回顾［J］．鄱阳湖学刊，2010（2）：5－17.

［70］张颢．经济发展与健康的关系初探［J］．经济视角（中旬刊），2012（4）：113－115.

［71］兰玲．经济发展对医患关系的影响［J］．卫生经济研究，2007（4）：34－35.

［72］胡善联．经济发展与改革对健康的影响［J］．中国卫生经济，1995（1）：12－15.

［73］李春玲．当代中国社会的声望分层——职业声望与社会经济地位指数测量［J］．社会学研究，2005（2）：74－102.

［74］王甫勤．地位束缚与生活方式转型——中国各社会阶层健康生活方式潜在类别研究［J］．社会学研究，2017（6）：123－146.

［75］符明秋．国内外生活方式研究的新进展［J］．成都理工大学学报（社会科学版），2012，20（3）：1－6.

［76］齐良书，王诚炜．健康"梯度"与城乡差异：基于9省数据的研究［J］．中国卫生经济，2011，30（1）：11－13.

［77］黄洁萍，尹秋菊．社会经济地位对人口健康的影响——以生活方式为中介机制［J］．人口与经济，2013（3）：26－34.

［78］周靖，段丁强．社会经济地位与居民健康：解释框架及启示［J］．湖北社会科学，2013（12）：40－43.

［79］王甫勤．社会流动有助于降低健康不平等吗？［J］．社会学研究，2011（2）：78－101.

［80］陆学艺．当代中国社会十大阶层分析［J］．学习与实践，2002（3）：55－63.

［81］高顺文．我国职业声望研究二十年述评［J］．华中科技大学学报（社会科学版），2005，19（4）：40－45.

［82］王富百慧．社会因果还是健康选择？——关于中国老年健康不平等的实证研究［J］．中国体育科技，2017，53（6）：13－20.

［83］刘丽杭，唐景霞．社会经济地位对居民健康公平的影响［J］．中国卫生经济，2004，23（6）：40－42.

［84］NAPIER，ANCARNO，BUTLER，等．文化与健康关系概述［J］．中国卫生

政策研究，2016，9（1）：74－79.

［85］康国荣，鲁培俊，钱国宏，等. 甘肃省 15～69 岁城乡居民烟草流行状况研究 ［J］. 中国健康教育，2015（10）：919－924.

［86］宫伟彦，冯甘雨，袁帆，等. 中国 2010—2012 年≥15 岁居民体检状况分析 ［J］. 中国公共卫生，2018，34（5）：660－664.

［87］BISH A，SUTTON S，GOLOMBOK S. Predicting uptake of a routine cervical smear test：A comparison of the health belief model and the theory of planned behaviour ［J］. Psychology & Health，2000，15（1）：35－50.

［88］DOWNINGMATIBAG T M，GEISINGER B. Hooking up and sexual risk taking among college students：a health belief model perspective ［J］. Qualitative Health Research，2009，19（9）：1196.

［89］PRENTICE-DUNN S，ROGERS R W. Protection Motivation Theory and preventive health：beyond the Health Belief Model ［J］. Health Education Research，1986，1（3）：153－161.

［90］MADDUX J E，ROGERS R W. Protection motivation and self-efficacy：A revised theory of fear appeals and attitude change ［J］. Journal of Experimental Social Psychology，1983，19（5）：469－479.

［91］STANLEY M A，MADDUX J E. Cognitive processes in health enhancement：investigation of a combined protection motivation and self-efficacy model ［J］. Basic and Applied Social Psychology，1986，7（2）：101－113.

［92］FRASIER P Y，SLATT L，KOWLOWITZ V，et al. Using the stages of change model to counsel victims of intimate partner violence ［J］. Patient Education and Counseling，2001，43（2）：211－217.

［93］PROCHASKA J O，VELICER W F. The transtheoretical model of health behavior change ［J］. American Journal of Health Promotion Ajhp，1997，12（1）：38.

［94］OLDENBURG B，GLANZ K，FFRENCH M. The application of staging models to the understanding of health behaviour change and the promotion of health ［J］. Psychology & Health，1999，14（3）：503－516.

［95］AMAR K，MANOJ S. Using social cognitive theory to predict safer sex behaviors in African American college students ［J］. Acta Didactica Napocensia，2009，2（2）：49－56.

［96］KROENKE C H，KUBZANSKY L D，SCHERNHAMMER E S，et al. Social Networks，Social Support，and Survival After Breast Cancer Diagnosis ［J］. Journal of Clinical Oncology，2006，24（7）：1105－1111.

［97］FISHBEIN M. A reasoned action approach to health promotion ［J］. Medical Decision Making，2008，28（6）：834－844.

［98］COLE M A，NEUMAYER E. Examining the Impact of Demographic Factors on Air Pollution [J]. Population and Environment, 2004, 26 (1): 5—21.

[99] GRUNDY E, HOLT G. The Socioeconomic Status of Older Adults: How Should We Measure It in Studies of Health Inequalities? [J]. Journal of Epidemiology and Community Health (1979—), 2001, 55 (12): 895—904.

[100] LIANG J, MCCARTHY J F, JAIN A, et al. Socioeconomic gradient in old age mortality in Wuhan, China [J]. The journals of gerontology, Series B, Psychological sciences and social sciences, 2000, 55 (4): S222—S233.

[101] ADLER N E, NEWMAN K. Socioeconomic disparities in health: pathways and policies [J]. Health Affairs, 2002, 21 (2): 60.

[102] LOWRY D, XIE Y. Socioeconomic status and health differentials in china: convergence or divergence at older ages? [R]. 2009.

[103] MOCERI V M, KUKULL W A, EMANUAL I, et al. Using census data and birth certificates to reconstruct the early-life socioeconomic environment and the relation to the development of Alzheimer's disease [J]. Epidemiology, 2001, 12 (4): 383—389.

[104] POOYA A, Mahmoudian A, Hazavei M M, et al. The effect of zinc and "Health Belief Model" based education on common cold prevention in soldiers [J]. American Journal of Infectious Diseases, 2006, 2 (4): 193—196.